学術研究助成報告集の刊行にあたって

　公益財団法人国土地理協会は、地域社会の特性、伝統文化の表現である地理・地名・地図等について、調査研究を行うとともに、これらの情報・資料の提供を通じて、住民による地域文化の創造、振興への取組みを助長し、もって地域の振興に寄与することを目的として昭和26年4月に設立されました。

　上記目的に基づき、本助成は、公益財団法人国土地理協会が平成13年度より、地理学および関連する分野の学術的調査・研究に対して実施しているもので、平成27年度の第15回までで、応募総数798件中、110件の調査・研究に助成金を交付することができました。これもひとえに関係各位のお力添えのおかげと心より感謝申し上げます。

　この助成事業が13年目を迎えた平成25年に、第10回および第11回の研究成果の一部を「学術研究助成報告集」の第1集として刊行いたしました。そして、15年目を迎えた本年、第12回および第13回の研究成果の一部を第2集として刊行いたします。

　助成対象となる調査・研究は、1. 地理学および関連する分野の学術的調査・研究、2. 地図・地名に関する学術的調査・研究、3. 上記 1・2 に関連した東日本大震災からの復興に関連する調査・研究または自然環境の維持・保全・向上を通じての農林水産業への寄与に関する調査・研究としております。

　助成の対象となる方は、大学院博士課程を修了し、もしくは同等以上の能力と研究経験を有し、大学その他の教育機関や研究機関・博物館・図書館等に在職（または在学）して調査・研究に従事している、個人または研究グループとしております。なお、これらの機関で常勤の職に就いている方に限って、助成を申請する代表者となることができます（大学院 在学の場合は、指導教官等）。助成金額は、いずれの分野も、1件につき100万円を限度とする申請額としており、審査は専門性の高い知識を有する先生方にお願いしています。

　審査基準として、すでに軌道にのり継続的に行われている研究よりも、新たな視点に立つ意欲的な研究を優先し、また、研究資金面で比較的優位な地位にある方よりも、研究ポテンシャルが高い割には研究資金に恵まれない研究者を優先しております。また、前述しましたように、東日本大震災からの復興に関連する調査・研究についても考慮して審査を行っております。

　本報告集は、平成24年度の第12回および25年度の第13回の成果論文をとりまとめております。第14回以降の成果論文につきましても、継続して書籍化していく予定としております。

　本助成は非常に意義深いものとして、今後とも関係各位のご叱責を賜りつつ、より充実した内容のものとして参りたいと存じます。

　本書を幅広く活用していただくとともに、これにより地理学に関する一般の知識・関心がさらに高まることを期待するものです。

平成28年2月

公益財団法人　国土地理協会

学術研究助成報告集　目次

地震規模予測にむけた断層変位量分布と活断層区分に関する研究 ………………………………… 3
　〜北上低地帯を例にして〜
　………研究代表者　楮原　京子（山口大学教育学部）

長期間の事例解析に基づく豪雨災害・土砂災害モニタリングシステムの運用と防災情報への活用… 23
　………研究代表者　齋藤　仁（関東学院大学経済学部）

視覚障害者むけ電子書籍版ハザードマップに関する研究 …………………………………………… 39
　………研究代表者　宇田川　真之（公益財団法人ひょうご震災記念21世紀研究機構人と防災未来センター）

西アフリカ・サヘル帯における砂漠化問題と在来知識にもとづいた新しい砂漠化防止対策の検討 … 57
　………研究代表者　大山　修一（京都大学大学院アジア・アフリカ地域研究研究科）

地震時の地殻変動情報に基づく地盤沈下・海面上昇に起因する海岸侵食量予測技術の向上 …… 75
　………研究代表者　小花和　宏之（千葉大学環境リモートセンシング研究センター）

東北塩害農地における除塩事業の事前・事後評価と塩移動の長期モニタリング ………… 95
　………研究代表者　寺崎　寛章（福井大学大学院工学研究科）

「弥生の小海退」の海水準低下レベルの測定 ………………………………………………… 107
　………研究代表者　田邉　晋（産業技術総合研究所）

ネパールにおけるチベット難民の生業適応に関する文化地理学的研究 ………………… 119
　………研究代表者　横山　智（名古屋大学環境学研究科）

空中写真判読による中部山岳の越年性雪渓の分布と動態 ………………………………… 145
　………研究代表者　朝日　克彦（信州大学山岳科学研究所）

アナトリア高原中部における後期完新世の考古環境マッピング ………………………… 155
　〜大規模災害リスク評価に向けて〜
　………研究代表者　早川　裕弌（東京大学空間情報科学研究センター）

郊外住宅地における空き家発生の実態とその対策に関する基礎的研究 ………………… 169
　………研究代表者　久保　倫子（岐阜大学教育学部）

山形県置賜地方における中山間地の土地利用の変遷に関する歴史地理学的研究 ……… 183
　………研究代表者　岩鼻　道明（山形大学農学部）

東アフリカ・山岳地帯農村における森林環境管理の動態 ………………………………… 203
　………研究代表者　黒崎　龍悟（福岡教育大学教育学部）

戦後那覇の都市化と地名の生成に関する地理学的研究 …………………………………… 223
　………研究代表者　加藤　政洋（立命館大学文学部）

公益財団法人国土地理協会　第12回学術研究助成

地震規模予測にむけた断層変位量分布と活断層区分に関する研究
― 北上低地帯を例にして ―

研究代表者　**楮原　京子**　山口大学教育学部

Ⅰ. はじめに

「いつ・どこで・どんな」地震が発生するのかを予測する調査研究は，文部科学省地震調査委員会をはじめとして，国を挙げて進められている．このうち時間の予測については，内陸活断層の繰り返し間隔が何千年と長いため，誤差も大きく難しいことは容易に想像できるが，発生場所と規模については，過去の地震像を知ることで，ある程度予測できると考えられる．その中でも，地震規模の予測では，「活断層の長さ」の決定が非常に重要となっている．本研究では，この課題に資する知見を獲得するため，逆断層帯を対象に地下の断層形態，地表の断層形態，断層運動によって地形や地層が変位した量との対応関係を明らかにすることを目的とした．それは，どこまでの範囲が1回の地震で動くのか，またどこから割れ始めるのかという，活断層のセグメンテーション（活断層帯の区分）に関わる研究であり，これまでよく知られていない逆断層帯における活断層の分布形態と地震規模，単位変位量分布との関係をより深く理解することに繋がると考えている．

Ⅱ. 研究地域の地形・地質概要

研究地域である北上低地帯は，北上山地と奥羽脊梁山脈に挟まれた南北約100kmにおよぶ構造性低地である（図1）．その配置は北上山地の西縁に認められる重力急変帯にほぼ沿う．北上低地と奥羽脊梁山脈の境界には第四紀の逆断層が分布している．この逆断層は「反転テクトニクス」を背景とするものが多い（例えば，佐藤ほか，2003；Kato et al., 2006）．本地域の場合，日本海拡大期である前期中新世は引張応力場にあったために正断層が形成されており，その後，後期鮮新世以降に現在と同じような東西性の圧縮応力場に変化したことを受けて，それまでの正断層が逆断層として再活動したとする解釈である．このことから，本地域には新第三紀から引き継がれた地質構造が存在し，そうした古傷がセグメントを規制する存在として，地震による破壊の停止・伝播に影響を与え，より多様な断層セグメントがうまれる可能性がある．また，活断層の分布がまばらな磐井丘陵から石巻平野にかけては，2008年に発生した岩手・宮城内陸地震以前も，複数の歴史地震が発生しており，地震活動が活発な地域であった．

Ⅲ. 研究方法

本研究では前述の目的を達するため，空中写真や地形解析図を用いた変動地形の抽出，簡易掘削を含む地表地質調査による地形編年の再確認，簡易測量およびデジタル標高データを用いた断層変位量・平均変位速度の算定，地下構造データを用いた地下形状および断層発達史のとりまとめを実施し，これらの情報をGISを用いて照らし合わせ，互いの空間分布の関連性を検討した．

1) 変動地形判読－地形解析図の仕様

本研究では，数値標高モデル（Digital Elevation Model: DEM）が整備されている範囲において，広域かつ任意の範囲を設定でき，光源（太陽）位置に左右されることのない地形表現が可能であるという理由から，国土地理院撮影1/2万空中写真の他に地形解析図を用いた地形判読を行った．地形解析図は，本地域の地形特性が視認しやすい傾斜度図と開度図とし，立体視可能な画像とGISで取り込み可能な画像を整備した．なお，これらの地形解析図は国土地理院が公開している10mDEMを用いた．解析方法に関する詳細はYokoyama et al.(2002)を参考いただきたい．図2には地形解析図の例を示す．

傾斜度図はDEMから一定領域内の傾斜を算出し，その値を濃淡で表示したものである．そのため斜面の緩急を直接的に視認できる（図2a）．すなわち，傾斜度図を用いることによって，崖などの勾配

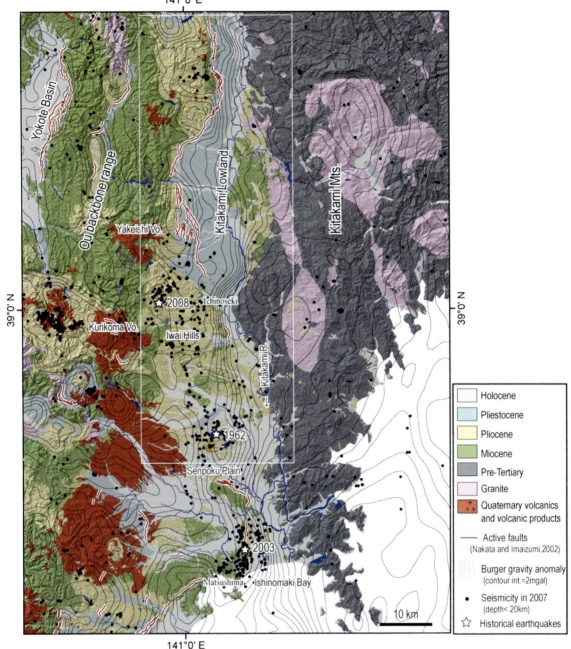

図1 北上低地帯および周辺地域の地形・地質概要図

地質図は脇田ほか(2009)を簡略化し,重力異常図は地質調査総合センター(2004),活断層の位置は中田・今泉(2002),地震分布は気象庁(2009)に基づく.陰影図は基盤地図情報数値標高データ10mメッシュを基に作成した.図中の白枠は調査範囲を示す.

遷急部の分布やその程度を読み取りやすくなる.地質や地質構造の違いを反映した組織地形の判読にも優れている.

　開度図は,ある地点が周囲よりも地上に突出している程度,周囲よりも地下に凹んでいる程度を数量化し(地上開度では,山頂や尾根で大きな値となり,谷底などでは小さな値となる.逆に,地下開度では窪地や谷底で大きな値となり,山頂や尾根では小さな値となる),その値を濃淡で表示したものである(図2b).そのため尾根線や谷線が鋭く表現されることとなる.すなわち,開度図を用いることによって,丘陵の開析程度や水系網の様子を捉えやすくなる.これらの地形解析図は垂直倍率(距離縮尺に対する標高縮尺の高倍率)が一定値となるようにし,最終的には地形解析図と地形分類図を重ね合わせたアナグリフを作成し,立体的に表現できるデータセットを整備した.またこれらの図を用い,

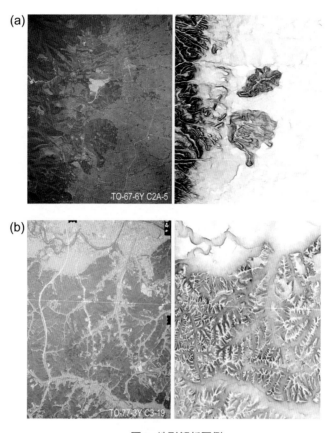

図2 地形解析図例
(a)は傾斜度図, (b)は地上開度図
それぞれ図の左側に同じ範囲の空中写真を並べた.

既往の活断層図(池田ほか, 2002;中田・今泉編, 2002;宮内ほか, 2002;今泉ほか, 2002)で断層崖として認定されている場所での現れ方を確認しながら,活断層の判読を行った.

2) 変動地形判読－地形面の区分

本研究では中期更新世～完新世に形成された地形面を変位基準として設定した.本地域における地形面の調査研究は,胆沢台地以北に分布する河成段丘を対象とするものが多く,テフロクロノロジーによる編年がなされているほか,考古学的・古地震学的なトレンチ調査による構成層や被覆層の報告もある(渡辺, 1991, Norton et al., 2007;鈴木ほか, 2008;Matsu'ura and Kase, 2010).本研究では,これらの研究を整理し,合わせて地形面に関する情報の少ない磐井丘陵での現地調査を行い,本地域の地形面をH面群,M1面,M2面,L1面,L2面に分けた.以下に各地形面の特徴を記す.

・H面群

H面群は構成層を覆うテフラとの関係から,地域によってはHh面, Ha面, Hb面に細分されるHh面は定高性のある丘陵頂面をなす地形面で,渡辺(1991)のT1面およびT2面地形面に相当する.辺(1991)および渡辺ほか(2003)によると,T2面を覆うA2PテフラのTL年代値は約410kaで,T1面を覆うO2PテフラのTL年代値は705kaである.これらの年代測定値からH面の離水時期はおよそ40～70万年前であると推定される.磐井丘陵の頂面は高度の連続性からHh面に対比されるが,丘陵の東西で構成層が異なる.丘陵東半分のHh面は更新統(主に中山層)が堆積した後に侵食された面として存在するが,西半分では中山層より下位の地層を侵食した面として存在する.

Ha面は主に天狗森付近に分布する地形面で,渡辺(1991)のT3面とほぼ等しい.天狗森付近は後背地で焼石岳の山体崩壊や地すべりが発生しており,それらに伴う岩屑が構成層の供給源となってい

る．構成層はH2P(約180-220ka；渡辺ほか，2003)，Hn1Pテフラ(288ka；渡辺ほか，2003)に覆われるため，その離水時期は，約30万年前と推定されている．

Hb面は主に胆沢台地の南半部に認められる．構成層直上のローム層は赤色風化を呈し，構成層の礫はくさり礫化している．Hb面のローム層は，胆沢台地と横森山断層周辺では，Toya, Aso-4に覆われることから，その離水時期は最終間氷期の一つ前の氷期(MIS 6；15万年前頃)であるとした．

・M1面

M1面は胆沢台地の中央付近で扇状に広く分布するほか，北上低地のほぼ中央に後述のL1面に取り囲まれるように分布する．このような分布をとるのは，M1面の勾配がL1面より緩いためであり，M1面は北上低地の西半部でL1面下に埋没していると推定される．M1面の構成層は，胆沢台地以北に発達する扇状地では砂礫層を主とし，厚さ2～3mのローム層に覆われる．ロームはH面群のそれとは異なり，赤色風化が認められず，構成層の最上部あるいは構成層の直上にToyaが検出される(渡辺，1991)．北上低地中央部で行った露頭観察と火山灰分析結果もこれを支持しており，段丘構成層直上にToyaや北原(Kth)が検出された(図3)．以上のことから，M1面の離水時期は約11～12万年前頃と推定した．

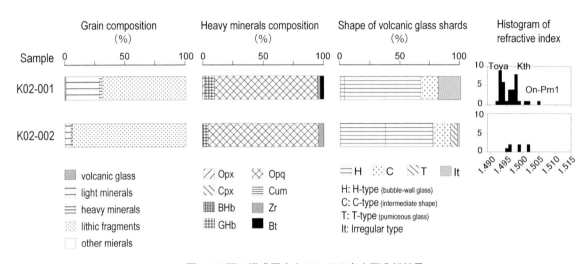

図3 M1面の構成層直上における火山灰分析結果
分析は株式会社京都フィッション・トラックに依頼した．

・M2面

M2面は，葛丸川や夏油川周辺に比較的まとまって分布するが，全体的にその分布範囲は狭い．胆沢台地では，M1面を開析して1段低くなった地形面で，磐井丘陵では，脊梁山脈に端を発する大きな河川沿いと，丘陵内の開析谷の谷底に分布する．M2面の構成層は砂礫層を主とし，厚さ0.5～1m程度のローム層に覆われる．南部地域の胆沢台地周辺では，約82kaのFT年代値を示す焼石岳起源のテフラ(Yk-Y, Yk-M)に直接覆われることから，M2面の離水時期は，約8万年前と推定された(渡辺，1991)．

・L1面

L1面は概して山麓から低地に向かって形成された扇状地面であり，北上低地に広く分布する．また，磐井丘陵では北股川や磐井川等の河川の両岸に形成された河岸段丘として分布するほか，北上川東岸および北上川の支流沿いにも分布する．この面の構成層の上には厚さ0.5～1mの黒色土，あるいは場所によって厚さ数10cmのローム層がのる．L1面の構成層は，全体に砂礫層を主とする．奥羽脊梁山脈東麓の丘陵地では，地表から河床まで段丘礫層が露出するところもあれば，段丘堆積物が薄く，鮮新－更新統が

露出することころもある．L1面の構成層の放射性炭素(^{14}C)年代値として，20〜21ka（岩手県，1996）が得られ，金流川沿いでは構成層中に姶良Tnテフラ（AT；26-29ka；町田・新井，2003）が検出されている（Norton et al., 2007）．これらのことからL1面の離水時期を約2万年前頃と推定した．

・L2面

L2面は，主に北上川とその支流に沿って分布する．L2面の構成層は，砂礫層を主とする．渡辺（1991）は構成層を覆う腐土壌で得られた^{14}C年代（2.6±0.009ka）から，L2面の離水時期を3ka前後と推定し，鈴木ほか（2008）はL2面の構成層から5kaの^{14}C年代を得ている．両者の結果に矛盾はないので，本研究は既存研究を踏襲し，L2面の離水時期を約3千年前頃とする．

3）断層変位量の計測と平均変位速度の算定

空中写真および地形解析図を用いた地形判読結果に基づき，本地域において約70地点の断層変位量を求めた．測定は現地でのハンドレベルによる地形断面測量，地形図・デジタル標高データを用いた地形断面図の作成と図上計測によった．また，得られた断層変位量を変位基準の年代で割った値（平均変位速度）を見積もり，位置情報と合わせて記録し，GISデータとして保存した．

4）地下構造データを用いた地下形状の推定

本研究では，筆者がこれまでに携わった反射法地震探査のデータと既存研究の反射断面を用いて，地下の断層形状および，それらから推察される断層発達史についてまとめた．また，そのうち2つの測線については，反射法地震探査断面から一義的な解釈が困難であったため，重力測定結果も取り入れて，地下の断層形状を求めた．

IV. 北上低地帯の活構造とその特徴

北上低地の西縁には，奥羽脊梁山脈との境界にほぼ沿って逆断層型の活断層が認められている．地震調査研究推進本部（2001）は，これらの活断層に対して北から南昌山断層群，上平断層群，横森山断層，浦沢－法量野断層，天狗森断層，出店断層と称している（図4）．

これらの活断層は中期更新世以降に形成された地形面に変位を与えており，その活動度はB級（0.2－0.4mm/yr；地震調査研究推進本部，2001）である．一方，更新統・鮮新統に注目すると，活断層の延長付近の山地・丘陵内に変形や分布の偏り，不連続が認められる（図1）．本報告の活構造図では更新世以後の断層活動を示す地形的証拠がある場合に活断層と記し，鮮新統が変形したり分布に偏在がみられ，それらが第四紀の断層運動を受けたものと判断される場合には，断層と記した．以下では，重点的な調査を行った南昌山断層群，上平断層群，天狗森断層および出店断層，一関－石越撓曲線の断層変位地形，地下の断層形状，平均変位速度，構造発達史について述べる．

1）南昌山断層群

南昌山断層群は雫石川以南に分布し，主に3条の西上がりの逆断層からなる（図5）．断層の走向はいずれもほぼ南北で，わずかに東方へ張り出す弧状をなす．本断層群の上盤にあたる和賀山地には，雫石川・滝名川・矢櫃川で囲われた紡錘形の範囲において，低地側の活断層の分布とほぼ並走する背斜軸がみられる．それは東へ急傾斜，西に緩傾斜という非対称性を示し，その形態は山容にも共通する．

活断層の名称を西側からFn-1断層，Fn-2断層，Fn-3断層と称す．Fn-1断層は中部中新統と更新統の境界となっており奥羽脊梁山脈東麓と低地との間の傾斜遷緩線として認めることができる．しかし，Fn-1断層を横断して分布するH面群には断層変位がみられないことから，後期更新世の活動は低

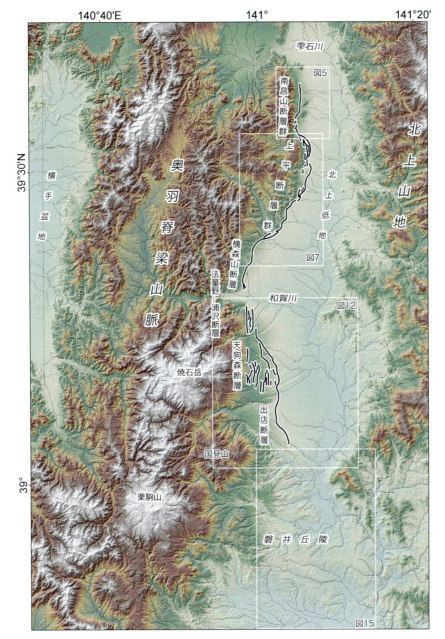

図4 地震調査研究推進本部(2001)による研究地域の活断層分布とその名称
基図は基盤地図情報数値標高データに基づく標高段彩図．活断層は黒太線で示した．

調(あるいは停止)と推定される．Fn-2断層はL1面を上下に約20m変位させており，南北に連続する明瞭な断層崖として追跡される．L1面よりも古いM面には断層崖と合わせて山側への傾動も認められる．Fn-3断層は小坂ほか(2011)で指摘された断層であり，Fn-2断層と並走するような分布をとる．

煙山では，南昌山断層群の明瞭な変位地形がみられる(図5c)．ここではM1面とL1面，L2面がFn-2断層によって変位し，岩崎川左岸ではL1面に西上がりの低断層崖(崖高約6m)が形成されている(図5のP2)．また岩崎川の河岸では傾斜した更新統と，その上位の比較的新しい礫層が剪断されている様子も観察された．対岸のL2面にも西上がりの低断層崖(崖高約1m)がみられる．M1面には，西上がりの断層崖(崖高20～25m)と西側への逆傾斜が認められる(図5のP1)．崖高や傾動に基づくと，この付近におけるFn-2断層の平均上下変位速度はおおよそ0.1～0.3mm/yrと見積もられる．

羽場では，L1面上にわずかな傾斜変換と撓みが認められる．この変状はほぼ南北方向に連続し，近くの河岸ではL1面構成層がFn-3断層によって変位する様子が観察されている(図5d)．このことから，羽場以南に認められたL1面の変状はFn-3断層による断層変位地形であると判断される．L1面を横切

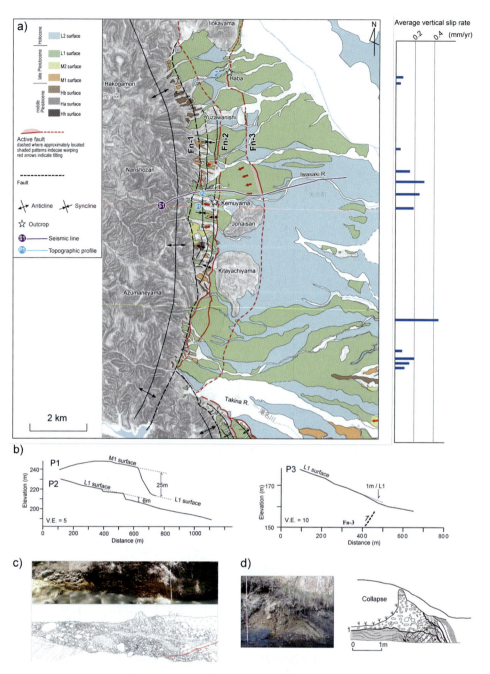

図5 南昌山地域の活構造
a)地形分類図, b)地形断面図, c)煙山の断層露頭, d)羽場の断層露頭

る撓曲崖の崖高は約1mである（図5のP3）．前述の通りL1面の年代が約2万年前であるため，上下方向の平均変位速度は0.05m/yrと見積もられる．この低断層崖の連続性を検討するにあたり，周囲の地形的特徴を整理すると，地形面の勾配の変化の他にもL2面や開析谷が系統的に崖基部より下流側で広がったり，微高地や孤立丘（城内山や北谷地山）が並ぶなど，相対的に西側が隆起したことを示す特徴がみられた．その特徴は湯沢西付近の丘陵東麓から煙山付近まで続く．

楮原ほか（2012）は地下の断層形状について，以下のようにまとめている（図6）．Fn-1断層は西へ60°〜45°の傾斜を持った西傾斜の高角逆断層で，Fn-2断層は断層崖基部から西へ約35°の傾斜をもって深部へ連続する断層で，深度600〜800mでは，断層面の傾斜が著しく緩やかとなり，それ以深では再度傾斜を増すramp-flat-rampの形態を呈する逆断層である．Fn-3断層は西傾斜の逆断層で，断層先端は地表下約200mに伏在する．これらの断層はFn-1断層，Fn-3断層そしてFn-2断層と分岐を経て1つの断層系を構成するに至る．

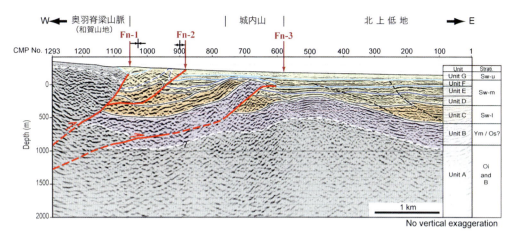

図6 南昌山断層群を横断する反射法地震探査断面(S1測線)

楮原ほか(2012)を改変．測線の位置は図5に示す．Sw-u：志和層上部，Sw-m：志和層中部
Sw-l：志和層下部，Ym：湯本層，Os：男助層，Oi：大石層，B：基盤岩類

2）上平断層群

　上平断層群は，山地・低地境界に分布する数条の逆断層から構成される．南昌山断層群に比べると，その分布形態は大小の湾曲に富み，全体としては低地側に大きく張り出す弧状である(図7)．断層の延びる方向はおおよそ北東−南西方向となる．この断層群は，前述のとおり，南昌山断層群とその断層関連褶曲である背斜構造が滝名川付近で不明瞭になることから，地質構造としては滝名川を境に北の南昌山断層群と分けられると判断される．

　上平断層群の上盤側の山容は，東縁に比較的扁平な頂部をもつ丘陵(上平)と，さらにその背後にそれよりもやや標高の高い山稜が並ぶといった高度の不連続を有する．この高度不連続は北東−南西方向に延びており，地質断層の分布とも良い一致をみせる．さらに，上平の概形は東に急斜面，西に緩斜面で，山麓線にそって活断層が分布する(図8)．また断層上盤には東へ急傾斜，西へ緩傾斜の非対称な褶曲構造が伴っており，この断層運動と丘陵の形成が一連である事をうかがわせる．以下では山地側から低地側の活断層をFu-1断層，Fu-2断層，Fu-3断層と称する．

　Fu-1断層は山地・低地境界に位置し，中部中新統と更新統との境界をなす．Fu-2断層は，L1面上に低断層崖を伴う明瞭な活断層で，丘陵東縁の山麓線にほぼ並走しており，Fu-1断層から最大1.8 km離れて弧状をなす．隆起側には，Hh面，Hb面など古い地形面が断片的に残され，M1面，M2面には山側への傾動や断層崖が認められる．Fu-3断層は，L1面上に低断層崖を伴う明瞭な活断層で，その隆起側のM1面，M2面には山側への傾動が認められる．Fu-3断層は，もっとも低地側に位置する断層で，滝名川付近から葛丸川の間ではFu-1断層から東へ最大2 km離れて弧状をなし，下堰田ではFu-1断層に収斂するように分布する．

　石鳥谷では，Fu-2断層によってM1面に崖高10 mの断層崖，L1面には崖高約2 mの低断層崖が形成されている(図9)．また，Fu-3断層にそってL1面に低断層崖(崖高4 m)，とM1面に撓曲崖(崖高19 m)が認められる．地形面の勾配を考慮すると，このM1面は，Fu-3断層の低下側において，L1面の地下に没していると推定される．そのため，M1面のFu-3断層による変位量は19 m以上と推定される．この付近におけるFu-2断層の平均上下変位速度は0.1 mm/yr程度，Fn-3断層で0.2 mm/yrと見積もられる．

　豊沢川(支流の瀬の沢川)には北側隆起を示す高角な逆断層の露頭が出現している(図10)．断層面は河川の蛇行によって2カ所に現れており，それぞれの走向傾斜は，露頭東側の断層面で走向N88°W，傾斜86°N，露頭西側の断層面で走向N68°E，傾斜48°Nであった．この断層面は露頭上部へいく程低

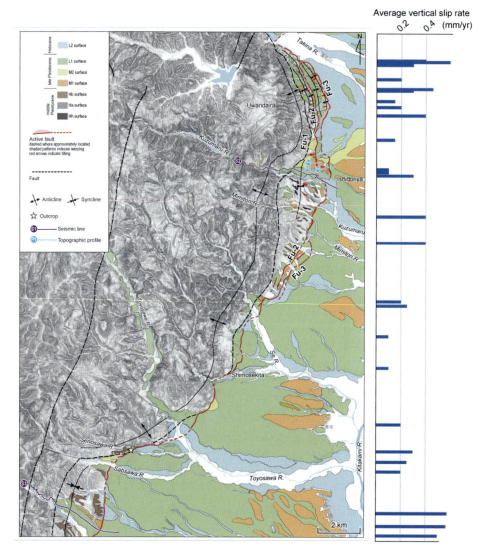

図7　上平地域の地形分類図

図8　上平周辺の鳥瞰図（手前が上平断層群，奥が南昌山断層群）

角度となっており，地表のL2面上の低断層崖へと延びている．露頭にみられる堆積物中に，少なくとも4枚の不整合面を認められ，年代測定の結果を踏まえ，それぞれの堆積物を上位よりL2面，L1面，M面の構成層に対比した．そして，この対比に基づけば各地形面の累積変位量はL2面で2m，L1面で4.5m，M面で12mと見積もられ，平均上下変位速度はL2面で0.1mm/yr以上，L1面で約0.3mm/yr，M面で約0.3mm/yrと算定される．

　石鳥谷の反射断面（図11-1；池田ほか，2002）では，上平断層群の地下延長には，反射面の不連続などが認められ，地表と同様に3条の逆断層が認められる．Fu-1断層は深度1.5kmから地表まで連続する35°〜40°傾斜した断層である．Fu-2断層とFu-3断層の断層面は，深部から地表に向かって

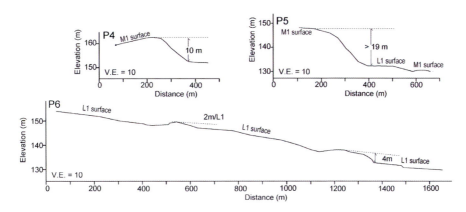

図9 石鳥谷における地形断面図（位置は図7に示す）

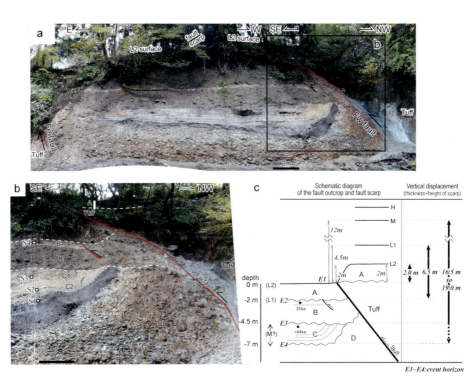

図10 豊沢川の断層露頭（小坂ほか，2013を改変）
a)断層露頭の全景，b)断層周辺の拡大写真，c)断層上下変位量の見積もりに関する模式図．
断層上下変位量は断層隆起側の段丘高度と断層低下側の堆積層の対比から求めた．

flat-rampの形状を呈する．また，大局的にはFu-1断層からより低下側の断層へと活動の中心が遷移し，形成された断層系であるとされる．横森山断層を横断する反射断面では，連続性のよい反射面群(UNITA)が捉えられている(図11-2)この反射面群は山地・丘陵地境界付近で東へ約40°傾斜し，丘陵西の向斜軸から丘陵東縁付近まではほぼ水平，丘陵東縁で再度東へ20°傾斜し，さらに東側でほぼ水平となっている。この波状構造は断層関連褶曲と考えられ，横森山層の地下延長に伏在する2条の逆断層が推定される．

3）天狗森断層および出店断層

天狗森断層および出店断層は前述の2つの断層群に比べると，明らかに活断層が山麓線より低地側に位置する．その山麓線からの距離は5～7kmである(図12)．また，天狗森には長さ5km未満の連続性の悪い断層がいくつも分布し，北上低地の断層群の中では異様な分布形態をもつ．天狗森断層上盤

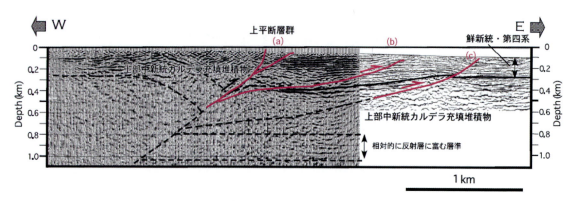

図11-1 上平断層群を横断する反射法地震探査断面（池田ほか，2002）
図7のS2測線．

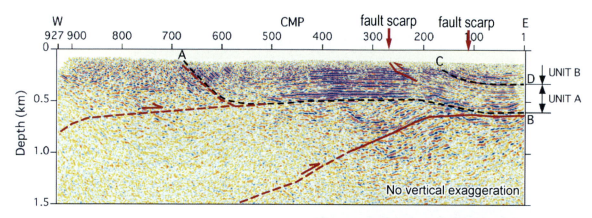

図11-2 横森山断層を横断する反射法地震探査断面（越谷ほか，2007に断層線を加筆）
図7のS3測線

では著しく解析された丘陵と標高さらに，地質断層の分布もこのあたりから数条に分かれる．

　天狗森断層の上盤側の山容は，東縁に解析の進んだ丘陵（天狗森）と，その背後にそれよりも標高の高い山稜が並ぶといった高度の不連続を有する．この高度変換線は北北東-南南西方向に延びており，奥羽脊梁山脈東縁に発達する中新統・鮮新統が参加する急傾斜構造とも一致する．本研究では山地・丘陵境界の急傾斜構造をもたらす断層をBF断層，天狗森東縁から胆沢台地へつづく断層をFt-1断層と称す．

　BF断層は急傾斜構造の追跡より，夏油川から胆沢川の間では奥羽脊梁山脈と北上低地との地形境界にほぼ一致し，胆沢川より南方では，国見山を通過し，磐井川付近まで連続するとみられる．また，BF断層は扇状の広がりをもつHh面やHa面の西縁を限っており，このことからH面群が形成される頃には，BF断層の活動に伴って奥羽脊梁山脈が山地として成長していたと推定される．したがって，BF断層の活動開始は少なくともH面群形成前にあったと推定される．なお，胆沢川に沿うHb面以降の地形面にはBF断層による変位地形が認められないことから，BF断層の活動はHb面形成以降に低調となったと推定される．

　Ft-1断層は，夏油川付近から天狗森東縁，胆沢台地に至る活断層である．胆沢台地ではM1面やHa～Hb面に西上がりの断層崖がみられ，夏油川や胆沢川が形成したL1面など新期の扇状地面上にも明瞭な低断層崖が確認される．また，夏油川から胆沢川付近にかけては，上部中新統（厳美層）や鮮新統（有賀層，油島層）がFt-1断層近傍にみられ，その分布範囲はFt-1断層に沿った帯状あるいは紡錘状となっている．一方，鮮新統の上部にあたる金沢層はFt-1断層よりも山地側に広く面状に分布している．このことから夏油川から胆沢川にかけてはFt-1断層上盤側に，東に急傾斜，西に緩傾斜の非対称褶

曲が形成されている事が読み取れる．

　Ft-1断層の平均変位速度については，天狗森ではL1面がFt-1断層によって変位し比高4.5〜5mの断層崖が形成されHa面にも断層を挟んで約45mの高低差が認められる．この比高が断層変位とみなすとその平均上下変位速度は，0.15 mm/yrとなる．

　天狗森の南方の胆沢台地では，Hb面，M1面，M2面，L1面，L2面と，北へ向かって低位の地形面が分布している．このうちL1面とM2面には南北に連続する断層崖が形成されている．その比高はL1面で約5m，M2面で約10mである．さらに，これよりも南方に分布するHb面には北西—南東に延びる撓曲崖が認められ，ここでのHb面上の撓曲崖の比高は約10mであった．以上の地点で得られた変位量に基づくと，この付近の平均変位速度はそれぞれL1面で0.25 mm/yr，M2面で0.10 mm/yr，

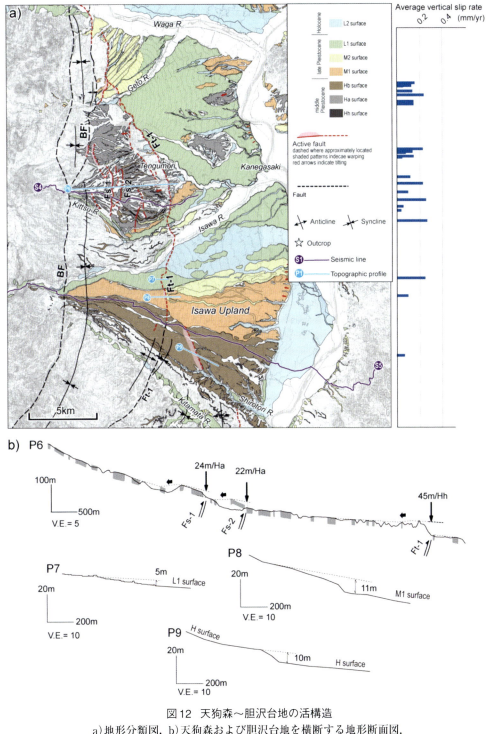

図12　天狗森〜胆沢台地の活構造
a) 地形分類図，b) 天狗森および胆沢台地を横断する地形断面図．

Hb面で0.07mm/yrとなり，胆沢台地南方へ向かって小さくなる傾向が見られる．

他方，天狗森に分布する連続性の悪い活断層については，変位が顕著な活断層をFs-1断層およびFs-2断層と称し，Ha面に形成された断層崖の落差を測るとFs-1断層で24m，Fs-2断層で22mであった．また平均変位速度はFs-1断層で0.08mm/yr，Fs-2断層で0.07mm/yr，Fs-1断層とFs-2断層とを合わせても0.15mm/yr程度であった．

天狗森を横断する反射法地震探査の結果(図13)から，Ft-1断層は全体的にはやや高角な西傾斜の逆断層として，天狗森の断続的な断層(Fs-1断層，Fs-2断層など)は，地下へ連続する低角な逆断層として捉えられた．ただし，地図にあるような多数の断層は捉えられておらず，地表で確認された活断層のいくつかは根なし断層であると考えられる．BF断層は地図上に記した断層(高度不連続部)の位置から直接地下へ連続する断層面が捉えられていないが，より低地側(CMP1630付近)に断層面上端が伏在している様子が捉えられた．BF断層の崖として認定した高度不連続は断層伝播褶曲の前翼部であると推定される．なお，出店断層はインバージョンテクトニクスで説明される代表的な逆断層であり，その正断層とそのshort-cut branchによって地表の断層崖が形成されているとの解釈されている(Kato et al., 2006；図14)．

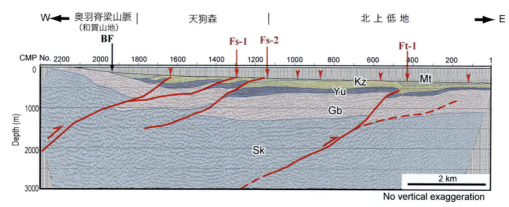

図13　天狗森断層を横断する反射法地震探査断面図（S4測線）
測線の位置は図12に示す．Mt：真滝層，Kz：金沢層，Yu：湯島層，Gb：厳美層，
Sk：下黒澤層および下位層

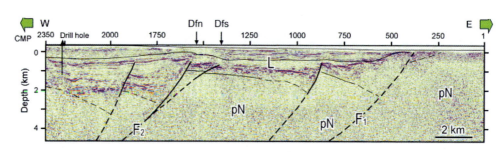

図14　胆沢台地(出店断層)を横断する反射法地震探査断面図(Kato et al., 2006より)
測線(S5測線)の位置は図12に示す．L：lower Miocene，pN：pre-Neogene．

4）一関－石越撓曲線

一関－石越撓曲線は，磐井丘陵を縦断する様に連続する地質構造で，JR東北本線沿いの限られた範囲にみられる東方への急傾斜構造である(図15)．これまで一関市街地の断層崖が第四紀の活断層として認められてきたが，本研究では，早川ほか(1954)，松野(1967)および林ほか(1995)の既存研究を踏まえながら鮮新統の変形構造を追跡し，活構造として認定した．一関－石越撓曲線は，その北端を出店断層によって切られる．一関－石越撓曲線は，白鳥川から一関にかけて北北西－南南東走向を保ち，

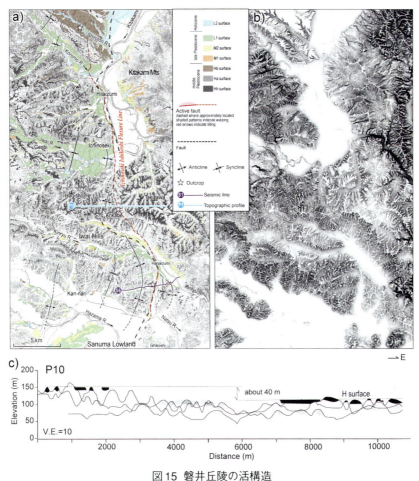

図15 磐井丘陵の活構造
a) 地形分類図，b) a と同範囲の地上開度図，c) 有壁付近の地形断面図．
図15a に断面をとった P10 の中心位置を示す

一関付近から有壁までの間では方向をわずかに変えて南北走向になる．有壁から花泉にかけては大きく向きを変えて北東－南西走向となり，花泉から石越にかけては再度南北走向へと変化する．このように一関－石越撓曲線は，ほぼ南北走向をもつものの，有壁から石越にかけてやや東へ張り出す弧状を呈する．ただし，上平断層群等のように曲率の高い湾曲は有しない．

白鳥川では一関－石越撓曲線近傍の油島層と金沢層は共に約20°〜35°東に傾斜し，さらにその上位を真滝層が傾斜不整合で覆っている．その傾斜はわずかに(20°未満)東傾斜を示し，真滝層と金沢層の間の傾斜不整合を境に上方ほど地層の傾斜は緩くなる．白鳥川と衣川に挟まれた丘陵では，一関－石越撓曲線付近で丘陵高度が急激に東側に低下し，衣川左岸側ではL1面に東側低下の撓曲崖が認められる．一関付近では磐井川左岸のL1面に比高1m以下の低断層崖が確認できる．更に金流川沿いのL1面には東方への傾動が認められる．

地形面の分布に注目すると，丘陵頂面であるHh面の残存状況はや谷密度が一関－石越撓曲線を挟んだ東西で大きく異なる．有壁付近の地形断面図から，Hh面が一関－石越撓曲を挟んで上下に約40m食い違っている(図15c)．また，衣川や磐井川沿いでは，低断層崖を挟んで上盤にあたる西側には離水した低位面群，東側には氾濫原が広く分布するという特徴がみられる．衣川や磐井川は一関－石越撓曲線より西側で著しく蛇行している．金流川沿いのM2面は，一関－石越撓曲線を挟んで，隆起側では沖積低地と明瞭な侵食崖で境されるのに対し，低下側では侵食崖の比高が小さく，氾濫原下に埋没する形態をとる．L1面もM2面と同様特徴を持つが，その分布にも一関－石越撓曲線付近を境に，西側では発達がよいのに対し，東側では分布が疎らである．以上の地形的特徴は一関－石越撓曲線を挟

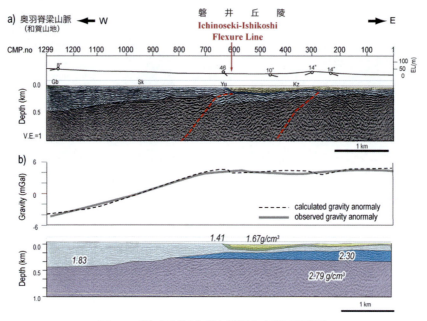

図16 一関―石越撓曲線を横断する地下構造図
a)反射法地震探査断面図，b)重力断面と密度構造図
測線(S6測線)の位置は図15に示す．

んで西側が隆起するという地殻変動が生じた結果と読み取れる．Hh面の上下変位量から推定される平均変位速度は，0.10～0.08m/mmである．磐井丘陵南部を横断する反射法地震探査と重力探査の結果，一関―石越撓曲線の地下構造は，西傾斜の折れ曲がりのない(少なくとも地表付近においては)高角逆断層と解釈された(図16)．さらに低下側のCMP280，深度100m以下に，反射面の不連続(食い違い)が見られ，その地表延長には凝灰岩の高度が不連続を認めることができるため，この食い違いが断層と解釈される．また，重力探査の結果，各種補正を行った後の重力異常値は，反射断面の地質解釈に基づいた密度構造では説明する事ができず，観測値と計算値に乖離を解決するためには，一関―石越撓曲線より東側の地下浅部に，北上山地の岩石よりも少し岩石密度の低い層を挟在する密度構造を想定する必要があった．その密度は2.30g/cm^{3}である．この値から北上帯の風化部や新第三系安山岩類が伏在していると推察した．すなわち，ここでは累積変位量の小さな高角な断層面をもつ逆断層が2条解釈され，大局的には盛岡―白河構造線と言われる重力異常の急変帯に位置しながらも，基盤岩類に顕著な正断層による落差は認められず，インバージョンテクトニクスを積極的に支持する地質構造は認められなかった．

V. 地形・地質の連続性に基づく活構造の区分と平均変位速度分布

　本地域の活構造と平均変位速度との関連性について議論する．まず，北上低地の活構造について整理すると，変動崖は磐井丘陵より北側の地域において発達がよく，それらは奥羽脊梁山脈東縁の山地・低地境界に沿うものと，北上低地内に張り出すものとに大きく分かれる(図17)．山地・低地境界の活断層は地形境界(高度の不連続)として明確に追跡できるものの，活動性は全体の活断層の中でも低い傾向が強い．この点は千屋断層や養老断層などで知られているような逆断層の発達過程を参考にすれば，山地・低地境界の逆断層は発達が進んだ結果として，活動域が低地側へと遷移したためと理解される．

　一方，低地側に張り出す活断層は，後期更新世以降に形成された段丘面を変位させ，B級程度の活動性を持つものが多い．平面形状は東側に弧状に張り出すような形状を繰り返す．上平断層群には開析谷の発達に応じた出入りに富む湾曲が認められ，天狗森断層群には断続的な短い断層が数多く並走

するという特異な特徴が認められる等，平面形態は多様であり，地域性を持つ．

　北上低地の鮮新統－更新統の分布および構造に注目すると，鮮新統の西縁は概ね山麓線に沿う逆断層によって限られる．そして前－中期更新統は，夏油川以北では低地帯の西側に偏在し，その層厚は西側程厚い傾向が強い．このことは，夏油川以北の北上低地は西側へ緩く傾斜し，沈降域の中心は低地の西側に偏在していることを示す．一方，夏油川以南では，このような偏在が認められない（ほぼ水平～若干西へ傾斜して分布）．また，地形面の発達程度に注目すると，奥羽脊梁山脈から流下した諸河川により形成された扇状地と北上川の河成段丘の配置は，北上低地北部では比較的新しい扇状地や氾濫原が，南部では複数段におよぶ古い扇状地が分布するなど，おおよそ和賀川を境に南北で様子が異なる．さらに，磐井丘陵では地形面の分化が極端に不良となる．

　これに対して平均変位速度の分布は，巨視的には北上低地西縁の北半部が大きく，南半部で小さく，磐井丘陵に至ってははっきりとした崖地形がない為に値そのものが計測できた箇所が少ない．また，平均変位速度の変化は北から南へ漸減するのではなく，和賀川付近を境に明確に低下している．これらのことから鮮新統以降の地層や地形面の発達程度から推定される累積変位量の分布は，平均変位速度の分布とも調和的であり，断層運動に伴って地盤の落差が大きい，言い換えれば平均変位速度が大きいところでは断層下盤の相対的沈降が著しいために更新統が西方へ厚く堆積したり，古い地形を覆うように新しい地形が形成されたりしていると理解される．このように北上低地の活構造は南北に大きく2分される．このような北上低地内を大きく2分する地質学的な特徴としては，北部が非火山地域，南部が火山地域であるということや，南部程インバージョンテクトニクスで説明される逆断層が多いことが挙げられる．

　一方，個別の断層群レベルの活構造区分については，断層崖や断層関連褶曲の連続性，山地や丘陵・地形面・河川の形態に認められた系統性，平均変位速度分布に基づき，北から1）南昌山断層群を支

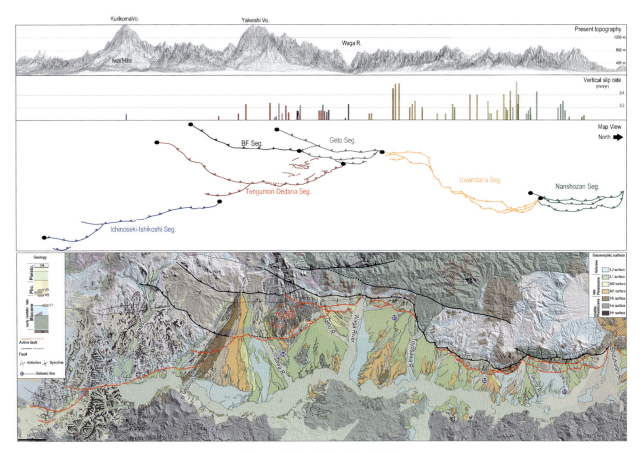

図17　北上低地帯の活構造区分

配する活構造（南昌山セグメント），2) 上平断層群と横森山断層を支配する活構造(上平セグメント)，3) 法量野−浦沢断層を支配する活構造(夏油セグメント)，4) BF断層を支配する活構造(BFセグメント)，5) 天狗森−出店断層群を支配する活構造(天狗森−出店セグメント)，6) 一関−石越撓曲線を支配する活構造（一関−石越セグメント）の6区分を提案する．

　南昌山断層群から上平断層群にかけては，活断層の平面形は，東へ張り出す2つの弓が連なるような分布をしており，その2つの弓の端が奥羽脊梁山脈から流下する河川(雫石川，滝名川，豊沢川)と山麓線との交点になるような配置をとっている．そして，断層群上盤に形成された背斜構造（断層関連褶曲）は，山麓線にほぼ沿って認められ，滝名川付近で走向を変えて2条に分岐するので，地質学的には滝名川付近で2つの断層群は切り離す事が可能である．つまり，幾何学的(活断層の平面形状)にも，地質学的にも滝名川付近を境界とする断層区分が可能である．また，南方の上平断層群と横森山断層との境界は断層線の走向の変化から判断すれば豊沢川付近である．他方，上平断層群と横森山断層の上盤に形成された山地は北北東−南南西方向に延びる紡錘状の高まりを形成しており，高まりの東縁を限る高度不連続線の連続も良い．これらの点を加味すると，上平断層群と横森山断層(特にその地下深部)は一続きの断層とも判断できる．

　ここで断層に沿った平均変位速度の値の変化をみてみると，南昌山断層群で得られた平均変位速度の値は断層群の中央付近で最も高く，端部に向かって低下している．それに対して，上平断層群の平均変位速度分布は並走するFu-1断層とFu-2断層の間が開いている程，すなわちFu-2断層の低地側への張り出しが大きい所程，値が大きくなる傾向があり，北端では端部に向かって急激な低下がみられる．しかし，南端に近い瀬の沢川の断層露頭で見積もられた平均変位速度は上平断層群の中央付近で得られた値と同等であった(小坂ほか，2013)．逆断層帯では，ずれ量（ネットスリップ量）が同じであっても断層面の傾斜との兼ね合いで，地表の断層崖の高さに違いが生じることがあるが，この地点ではネットスリップを計算してみても同じ傾向であった(小坂ほか，2013)．

　このように活断層の平面形態からセグメントを定義しても，調和的な平均変位速度の分布形態が得られるとは限らない．今泉(1989)は活断層線の平面形態に関して，陸羽地震(1986年，M7.2)の地表地震断層である千屋断層を例に，活断層線の湾曲が，一つは堆積層内に複数の断層が形成されることによって，もう一つは地下の断層面の形状が走向方向に変化することによって生じていると論じた．この2つの成因と本地域での状況を照らし合わせると，南昌山断層群から横森山断層にかけての断層線の湾曲のうち，滝名川付近の湾曲は断層面の傾斜が同じ程度で出現位置（水平方向）が異なる前者の例，一方，高村山荘付近の湾曲は，断層面の傾斜が大きく変化していることから後者の例である．すなわち，豊沢川付近はセグメント境界ではなく，上平断層群の南端はより南方にあり，豊沢川付近で上平断層群と横森山断層がつながっていると推察される．そして，こうした断層面の連続性の有無が平均変位速度に現れ，豊沢川付近で低下しなかったのではないかと考えられる．以下のセグメント区分についても上記のような考え方を採用した．

　3)の夏油セグメントは，幾何学・地質学的には北端は和賀川付近，南端は天狗森の西方にある．活断層線の南北端に向かった平均変位速度の減少がみられ，北端の平均変位速度は横森山断層のそれより明らかに小さい．また，この夏油セグメントより南ではセグメントが並走するようになる．

　4)のBFセグメントは，北北東走向・西傾斜のBF断層を指す．BF断層の連続性は上盤の褶曲構造とそれに調和的な山地高度の不連続から推定した．北端は夏油川付近，南端は胆沢川付近にあり，2008年岩手・宮城内陸地震の震源断層(北部)に対応する．東京大学地震研究所・東北大学大学院理学研究科・岩手大学工学部(2008)によれば，BF断層はインバージョンテクトニクスによる逆断層と解釈されている．

5) の天狗森－出店セグメントは，北上低地南部において最も低地側に張り出した断層（Ft-1断層）で既知の天狗森断層および出店断層を指す．Ft-1断層はKato et al. (2006)の断面図から，少なくとも既知の出店断層部分はリフト期の正断層であると解釈されている．この正断層の構造は重力異常にも現れており，重力異常の急変部はそのまま天狗森断層へと連続している．よって，Ft-1断層は地表のトレースと同様に，地下においても連続する断層であると推定した．さらに，平均変位速度は南北端にむかって減少する傾向があり，胆沢台地ではその傾向が顕著である．このような平均変位速度の傾向と断層上盤側に形成されている褶曲構造の連続性から，本セグメントの北端は夏油川付近，南端は白鳥川付近にあるとした．

6) 一関－石越セグメントは，白鳥川以南に発達する一関－石越撓曲線に対応する．磐井川付近では局所的に込み入った褶曲構造が発達し，合わせて断層線も湾曲するので，この点を考慮すると2つ以上のセグメントに細分される可能性がある．

VI. おわりに

活断層の平面形態において，一つの弓形が収まろうとする場所は，幾何学的にセグメントの端部とみられる．断層変位量や平均変位速度についても一般に変位量分布は地下のすべり量分布を反映するように，破壊点から遠ざかるにつれて小さくなるので，原則的には台形や山型の変位量分布がみられれば，小さくなる所は端部とみられる．そして逆断層運動は垂直変位もさることながら，水平短縮も生じさせるため，弓なりという平面形状と断層変位量分布が調和的になり易い．しかし，本研究ではそのような両者の一致をすべての断層において認めることはできなかった．

前述の今泉ほか(1989)での断層の湾曲に関する研究のほか，Magistrale and Day(1999)では，雁行するような断層同士において，その境界に両者をつなぐ構造(tear faultやlateral ramp)が形成されている場合には破壊が伝播しやすいというシミュレーション結果が得られている．このような既存研究を踏まえ，幾何学的なセグメント境界とみなされる場所であっても平均変位速度や断層変位量に変化がみられない，あるいは境界付近で大きな変位が認められるようなであれば，個別の断層をつなぐ構造が発達し，過去に両者が連動して活動した可能性が高いと推察した．そして，その場合には，それらの断層を一つのセグメントとみなした．

個々のセグメントが，単独で地震を起こす可能性も，複数が連動して地震を起こす可能性もあり，そうした1回の地震の規模を推定するには，やはり古地震情報の蓄積が欠かせない．また，この区分が正しいかどうかは，実際に地震が起きてこそ実証されるのであるが，少なくとも断層面の形状と断層運動の繰り返しによって形成された地形（断層崖等の変位地形のみならず，山容，地形面や河川の形態を含め）をおおよそ説明できる区分であると考えている．そして，本研究に取り組み，地下構造が非常に変化に富むような逆断層地域のセグメンテーションを考慮する際には，地形・地質を基に，幾何学的なセグメント境界を認定した後，その幾何学がどのような断層面の姿勢からもたらされているのかを把握すること，さらに平均変位速度や断層変位量分布とつきあわせて，幾何学的なセグメント境界でどのような変化が起きているのかを捉えることがきわめて重要であることが分かった．

謝辞

本研究では株式会社京都フィッション・トラックに火山灰分析を依頼した．傾斜度図ならびに地上開度図では，株式会社横山空間情報研究所の横山隆三氏，白澤道生氏にご協力いただき，地形表現の手法に関するご助言をいただいた．また，東北大学大学院理学研究科の今泉俊文教授，応用地質株式会社の三輪敦志氏，阿部恒平氏，株式会社環境地質の小坂英輝氏と行ってきた現地調査や議論は，本研究を進めていくにあたり大変有意義であった．以上の方々に記して感謝申し上げます．

引用文献

地質調査総合センター(2004)：日本重力 CD-ROM 第 2 版，数値地質図 P-2，地質調査総合センター

早川典久・舟山裕士・斎藤邦三・北村信(1954)：岩手縣北上山地西縁より脊梁山地に亘る地域の新第三系の地質．岩手縣地質説明書 I, 岩手縣．

林　広樹・柳沢幸夫・鈴木紀毅・田中裕一郎・斎藤常正(1999)：岩手県一関市下黒沢地域に分布する中部中新統の複合微化石層序．地質学雑誌, 105, 480-494.

池田安隆・今泉俊文・東郷正美・平川一臣・宮内崇裕・佐藤比呂志編(2002)：「第四紀逆断層アトラス」．東京大学出版会, 260p.

今泉俊文・平野信一・松田時彦(1989)：千屋断層のボーリング調査－断層線の湾曲を説明する断層面の形態－．活断層研究, 7, 32-42.

今泉俊文・後藤秀昭・宮内崇裕・八木浩司・渡辺満久(2002)：都市圏活断層図「北上」, 国土地理院，土地理院技術資料 D・1-No.396.

岩手県(1996)：「平成 7 年度地震調査研究交付金雫石盆地西縁断層帯，花巻断層帯及び北上西断層帯に関する調査 成果報告書」．174p. 岡田ほか，2010

地震調査研究推進本部(2001)：北上低地西縁断層帯の評価 http://www.jishin.go.jp/main/chousa/01jun_kitakami/index.htm (cited 2014/5/18)

楮原京子・小坂英輝・三輪敦志・今泉俊文・儘田 豊(2012)：北上低地西縁断層帯・南昌山断層群の変動地形と地下構造．地学雑誌, 120, 910-925.

Kato, N. Sato, H. Umino, N. (2006): Fault reactivation and active tectonics on the fore-arc side of the back-arc rift system, NE Japan. *Journal of Structural Geology*, 28, 2011-2022.

気象庁(2009)：地震年報．気象業務支援センター．

北村　信(1965)：5 万分の 1 地質図幅「焼石岳」及び説明書．地質調査所．

小坂英輝・楮原京子・今泉俊文・三輪敦志・吉田春香・斎藤華苗・儘田 豊(2011)：北上低地西縁断層帯・南昌山断層群の断層変位地形と断層露頭, 活断層研究, 34, 13-22.

小坂英輝・楮原京子・今泉俊文・三輪敦志・阿部恒平(2013)：北上低地西縁断層帯・上平断層群南端付近の断層変位地形と断層露頭, 地理学評論, 85, 493-504.

越谷　信・森下裕介・野田 賢・佐藤比呂志・蔵下英司・荻野スミ子・武田哲也・加藤直子・平野信一・加藤 一・池田安隆・井川 猛・村上文俊・北上低地帯西縁断層帯研究グループ(2007)：奥羽脊梁山脈東縁部，北上低地帯西縁断層帯花巻地域の反射法地震探査．東京大学地震研究所彙報, 82, 1, 3-11.

町田　洋・新井房夫(2003)：新編 火山灰アトラス．東京大学出版会．

Magistrale, H., and Day, S. (1999): 3D simulations of multi-segment thrust fault rupture, *Geophysical Research Letters*, 26, DOI: 10.1029/1999GL900401.

松野久也(1967)：若柳地域の地質．地域地質研究報告(5 万分の 1 図幅), 地質調査所, 24p.

Matsu'ura, T., Kase, Y. (2010): Late Quaternary and coseismic crustal deformation across the focal area of the 2008 Iwate-Miyagi Nairiku earthquake, *Tectonophysic*, 487, 13-21.

宮内崇裕・今泉俊文・後藤秀昭・八木浩司・渡辺満久(2002)：都市圏活断層図「花巻」, 国土地理院，国土地理院技術資料 D1-No.396.

中田　高・今泉俊文編(2002)：活断層詳細デジタルマップ．東京大学出版会．

Norton, J.C., Hasegawa, Y., Kohno, N., Tomida, Y. (2007): Distinguishing archeological and paleontological faunal collections from Pleistocene Japan: taphonomic perspectives from Hanaizumi. *Anthropological Science*, 115, 91-106.

大沢　穠・舟山裕士・北村 信(1971)：5 万分の 1 地質図幅「川尻」及び説明書．地質調査所．

佐藤比呂志・加藤直子・今泉俊文・池田安隆・岡田真介・楮原京子・荻野スミ子・川中 卓・笠原敬司(2003)：2003 年宮城県北部地震震源域北部での反射法・屈折法地震探査, 平成15年度科学研究費補助金(特別研究促進費)(1)2003年宮城県北部の地震による地震災害に関する総合的調査研究（研究課題番号 15800009 研究代表者 源栄正人）研究成果報告書, 5-20.

東京大学地震研究所・東北大学大学院理学研究科・岩手大学工学部(2008)：2008年岩手宮城内陸地震震源域北部の稠密アレイ観測による余震分布と地殻構造．第 191 回地震調査委員会資料．

鈴木康弘・渡辺満久・中田 高・小岩直人・杉戸信彦・熊原康博・廣内大助・澤 祥・中村優太・丸島直史・島崎邦彦(2008) 2008年岩手・宮城内陸地震に関わる活断層とその意義－一関市厳美町付近の調査速報－, 活断層研究, 29, 25-34.

脇田浩二・井川敏恵・宝田晋治(2009)：20万分の1日本シームレス地質図DVD版, 数値地質図G-16, 産業技術総合研究所地質調査総合センター．

渡辺満久(1991)：北上低地帯における河成段丘面の編年および後期更新世における岩屑供給．第四紀研究, 30, 19-42.

渡辺満久・檀原徹・藤原治(2003)：北上低地帯南部における第四紀テフラのFT年代と河成段丘面の編年．日本地理学会発表要旨集, 63, 111.

Yokoyama, R., Shirasawa, m., Pike, R., (2002): Visualizing topography by openness: A new application of image processing to digital elevation models. *Photogrammetric Engineering and Remote Sensing*, 68, 257-256.

公益財団法人国土地理協会　第12回学術研究助成

長期間の事例解析に基づく豪雨災害・土砂災害モニタリングシステムの運用と防災情報への活用

研究代表者　**齋藤　仁**　関東学院大学経済学部
共同研究者　**松山　洋**　首都大学東京大学院都市環境科学研究科

1. はじめに

　我が国では，毎年、斜面崩壊による土砂災害が発生し，社会に大きな損害を与えている．また斜面崩壊は，土砂災害を引き起こすだけでなく，山地における重要な地形形成プロセスでもあるため，その発生予測や危険度評価に関する研究が世界各地で行われてきた(e.g., Keefer and Larsen, 2007; Larsen et al., 2010). 斜面崩壊は降雨や地震などの誘因や，地形・地質といった素因など，様々な要因によって発生する．それらの中でも，降雨は斜面崩壊発生の主要因である(Wieczorek and Glade, 2005). このため，斜面崩壊の発生と降雨量との関係を明らかにする研究や，降雨データに基づいた斜面崩壊の予測・警戒システムの構築に関する研究が行われてきた (e.g., Onodera et al.,1974; Keefer et al., 1987; Saito et al., 2010a; Saito et al., 2014). 降雨のみに基づいた斜面崩壊の解析は，斜面における水文プロセスを直接的には考慮していないものであるが，日本列島といったような広域を対象とした斜面崩壊の危険度評価の際には有用である．我が国においても，建設省河川局砂防部(1984)により土石流警戒の基準雨量が設定され，現在は土壌雨量指数(Soil Water Index: SWI，岡田ほか，2001)を用いた土砂災害警戒情報が運用されている(国土交通省河川局砂防部ほか，2005; Osanai et al., 2010). 土砂災害警戒情報では，ある時刻における60分積算雨量とSWIに注目し，過去の事例解析より得られた土砂災害発生危険基準線を用いて，現在の土砂災害発生の切迫性を判断する(国土交通省河川局砂防部ほか，2005; Osanai et al., 2010).

　しかし，斜面崩壊を発生させる降雨を明らかにするためには，一連の降雨(ひと雨)を時間単位で分解し，ある時刻のみにおける降雨量に注目するだけでなく，一連の降雨の特徴を理解することも重要である．またIPCC(2007)では，地球温暖化が，日本列島などのアジアモンスーン地域での降雨パターンの変化をもたらす可能性が示されている．つまり，一連の降雨と斜面崩壊の発生との関係を解析・蓄積することは，地球温暖化が斜面崩壊の発生に与える影響の評価や，今後の防災を考える上で重要である．そこでSaito et al. (2010b)では一連の降雨の時系列変化に注目し，基準化土壌雨量指数(Normalized Soil Water Index: NSWI, 第2節)を用いて，日本列島において斜面崩壊を発生させる降雨イベントが短時間集中(Short-duration High-intensity: SH)型と長時間継続 (Long-duration Low-intensity: LL)型の2パターンに定量的に分類できることを示した．また，齋藤ほか(2011)では，SH型とLL型の2種類の降雨パターンに基づいて，日本列島において斜面崩壊を発生させる降雨イベントのリアルタイムモニタリングシステム(the system with Soil Water Index Normalized by Greatest value: SWING system, プロトタイプ，図1)を構築した．しかしながら，齋藤ほか(2011)では，SWING systemの運用および検証が短時間であり，いくつかの課題が残されていた．具体的には，1：Webページでの表示方法の改良，2：長期の運用による土砂災害事例での検証，である．

　そこで本研究では，齋藤ほか(2011)で示された上記2つの課題を踏まえて，SWING systemの表示方法(インターフェイス)の改良(第3.2項)と，長期運用による土砂災害事例の検証を行った(第4節). 運用期間は，2012年9月～2014年8月までの2年間である．本研究では，運用直前に発生した平成24年7月九州北部豪雨による熊本県阿蘇市での土砂災害の再解析と，運用中に発生した平成25年台風第26号による伊豆大島での土砂災害，平成26年8月豪雨による広島県広島市での土砂災害事例を検証した．

　なお，本システムは斜面崩壊が発生する正確な時刻を予測するものではなく，一連の降雨に着目し，SH型とLL型の特徴から斜面崩壊を発生させやすい降雨パターンであるか否かをリアルタイムでモニタリングすることを目標とした．特に2種類の降雨パターンに注目することで，例えばSH型の際は迅速な土砂災害の警戒が必要であり，LL型の際は長時間の警戒が必要というような，土砂災害情報への活用可能性が考えられる．

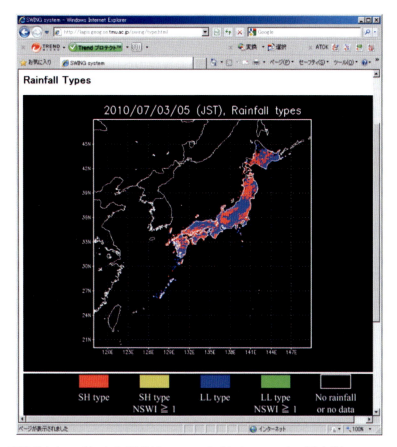

図1 齋藤ほか(2011)による SWING system のインターフェイス(改良前).
Webページでの降雨イベントの分類結果の表示例(2010年7月3日午前5時の事例).

2. 2種類の降雨パターンと斜面崩壊発生との関係

短時間の強雨や長時間継続する降雨が斜面崩壊を発生させることは，これまでに個々の斜面崩壊事例や，斜面崩壊発生の力学的なメカニズムの観点から指摘されてきた(武居, 1983; Wieczorek and Glade, 2005; 地盤工学会, 2006)．そこで Saito et al. (2010b)では，日本列島で発生した降雨に起因する1,174件の斜面崩壊災害から，斜面崩壊を発生させる2種類の降雨パターン(SH型・LL型)を解析し，それらを定量的に分類した．この研究では，解析雨量(レーダー・アメダス解析雨量)を用いて，基準化した SWI(NSWI)の時系列変化から，SH型とLL型の特徴を示した．ここで，一連の降雨は24時間の無降雨継続時間で区切られる降雨イベントである．NSWIの有用性は，Saito et al.(2010b)，および Saito and Matsuyama(2012)で検証されており，以下のように定義される．

$$NSWI = SWI / SWImax_{10} \quad (1)$$

NSWI は，任意の場所・時刻における SWI を，同一箇所の過去10年間における SWI の最大値(SWImax10)で基準化したものである(Saito et al., 2010b)．

SWI は，3段直列タンクモデルにより算出される．これは，降った雨がどの程度土壌中に貯まっているかを，これまでの降雨量を基に数値化したものである(岡田ほか, 2001)．これまでの研究により，SWIと土砂災害の発生には高い相関関係があることが示されている(岡田ほか, 2001; 岡田, 2007)．また，現在の降雨によるSWIを過去10年間のSWIの履歴と比較することが，土砂災害の発生と最も対応がよいとされている(地盤工学会, 2006)．つまり，SWIが過去10年間の履歴を更新する(NSWIが1

以上になる)ことは，その場所において過去10年間で最も土砂災害が発生しやすい状況を示している．

図2は，NSWIの時系列変化から，SH型とLL型の降雨イベントの特徴(Saito et al., 2010b)を示したものである．SH curve と LL curve は，それぞれ過去複数のSH型とLL型の降雨イベントにおける，NSWI時系列変化の中央値の変化である．SH型とLL型の特徴は以下の通りである．

SH型は，降り始めから早い時間に強い降雨があり，NSWIが急上昇して斜面崩壊を発生させる降雨イベントである．つまり，SH型の際は降雨の開始から斜面崩壊が発生するまでの期間が短い．

一方でLL型は，断続的な降雨が長時間続くことでNSWIが上昇した状態が続き，その後に強い降雨があって斜面崩壊が発生する．この際も斜面崩壊が発生する最終的な要因は強雨である．しかし，LL型では降雨の開始から長時間が経過してから斜面崩壊が発生する点が特徴である．ここで，図2のLL curve は，降雨継続時間が長くなるとNSWIが0.4程度で一定となる．ただし，NSWIが0.4程度で斜面崩壊が発生するわけではない．LL型では断続的な降雨によりNSWIの上昇と下降を繰り返すため，それらの降雨イベントの中央値の変化がLL curve となる．よってLL curve は，NSWIが0.4程度の高い状態が続き，その状態で強い降雨があると斜面崩壊が発生しやすくなることを示す．つまりLL型は，断続的な降雨により降雨が小康状態となっても斜面崩壊が発生しやすい状況の降雨イベントと言える．

なお，実際の降雨イベントは，SH型とLL型の2種類だけでなく，その中間型なども定義できると考えられる．しかし本研究では，Saito et al. (2010b)に基づいた2種類の降雨パターンに注目し，現在の降雨イベントをSH型またはLL型に分類した．

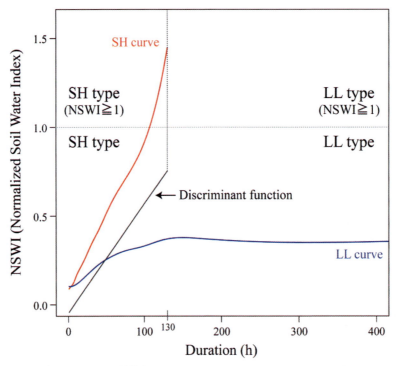

図2　SH型とLL型の降雨イベントの特徴(SH curve, LL curve, Saito et al., 2010b)，
　　およびSH型とLL型の降雨イベントを分類する線形判別関数(Discriminant function, 齋藤ほか, 2011)

3. SWING system の概要と改良

3.1. SWING system の概要

SWING system では，(財)気象業務支援センターより配信される，気象庁発表の「1kmメッシュ解析雨量GPV」と「土壌雨量指数」を受信する．次に，データをリアルタイムで解析することで，日本全国を対象に現在の降雨イベントをSH型またはLL型に分類し，その結果を図化・Web上で表示

することで降雨イベントのモニタリングを可能とした（齋藤ほか，2011）．

3.2 SWING system の構成とインターフェイスの改良

　使用するデータは，「1kmメッシュ解析雨量GPV」と「土壌雨量指数」である．「1kmメッシュ解析雨量GPV」は，気象レーダーの観測値とAMeDASなどの地上雨量計の観測値から作成された毎正時00分および30分の前1時間降水量データである．データの空間解像度は，緯度30秒・経度45秒（約1kmメッシュ）である．また「土壌雨量指数」は，日本国内の陸上メッシュを対象に，岡田ほか（2001）に基づいて計算された毎正時00分と30分におけるSWIの実況値である．データの空間解像度は，緯度0.05度・経度0.0625度（約5kmメッシュ）である．

　計算機環境は，CPU：Intel Xeon E5420 × 2，メモリ：16 GB，OS：CentOS 5.3である．本研究では，比較的高性能の計算機を用いることでデータ解析にかかる時間を短縮した．また，大量のデータを処理する必要があるため，4TBのHDDを使用した．「1kmメッシュ解析雨量GPV」と「土壌雨量指数」は（財）気象業務支援センターよりFTP（PUT）により配信され，本システムで受信する．また，解析結果はWebサーバを用いて公開している（http://lagis.geog.ues.tmu.ac.jp/swing/）．

　本システムでは，「土壌雨量指数」と同様の，日本全国の陸上メッシュ（空間解像度5km）を対象とした．また，計算間隔を1時間とするため，毎正時00分の「1kmメッシュ解析雨量GPV」と「土壌雨量指数」を用いた．これは，降雨データだけによる土砂災害の発生危険度の絞り込みの実用上の限界が，空間解像度5km，時間解像度1時間とされているためである（岡田，2007）．

　「1kmメッシュ解析雨量GPV」と「土壌雨量指数」の毎正時00分のデータは，それぞれ毎時14分，19分ごろに配信される．本システムでは，それぞれのデータの受信後，以下の解析を行う．まず，「1kmメッシュ解析雨量GPV」は，「土壌雨量指数」のメッシュと同じ空間解像度5kmに編集して使用する．次に，日本全国の各メッシュにおいて，Saito et al.（2010b）に基づき，毎正時00分における降雨継続時間およびNSWI（式1）を算出する．ここでは，24時間の無降雨継続時間で区切られる降雨イベントを一連の降雨とした．得られた降水継続時間とNSWIの時系列変化から，SH型とLL型への分類を行う．

　図2，図3には，Saito et al.（2010b）に基づいた，SH型とLL型への分類ルールを示す．具体的には，「降雨なし」，「SH型」，「SH（NSWI ≧ 1）型」，「LL型」，「LL（NSWI ≧ 1）型」の5分類とした．なお本システムにおいて，現在の降雨イベントはSH型，LL型のいずれかに分類される．よってSH型とLL型のすべてが，斜面崩壊が発生しやすい降雨イベントではない．それらの中でも，NSWIが大きくなるほど斜面崩壊が発生しやすい降雨イベントである．とくに「SH（NSWI ≧ 1）型」と「LL（NSWI ≧ 1）型」は，過去10年間で最も斜面崩壊が発生しやすい切迫した状況の降雨イベントである．それぞれの分類ルールは以下の通りである．

　まず，NSWIが0よりも大きく，かつ降雨継続時間が0hでないメッシュを選び出し，それ以外は「No rainfall」に分類した．次に，降雨継続時間が130hを超える降雨イベントは，「LL型」とした．これは，Saito et al.（2010b）において，SH型の最大降雨継続時間が130hであったためである．また，130hを超えた降雨イベントのうち，特にNSWIが1以上の場合は，「LL型（NSWI ≧ 1）」と区別した．

　降雨継続時間が130h以下の降雨イベントについては，線形判別関数による分類を行った．つまり，線形判別関数よりもNSWIが大きくなる場合にSH型，小さくなる場合にLL型へと分類した．また，SH型についても，NSWIが1以上の場合は，「SH型（NSWI ≧ 1）」と区別した．ここで線形判別関数は，Saito et al.（2010b）でのSH型とLL型の降雨イベント（それぞれ557件，617件）を線形判別分析することで得た（図2）．なお図2におけるSH curveとLL curveはそれぞれの降雨イベントの中央値の変化であるため，SH curveとLL curveの中間を線形判別関数が通るわけではない．

解析結果は分布図として，Webページ（http://lagis.geog.ues.tmu.ac.jp/swing/）で公開した．齋藤ほか（2011）でのWebページ（図1）は，毎時における全国の解析結果のみを簡易的に表示させるものであった．公開項目は，降雨イベントの分類結果(図1)，NSWI(図省略)，解析雨量(図省略) である．これら一連の解析にかかる時間は，数分程度である．そのためWebページでの解析雨量の更新は毎時20分，NSWIと降雨イベントの判定結果の更新は毎時30分となっている．

　SWING systemでは，「1kmメッシュ解析雨量GPV」と「土壌雨量指数」をリアルタイムで解析し，現在の降雨パターン分布図を表示することで，現在どの地域でSH型またはLL型の降雨イベントが起こっているかを把握可能である．またNSWI分布図と見比べることで，一連の降雨に着目して現在，どこで斜面崩壊が発生しやすい状況かも推測可能である．特に降雨イベントの分類結果において「SH(NSWI≧1)型」と「LL(NSWI≧1)型」の場合は，過去10年間で最も斜面崩壊が発生しやすい降雨イベントである．

　齋藤ほか(2011)では，解析結果を日本列島スケールで示すのみであった(図1)．この表示方法は，日本列島スケールでの把握に適しているが，個々の場所を見ることは難しい．また背景地図がないため，個々の地域の地形や地質，土地利用などを考量することができない．よって，実際のWebページを見る際には，結果の拡大・縮小や，背景地図が必要である．そこで本研究では，新たに地理院地図(電子国土Web，国土地理院，http://portal.cyberjapan.jp/site/mapuse4/)を実装することで，これらの課題を解決した(図4)．背景地図には，標準地図，色別標高図，空中写真(～2007年)を用い，日本列島スケールから個々の地域まで拡大・縮小に対応した．改良後のSWING systemは，これまでと同様のURL (http://lagis.geog.ues.tmu.ac.jp/swing/)で公開する．

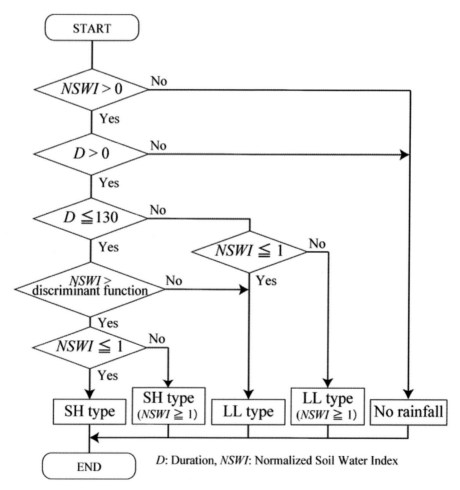

図3　SWING systemにおけるSH型とLL型の降雨イベントを分類するフローチャート
　　（齋藤ほか，2011）

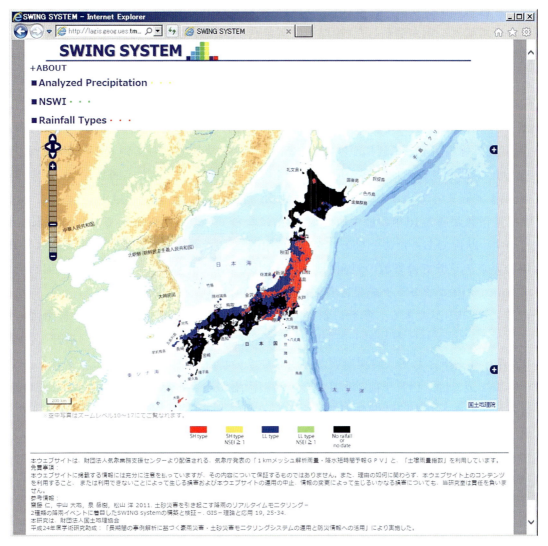

図4　改良後のSWING systemのインターフェイス．
　　Webページでの降雨イベントの分類結果の表示例（2014年10月7日21時の事例）．

4．豪雨災害のモニタリング

　SWING systemを2012年9月〜2014年8月まで運用し，土砂災害のリアルタイムモニタリングを行った．特に運用開始前の2012年7月には，平成24年7月九州北部豪雨が発生し，阿蘇山周辺で甚大な土砂災害が発生した．本研究では平成24年7月九州北部豪雨の再解析をおこなった．また運用期間中に発生した，平成25年台風第26号による伊豆大島での土砂災害，平成26年8月豪雨による広島県広島市での土砂災害事例を検証した．これらの土砂災害について，本システムにおける降雨イベントの分類結果やNSWIの時系列変化，および豪雨イベントの累積雨量と最大NSWIの空間的分布に注目した．なお，当時の気象条件に関する情報や土砂災害の概要には，速報値も含まれるため，数値などは変わることがある．

4．1．平成24年7月九州北部豪雨による阿蘇山周辺での土砂災害

　2012年7月11日から14日にかけて，福岡県，熊本県，大分県，佐賀県で大雨となった．11日朝に朝鮮半島付近で停滞していた梅雨前線が，12日朝には対馬海峡まで南下した．梅雨前線の南側にあたる九州北部地方では，東シナ海上から暖かく湿った空気が流入し，大気の状態が非常に不安定となった．

発達した雨雲が線状に連なり次々と流れ込んだ熊本県熊本地方，阿蘇地方，大分県西部では，12日未明から朝にかけて猛烈な雨が継続した（福岡管区気象台，2012）．特に，阿蘇市にあるAMeDAS阿蘇乙姫では，同日午前1時から午前7時までに459.5 mm（7月の月降水量平年値の80.6％）を観測するなど，記録的な大雨となった．この大雨により，阿蘇谷における中央火口丘や外輪山のカルデラ壁において，7月12日午前6時台にかけて多数の斜面崩壊が発生した（土志田ほか，2012；松四ほか，2013）．

　図5には，阿蘇山周辺における，7月11日午前1時～12日24時までの48時間累積雨量分布を示す．阿蘇谷を中心に，外輪山西側～東側にかけて700 mmを超える大雨となっていることがわかる．一方で，SWING systemで観測された同期間の最大NSWIの分布（5 kmグリッド，図6）を見ると，特に外輪山東側でNSWIが高まっていたことがわかり，手野・古城周辺（図6A）では1.6を超えている．この値は，土壌雨量指数が過去10年の最大値の約1.6倍になっていたことを表しており（第2節），斜面崩壊が発生しやすい状況であったことをモニタリング出来ていた．実際に，手野や古城をはじめとする外輪山東側のカルデラ壁では多数の斜面崩壊が発生しており（土志田ほか，2012；松四ほか，2013），SWING systemでのモニタリング結果とも整合的である．

　ここでは特にNSWIが大きく，多数の斜面崩壊が発生した手野・古城のグリッド（図6A）における降雨イベントのモニタリング結果とNSWIの時系列変化を図7に示す．当時，手野・古城周辺ではSH型の降雨イベントとして，斜面崩壊が発生しやすい状況であったことがモニタリングできていた．手野・古城周辺では，11日午前3時頃から一連の降雨が始まった．その後数時間は弱い雨によりNSWIも低い状態であったが，12日午前2時頃から急激に上昇し，午前4時にはNSWI＝1を超えた．また斜面崩壊が発生した午前6時前後はNSWIが1.5を超えていた．阿蘇市では，午前2時40分に土砂災害警戒情報第1号が発表された（福岡管区気象台，2012）．SWING systemにおいても，午前2時頃からのNSWIの急激な上昇からは，当時SH型として斜面崩壊が起こりやすい状況になりつつあることを把握可能であったと考えられる．

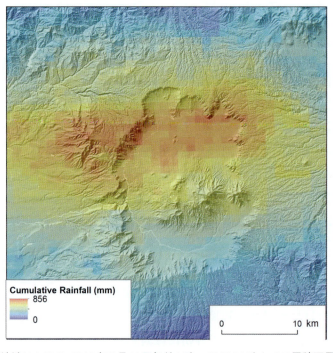

図5　阿蘇地域における，2012年7月11日午前1時～12日24時までの累積雨量の分布．
　　　SWING systemによる気象庁発表の1 kmメッシュ解析雨量より算出．

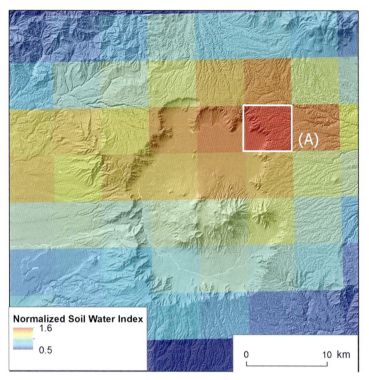

図6 SWING system による2012年7月11日午前1時～12日24時（JST）までの最大基準化土壌雨量指数
（Normalized Soil Water Index: NSWI）の分布．
解像度は約5x5km．白域(A)は手野・古城を含むグリッド．

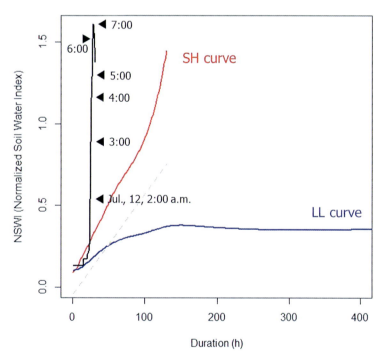

図7 手野・古城（図6A）における一連の降雨開始からのNSWIの時系列変化
（黒線，赤線・青線は図2と同様．破線は線形判別関数．）

4.2. 平成25年台風第26号による伊豆大島での土砂災害

2013年10月11日3時にマリアナ諸島付近で発生した台風第26号（Typhoon Wipha）は，発達しながら日本の南海上を北上し，大型で強い勢力のまま，16日明け方に暴風域を伴って関東地方沿岸に接近した．その後，台風は関東の東海上を北上し，16日15時に三陸沖で温帯低気圧に変わった．この台風および台風から変わった温帯低気圧により，15日と16日を中心に，西日本から北日本の広い範囲で暴風，

大雨となった(気象庁, 2013;東京管区気象台, 2013;山本ほか, 2014). とくに, 東京都の大島町では, 台風がもたらす湿った空気の影響で, 16日未明から1時間100mmを超える猛烈な雨が数時間降り続き, 24時間の降水量が800mmを超える大雨となった. 14日の降り始めからの総降水量は, 関東地方や東海地方では300mmを超え, また, 宮城県女川町江ノ島で33.6m/s, 千葉県銚子市銚子で33.5m/sの最大風速を観測するなど, 各地で暴風を観測した(気象庁, 2013;東京管区気象台, 2013;山本ほか, 2014). この大雨により, 東京都大島町元町地区を中心に, 16日午前2時30分頃から斜面崩壊(土砂流)が発生し, 大規模な土砂災害が発生した(山本ほか, 2014).

　図8には, 10月15日08時～16日07時までの24時間累積雨量分布を示す. 大規模な土砂流出が発生した元町地区(図8灰色域)を含む, 伊豆大島の北部を中心に700mmを超える大雨となっていた. また, SWING systemで観測された最大NSWIの分布(5kmグリッド, 図9)を見ると, 伊豆大島全域でNSWIが1を超えており, 元町地区周辺では1.7～1.9に達していた. よって, 斜面崩壊が発生しやすい状況であったことをモニタリング出来ていた.

　次に, 元町地区グリッドにおける降雨イベントのモニタリング結果とNSWIの時系列変化を図10に示す. 当時, 元町地区ではSH型の降雨イベントとして, 斜面崩壊が発生しやすい状況であったことがモニタリングできていた. SWING systemによるモニタリングでは, 元町地区周辺では, 14日22時頃から一連の降雨が始まった. その後15日午前10時ころより雨が強まり, 15日22時までにはNSWIが0.6を超えた. さらにその後も強い雨によりNSWIは急上昇し, 16日午前2時までにNSWIが1を超え, 午前3時には1.3を超えた. なお大島町では, 15日18時5分に土砂災害警戒情報第1号が発表されている(東京管区気象台, 2013). 斜面崩壊(土砂流)は午前2時30分頃から発生したとされており(山本ほか, 2014), SWING systemにおいても, 15日夕方以降のNSWIの急上昇からは, SH型として斜面崩壊が起こりやすい状況になりつつあることを把握可能であったと考えられる. その一方で, NSWIは伊豆大島全域で高まっていたにも関わらず, 大規模な斜面崩壊(土砂流)の発生は主に元町地区周辺である. よって, 降雨だけでなく, 地形や地質, 植生条件等を含めて, 斜面崩壊の発生個所を検討する必要がある.

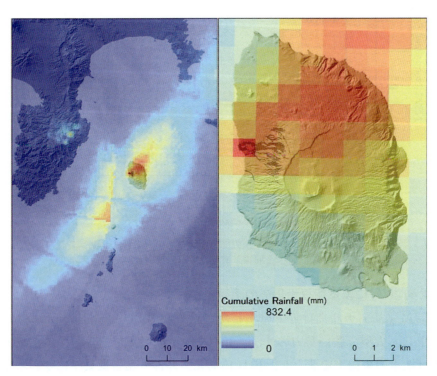

図8　伊豆大島周辺における2013年10月15日08時～16日07時までの24時間累積雨量(mm)分布(右図は大島の拡大図). SWING systemによる気象庁発表の1kmメッシュ解析雨量より算出. 灰色域は土砂流出範囲(国土地理院, 2013).

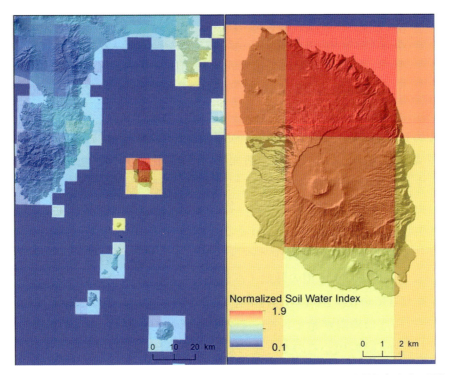

図9 SWING systemによる2013年10月15日08時〜16日07時までの最大基準化土壌雨量指数
(Normalized Soil Water Index: NSWI)の分布(右図は大島の拡大図).
紫色は計算領域外.解像度は 約5×5km.灰色域は土砂流出範囲(国土地理院, 2013).

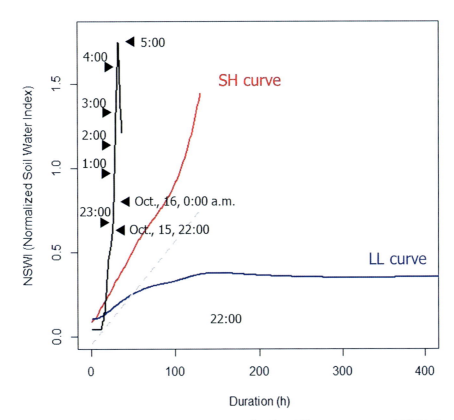

図10 伊豆大島元町地区のグリッドにおける一連の降雨開始からのNSWIの時系列変化
(黒線,赤線・青線は図2と同様.破線は線形判別関数.)

4.3. 平成26年8月豪雨による広島県広島市での土砂災害

2014年8月19日には,日本海に停滞する前線に向かい,暖かく湿った空気が流れ込み,広島県では大気の状態が非常に不安定となっていた.とくに8月19日夜から20日明け方にかけて,広島市

を中心に猛烈な雨となった．広島市安佐北区三入では1時間降水量が101.0mm，3時間降水量が217.5 mm，24時間降水量が257.0mmとなり，これまでの観測史上1位を記録した(広島地方気象台，2014)．この大雨の影響で，20日朝にかけて広島市安佐南区・安佐北区で斜面崩壊・土石流による土砂災害が発生した．20日午前3時過ぎから救助の要請が入り始めていることから(朝日新聞デジタル，2014年8月20日)，斜面崩壊・土石流が発生したのは午前3時前頃からと考えられる．

図11には，8月20日午前2時～4時までの3時間累積雨量の分布を示す．安佐南区・北区周辺では，3時間で160mmを超える大雨となっていた．斜面崩壊・土石流が頻発した地域は限られており，降雨の分布とよく対応する．また，SWING systemで観測された最大NSWIの分布（5kmグリッド，図12）も斜面崩壊・土石流の分布とよく対応する．特に安佐南区・北区周辺ではNSWIが1を超えており，斜面崩壊が発生しやすい状況であったと言える．

次に，安佐南区のグリッドにおける降雨イベントのモニタリング結果とNSWIの時系列変化を図13に示す．当時，安佐南区ではLL型の降雨イベントとして，斜面崩壊が発生しやすい状況であったことがモニタリングできていた．SWING systemによるモニタリングでは，安佐南区周辺では，8月13日午前11時頃から一連の降雨が始まった．その後，断続的な雨により，NSWIは緩やかに上昇・下降をした．しかし，20日1時頃からのまとまった雨によりNSWIが急上昇した．斜面崩壊・土石流の発生時刻を考えると，午前1時頃からの雨が斜面崩壊・土石流の引き金になったと言える．

しかしながら，斜面崩壊・土石流が発生し始めた午前3時頃は，NSWIは0.8程度であった．また，より長期のNSWIの時系列(図14)を見ると，8月上旬にまとまった降雨があり，NSWIが高まっていた．よって，LL型の降雨イベントとして，より長期の降雨が斜面崩壊・土石流の発生に影響していたことが示唆された．なお広島市には20日午前1時10分に土砂災害警戒情報第1号が発表されており，SWING systemでのモニタリング結果と整合的であった．

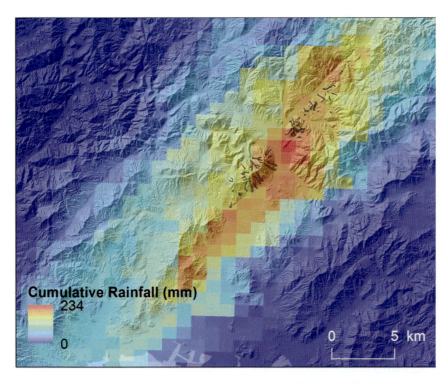

図11　広島市周辺における2014年8月20日午前2時～4時までの3時間累積雨量(mm)分布．
SWING systemによる気象庁発表の1kmメッシュ解析雨量より算出．
灰色域は斜面崩壊・土石流域(松四ほか，2014)．

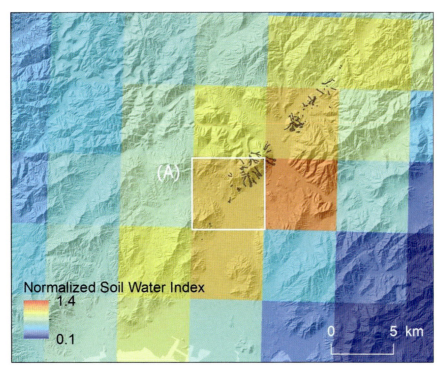

図12 SWING system による2014年8月20日午前2時〜4時までの最大基準化土壌雨量指数
（Normalized Soil Water Index: NSWI）の分布．
解像度は約5×5km．灰色域は斜面崩壊・土石流域（松四ほか，2014）．白域（A）は安佐南区を含むグリッド．

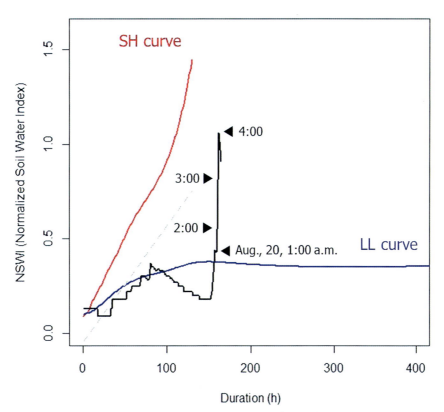

図13 広島市安佐南区のグリッド（図12A）における一連の降雨開始からのNSWIの時系列変化
（黒線，赤線・青線は図2と同様．破線は線形判別関数．）

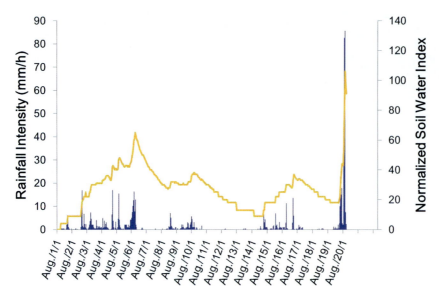

図14　安佐南区のグリッドにおける8月1日午前1時から20日午前6時までの1時間降水量とNSWIの時系列変化．

4.4. 今後の課題

　土砂災害の防災情報として，まず人命を救助でき，次に財産を救助するのに必要なリードタイムが得られることが重要である．本システムでは，上述の土砂災害事例において，斜面崩壊が起こりやすい降雨イベントの特徴を把握することが可能であった．よって，本システムを応用することで，今後より高い精度の災害情報として活用できる可能性が考えられる．例えばSH型の際は迅速な土砂災害の警戒が必要であり，LL型の際は長時間の警戒が必要と言える．そのためにいくつかの課題が挙げられる．

　まず，本システムではとくにNSWI=1を基準として，斜面崩壊の起こりやすさの評価を行った．NSWI=1以外の基準については，今回は定性的な議論にとどまったが，斜面崩壊が発生しやすくなるタイミングの定量的な検討が課題である．このため，降水短時間予報などの予測値データを用いて，将来の降雨パターンや斜面崩壊の発生しやすいタイミングを予測することが必要である．さらに，土砂災害が発生した降雨イベントだけでなく，発生しなかった降雨イベントを用いて，より多くの事例での検証が必要である．

　降雨のみに基づいた斜面崩壊の解析は，斜面における水文プロセスを直接的には考慮していないものであるが，日本列島といった広域を対象とした斜面崩壊の危険度評価の際には有用である．このため本システムでは，5kmメッシュ，1時間間隔で降雨イベントのモニタリングを行った．これは，降雨データだけによる土砂災害の発生危険度の絞り込みの実用上の限界が，空間解像度5km，時間解像度1時間とされているためである(岡田，2007)．しかしながら，より詳細な時空間スケールでの解析のためには，降雨データだけでなく地形や地質の情報を用いる必要がある．

5. まとめ

　本研究では，2種類の降雨イベント(SH型とLL型)の特徴に基づく，斜面崩壊を発生させる降雨イベントのリアルタイムモニタリングシステム(SWING system)の改良と運用をおこなった．本システムを用いて2012年～2014年に発生した土砂災害をモニタリングし，システムを検証した．その結果，平成24年7月九州北部豪雨での阿蘇山周辺での事例，平成25年台風第26号による伊豆大島での土砂災害では，SH型の降雨イベントとして過去10年間で最も斜面崩壊が発生しやすい状況であったことをモニタリングできた．また，平成26年8月豪雨による広島県広島市での土砂災害事例では，LL型

の降雨イベントとして，斜面崩壊が発生しやすい状況であることがモニタリングできた．またこれらのイベントでは，事前に斜面崩壊が発生しやすい降雨イベントの特徴を把握可能であった．つまり本システムの有用性が示され，災害情報に応用できる可能性が示唆された．

一方で，本システムでの結果を災害情報として活用するためには，いくつかの課題がある．今後は降水短時間予報などの予測値の活用や，災害非発生事例による検証により，斜面崩壊が発生しやすい降雨イベントを事前に予測することが課題である．また，地形・地質を含めた解析が必要である．

引用文献

朝日新聞デジタル(2014年8月20日)『広島で大規模土砂災害 39人死亡，7人行方不明』，
　　http://www.asahi.com/articles/ASG8N22FWG8NPITB002.html（2014年10月6日参照）
岡田憲治(2007)土壌雨量指数による土砂災害発生危険度予測の現状．「土と基礎」，55(9), 4-6.
岡田憲治・牧原康隆・新保明彦・永田和彦・国次雅司・斉藤 清(2001) 土壌雨量指数．「天気」, 48, 349-356.
気象庁(2013) 台風第26号による暴風・大雨，平成25(2013)年10月14日〜10月16日．
　　http://www.data.jma.go.jp/obd/stats/data/bosai/report/2013/20131014/jyun_sokuji20131014-1016.pdf（2014年10月6日参照）
建設省河川局砂防部(1984)『総合土石流対策(II)土砂災害に関する警報の発令と避難の指示のための降雨量設定指針(案)』，建設省河川局砂防部．
国土交通省河川局砂防部・気象庁予報部・国土交通省国土技術政策総合研究所(2005)『国土交通省河川局砂防部と気象庁予報部の連携による土砂災害警戒避難基準雨量の設定手法(案)』，国土交通省河川局砂防部・気象庁予報部・国土交通省国土技術政策総合研究所．
国土地理院(2013) 平成25年(2013年) 台風第26号及び第27号による大雨に関する情報，
　　http://www.gsi.go.jp/BOUSAI/h25-taihu26-index.html（2014年10月6日参照）
齋藤 仁・中山大地・泉 岳樹・松山 洋(2011) 土砂災害を引き起こす降雨のリアルタイムモニタリング−2種類の降雨イベントに着目したSWING systemの構築と検証−．GIS−理論と応用 19, 25-34.
地盤工学会(2006)『地盤工学・実務シリーズ23 豪雨時における斜面崩壊のメカニズムおよび危険度予測』，社団法人 地盤工学会．
武居有恒(1983)『地すべり・崩壊・土石流−予測と対策』，鹿島出版会．
東京管区気象台(2013) 平成25年台風第26号に関する東京都気象速報．
　　http://www.jma-net.go.jp/tokyo/sub_index/bosai/disaster/ty1326/ty1326_tokyo.pdf（2014年10月6日参照）.
土志田正二・内山庄一郎・石澤友浩・齋藤 仁(2012) 平成24年7月九州北部豪雨における土砂災害調査(速報).防災科学技術研究所：http://lsweb1.ess.bosai.go.jp/disaster/201207rain/201207rain.html（2014年10月6日参照）．
広島地方気象台(2014) 平成26年8月19日から20日にかけての広島県の大雨について．
　　http://www.jma-net.go.jp/hiroshima/siryo/20140820_sokuhou.pdf（2014年10月6日参照）
福岡管区気象台(2012)『災害時気象速報 平成24年7月九州北部豪雨』，
　　福岡管区気象台：http://www.jma-net.go.jp/fukuoka/chosa/kisho_saigai/20120711-14.pdf（2014年10月6日参照）
松四雄騎・齋藤 仁・福岡 浩・古谷 元(2013) 平成24年7月九州北部豪雨による阿蘇山カルデラ壁および中央火口丘での斜面崩壊．京都大学防災研究所年報56B, 237-241.
松四雄騎・鄒 青穎・千木良雅弘(2014) 2014年広島豪雨災害時の斜面崩壊・土石流について（速報その3：崩壊の発生密度と地質条件・降雨条件），
　　http://www.slope.dpri.kyoto-u.ac.jp/disaster_reports/20140820Hiroshima/2014 08Hiroshima_ Rep3.html（2014年10月6日参照）．
山本晴彦・小林北斗・山本実則（2014）2013年台風26号により伊豆大島で発生した豪雨と土砂災害の特徴．自然災害科学 32, 337-351.
IPCC (2007) Climate Change 2007: The Physical Science Basis. Contribution of Working Group I to the Fourth Assessment Report of the Intergovernmental Panel on Climate Change. Cambridge: Cambridge University Press.
Keefer, D. and Larsen, M. (2007) Assessing landslide hazards. Science, 316, 1136-1138.
Keefer, D., Wilson, R., Mark, R., Brabb, E., Brown, W., Ellen, S., Harp, E., Wieczor ek, G., Alger, C. and Zatkin, R. (1987) Real-time landslide warning during heavy rainfall. Science, 238, 921-925.
Larsen I., Montgomery, D. and Korup, K.(2010)Landslide erosion controlled by hillslope material. Nature Geoscience, 3, 247-251.
Onodera, T., Yoshinaka, R. and Kazama, K.(1974) Slope failures caused by heavy rainfall in Japan. Journal of the Japan Society of Engineering Geology, 15, 191-200.
Osanai, N., Shimizu, T., Kuramoto, K., Kojima, S. and Noro, T. (2010) Japanese early-warning for debris flows and slope failures using rainfall indices with Radial Basis Function Network. Landslides, 7, 325-338.
Saito, H., and Matsuyama, H. (2012) Catastrophic landslide disasters triggered by record-breaking rainfall in Japan: Their accurate detection with Normalized Soil Water Index in the Kii Peninsula for the year 2011. SOLA (Scientific Online

Letters on the Atmosphere) 8, 81-84.

Saito, H., Nakayama, D. and Matsuyama, H. (2010a) Relationship between the initiation of a shallow landslide and rainfall intensity-duration threshold in Japan. Geomorphology, 118, 167-175.

Saito, H., Nakayama, D. and Matsuyama, H. (2010b) Two types of rainfall conditions associated with shallow landslide initiation in Japan as revealed by Normalized Soil Water Index. SOLA (Scientific Online Letters on the Atmosphere), 6, 57-60.

Saito, H., Korup, O., Uchida, T., Hayashi, S., and Oguchi, T. (2014) Rainfall conditions, typhoon frequency, and contemporary landslide erosion in Japan. Geology, in press.

Wieczorek, G. and Glade, T. (2005) Climatic factors influencing occurrence of debris flows. In: Jakob, M. and Hunger, O. eds. Debris-flow Hazards and Related Phenomena, Berlin: Springer, 325-362.

公益財団法人国土地理協会　第12回学術研究助成

視覚障害者むけ電子書籍版ハザードマップに関する研究

研究代表者
宇田川　真之　公益財団法人ひょうご震災記念21世紀研究機構
人と防災未来センター

1. はじめに

現在わが国では、地域における各種の自然災害(津波、洪水、土砂災害等)のリスクを市民に周知するための地図として、ハザードマップが全国の自治体等によって作成され広く配布されている。こうしたハザードマップ情報は紙の印刷物として地域住民に配布されたり、近年ではホームページ上のWebGISによって提供されたりしている。さらに現在、津波防災地域づくりに関する法律(平成24年法律第123号)に基づき、多くの府県において南海トラフにおける大規模地震が発生した際の津波の浸水想定区域の検討が進められている。近い将来、多くの沿岸市町村において住民むけの津波ハザードマップの作成および配布が行われるものと想定されている。

しかしながら、視覚障害者は、印刷物によるハザードマップや、パーソナルコンピューターやスマートフォン上のGISや地図画像データを見ることはできず、必要な地理空間情報を取得することができない。その一方で、視覚障害者は、津波などの自然災害の危険時には、緊急情報を取得するのが困難である上、避難のための移動行動は健常者よりも著しく困難であることから、生命の危険に晒される恐れが高い。すなわち、本来ハザードマップに記載されるような地域の自然災害リスク情報へのアクセスの必要性が高い市民と言える。

そこで本研究開発では、視覚障害者に対して地域の自然災害リスク情報を提供するための、将来的な発展性があり、今後に実用的な手法を整理し、データの試作を行った。その際、地域情報を、近年に視覚障害者で普及のはじまっている電子書籍の形態 (DAISY: Digital Accessible Information System) による、地図とは異なる形態で提供する方法を採用した。

本稿では、まず次章で各種ハザードマップの一般的な提供状況の概況を、続く3章で視覚障害への防災情報等の提供方法の概況を整理する。4章では、こうした現状を踏まえて、試作を行った電子書籍形式によるハザードマップの作成方法等と、当事者からの評価を報告し、5章で今後の改善点等についてまとめている。

2. ハザードマップの情報提供の現状

2.1 各種のハザードマップの種類について

本節では、各種のハザードマップの作成・提供状況について概況を整理する。法令に基づき、都道府県によって環境のリスク(浸水想定など)の評価が行われた後に、市区町村によって地域の防災情報(避難所など)が付加されたハザードマップが作成され、住民に配布される場合が多い。

(1) 洪水ハザードマップ

洪水ハザードマップは、水防法第15条に基づき、市町村によって、浸水想定区域における円滑かつ迅速な避難の確保を目的に作成される。この洪水ハザードマップの基となる、浸水想定区域は、水防法第14条に基づき、国土交通省あるいは都道府県によって作成される。対象となる河川は、洪水予報河川および水位周知河川であり、これら河川が氾濫した場合に浸水が想定される区域と、想定される水深が記載されている。市町村は、こうした浸水想定区域図をもとに、各自治体が整備している避難場所等の情報を付加して、それぞれの自治体の洪水ハザードマップを製作している。

こうした外水氾濫を対象とした洪水ハザードマップとは別に、内水氾濫を対象とした内水ハザードマップを作成している自治体もある。内水ハザードマップの作成については、法的根拠はないものの、作成のガイドラインとして、2006年に国土交通省により「下水道総合浸水対策計画策定マニュアル(案)」が策定されている。近年、いわゆるゲリラ豪雨による浸水被害が発生していることもあり、内水ハザードマップの必要性は高まっていると言える。

(2) 土砂災害ハザードマップ

　土砂災害ハザードマップは、「土砂災害警戒区域等における土砂災害防止対策の推進に関する法律」第7条第3項に基づき、市町村が作成をするもので、印刷物やインターネットなどによって、住民へ周知する措置をとるよう義務づけられている。また市町村は、都道府県によって土砂災害警戒区域が指定された場合には直ちに土砂災害ハザードマップを作成することとなっている。土砂災害ハザードマップの基となる土砂災害警戒区域図は、都道府県が、同法の第6条及び第8条に基づき、指定した土砂災害警戒区域及び土砂災害特別警戒区域を、地図上に掲載したものである。市町村は、こうした土砂災害警戒区域図をもとに、各自治体が整備している防災情報伝達手段などを付記して、それぞれの自治体の土砂災害ハザードマップを製作している。

(3) 地震ハザードマップ

　平成18年3月の地震防災対策特別措置法(平成7年法律第111号)の改正により、都道府県及び市町村は、想定される地震災害の軽減を図るため、当該地域における地震動の大きさ、津波により浸水する範囲及びその水深並びに地震災害の程度に関する事項について、これらを記載した印刷物の配布等により、住民に周知させるように努めなければならないとされている。市町村については、上記の事項に加え、地震災害に関する情報、予報及び警報の伝達方法、避難場所など地震が発生した時の円滑な避難を確保するために必要な事項も周知に努めることとなっている。

　地震ハザードマップの種類としては、当該地域で特に懸念させる特定の一つの地震(例：上町断層地震、南海トラフ地震など)に着目して、その地震が発生した場合の震度等を記載する場合と、当該地域で起こりうる多くの地震を想定した上で、各地点で発生しうる最大の震度を記載する「揺れやすさマップ」を作成する場合がある。「揺れやすさマップ」は、2005年に内閣府が統一的な作成マニュアルを公開している。

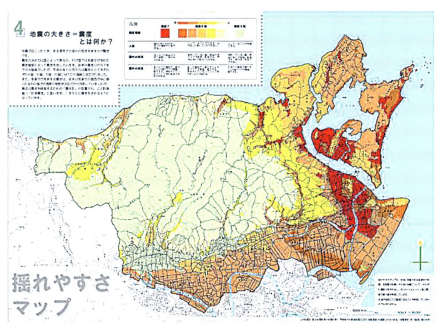

図2-1 揺れやすさマップの例

(4) 津波ハザードマップ

　津波ハザードマップも、地震ハザードマップとともに、地震防災対策特別措置法第14条に基づいて、市町村が各地域において想定される津波災害の軽減を目的に作成している。津波ハザードマップの基となる津波浸水予測図は、同法第14条に基づき、都道府県が、津波の遡上による陸域への浸水が想

定される地震を対象として、その対象地震による津波によって浸水する最大の範囲や、各地点の最大浸水深などを示した地図である。

　また最近、津波防災地域づくりに関する法律（平成24年法律第123号）に基づき、多くの府県において南海トラフにおける大規模地震が発生した際の津波の浸水想定区域の検討が進められている。平成25年度から、多くの沿岸市町村において住民むけの津波ハザードマップの作成および配布が行われるものと想定される。

(5) その他のハザードマップ

　上記の種別のハザードマップのほかにも、わが国では、火山ハザードマップ、高潮ハザードマップなどが、当該自然災害の危険性の高い地域において、住民へ印刷物やホームページなどを通じて広報が行われている場合がある。

2.2　ハザードマップの提供方法について

2.2.1　概況

　全国の地方行政機関による、各種ハザードマップの作成・公表状況については、国土交通省のポータルサイト「国土交通省ハザードマップポータルサイト」において、網羅的に閲覧することができる(http://www1.gsi.go.jp/geowww/disapotal/index.html)。当該ポータルサイトでは、各種のハザードマップを印刷物の配布などによりハザードマップを公表している市町村数とともに、そのうちインターネットで公開している市町村数も整理している。現在では、大半の市町村がインターネットでの公開も行っており、たとえば、洪水ハザードマップを公表している1,235団体のうち、1,109団体がインターネットでもハザードマップを発信している（2013年12月現在）。

2.2.2　ハザードマップの提供の単位について

　前述のように、住民向けに避難所情報等を記載したハザードマップは、市区町村から提供が行われる。そのため、空間範囲は県域ではなく、より大縮尺となる市区町村単位、あるいはより詳細な範囲（校区など）で配布されている。印刷物のハザードマップによる広報の方法では、紙面の大きさの限界もあることから、住民が居住地等のリスクを認識するためには、このように市区町村あるいはより詳細な範囲で配布することが適切といえる。

　また、ハザードについては、ひとつのハザードマップにはひとつの災害種別（例：津波）のみを記載して配布する場合もあれば、複数の災害種別を掲載する場合もある。

2.3　電子データでの提供状況

2.3.1　WebGISでの提供

　インターネットでハザードマップを公開する方法は、印刷物と同等のデータをPDFなどの画像データで配布する場合のほか、WebGISで提供している場合がある。たとえば、兵庫県では、県が整備した想定氾濫区域などのデータを、市町村域を横断してWebGIS「兵庫県CGハザードマップ」で提供している[1]。市町村が整備する避難所の情報は、県が市町村から収集してデータ化している。WebGISで提供する場合は、利用者は画面上で縮尺を任意に変更できることから、市区町村単位でのデータ整理・提供よりも、都道府県内の土砂災害や想定氾濫区域等のデータを所有している県から、一括して発信する方法は効率的といえる。

2.3.2　GISデータの配付

　自然災害のリスク情報のうち、洪水（外水）および土砂災害のGISデータについては、国土数値情報のサイトで全国的のデータが提供されている[2]。ただし現状では、国土数値情報のサイトで提供さ

れている土砂災害のデータは、法的な根拠のない「土砂災害危険箇所」である。現在、各都道府県によって、土砂災害防止法に基づき、市町村の都市計画図や1/2,500地形図から現地調査を経て、土砂災害警戒区域・土砂災害特別警戒区域の指定が進められている。

将来的には、国土数値情報のサイトからも、土砂災害防止法に基づく土砂災害警戒区域等のデータが、全国を網羅して提供されるようになるものと期待される。また、現在は国土数値情報のサイトで全国を対象に網羅的に情報提供が行われている情報は洪水(外水)および土砂災害のみであるが、その他の各種の自然災害リスク情報のGISデータの標準化について、「地理空間情報産学官連携協議会」の「防災分野における地理空間情報の利活用推進のための基盤整備に係るワーキンググループ」において検討が行われている。したがって将来的には、すべての自然災害リスクのGISデータが共通の仕様で配布されるようになるものと期待される。

また現状では、一部の地方行政機関(例：三重県、兵庫県など)においては、それぞれの都道府県や市区町村のリスク情報について、利用者が加工をできるようにGISデータの形式で配付を行っている。

図2-2　兵庫県CGハザードマップにおける想定津波浸水区域のWebGIS表示[1]

図2-3　国土数値情報でのGISデータ配信サイト[2]

表 2-1 「浸水想定区域」(国土数値情報)の概要[2]

内容	河川管理者(国土交通大臣、都道府県知事)から提供された浸水想定区域図について、製品仕様に基づき電子化し浸水深ごとにポリゴンデータを生成し、都道府県別に整備したものである。
関連する法律	水防法
データ作成年度	平成24年度(データ時点:平成23年度)
原典資料	河川管理者(国土交通大臣、都道府県知事)により、水防法第十条第二項及び第十一条第一項に基づき指定される洪水予報河川並びに水防法第十三条に基づき指定される水位周知河川の内、各河川管理者より提供を受けることができた浸水想定区域図
作成方法	GISデータや数値地図データとして作成された浸水想定区域図、浸水想定区域図の画像ファイル、または紙図面の浸水想定区域図の電子化により得られた電子データについて、標定を実施し位置補正を行い、座標系を統一した後に、浸水深ごとのポリゴンデータを編集・整備し、これを都道府県別のGML形式データ及びshape形式データに格納した。なお、各々浸水想定区域図には対象となる河川、指定の前提となる計画降雨、関係市町村等について記載した説明文が付属しているが、SHAPEファイルには含まれていないので、別途この情報について記載したテキストファイルを作成している。データを利用する際には、必ずテキストファイルを参照するようにして下さい。

表 2-2 「土砂災害危険箇所」(国土数値情報)の概要[2]

内容	都道府県が指定する土砂災害危険箇所(土石流危険渓流、地すべり危険箇所、急傾斜地崩壊危険箇所)及び雪崩危険箇所の範囲または位置、及び種別、名称等のデータ
関連する法律	-
データ作成年度	平成22年度
原典資料	土砂災害危険箇所・雪崩危険箇所図面・GIS データ(都道府県資料及びウェブサイトでの提供情報)、数値地図25000(地図画像)
作成方法	原典資料(都道府県から提供されたGISデータ、図面)を参照し面、線、点データを作成した。

3. 視覚障害者等への防災情報の提供の現状

3.1 視覚障害者への防災情報提供の取り組みに関する概要

3.1.1 防災分野における視覚障害者等への情報提供の取り組み

わが国の防災分野においては、視覚障害者に対する防災情報の提供の施策は、「災害時要援護者」対策の枠組みの中で検討されている。災害時要援護者とは、必要な情報を迅速かつ的確に把握し、災害から自らを守るために安全な場所に避難するなどの災害時の一連の行動をとるのに支援を要する人々をいい、一般的に高齢者、障害者、外国人、乳幼児、妊婦等があげられている。(「災害時要援護者避難支援プラン作成に向けて」、総務省消防庁、平成18年3月)

視覚障害者を含む、災害時要援護者に対する防災対策については、2006年6月の中央防災会議で決定した国の「平成19年度防災対策の重点(指針)」において、政府全体で取り組むべき課題として「災害時要援護者への支援」「迅速・的確な防災情報の提供」が明記され、各省庁での取り組みが強められている。

平成16年度の自然災害、特に一連の台風等による風水害における高齢者等の被災状況等を踏まえ、「集中豪雨時等における情報伝達及び高齢者等の避難支援に関する検討会」が開催され、「災害時要援護者の避難支援ガイドライン」が作成されるとともに、その検討結果が平成17年3月30日に中央防災会議へと報告された。本ガイドラインのなかでは、『課題 情報伝達体制の整備』として、「多様な手段の活用による通信の確保」として、以下の通り記載が行われている。

> (「災害時要援護者の避難支援ガイドライン」より抜粋)
> 　風水害時等における要援護者や避難支援者への避難準備情報等の伝達や、災害時に様々な関係機関等の間で連携を図るため、要援護者を支援するための専用の通信手段の構築やインターネット(電子メール、携帯メール等)、災害用伝言ダイヤル「171」、災害用伝言板サービス(携帯電話を使用した安否確認サービス)、衛星携帯電話、災害時優先電話、公衆電話、簡易無線機等の様々な手段を活用すること。
> 　また、避難支援のための通信の確保に当たっては、連絡を取り合う人や関係機関等が誰であるか、連絡の内容はどのようなものか等を検討し、適切な通信手段を選択すること。そのため、どのような通信手段でどのように連絡を取り合うのか等を、平常時から確認し合うこと。
> 　さらに、市町村、福祉関係者等は、要援護者の特性を踏まえつつ、要援護者の日常生活を支援する機器等の防災情報伝達への活用を進めること。
> 　＜例＞
> ・聴覚障害者：インターネット(電子メール、携帯メール等)、テレビ放送(地上デジタル放送も含む。)、いわゆる「見えるラジオ」
> ・視覚障害者：受信メールを読み上げる携帯電話
> ・肢体不自由者：フリーハンド用機器を備えた携帯電話　等

3.1.2　障害福祉分野における視覚障害者等への情報提供の取り組み

　わが国における障害者施策に関する長期計画として「障害者基本計画」が定期的に策定されており、最新の平成25年9月に策定された「障害者基本計画(第3次)」では、平成25年度から平成29年度までの概ね5年間に講ずべき障害者施策の基本的方向について定められている。この第3次基本計画より、新たな分野として「安全・安心」が追加になり、「災害発生時，又は災害が発生するおそれがある場合に障害者に対して適切に情報を伝達できるよう，民間事業者等の協力を得つつ，障害特性に配慮した情報伝達の体制の整備を促進する。」と記載されている。また、「情報アクセシビリティ」分野における方針のなかで、視覚障害者に対する情報提供手段について、「電子出版は，視覚障害や学習障害等により紙の出版物の読書に困難を抱える障害者の出版物の利用の拡大に資すると期待されることから，関係者の理解を得ながら，アクセシビリティに配慮された電子出版の普及に向けた取組を進めるとともに，教育における活用を図る。」と記載されるようになっている。

3.2　視覚障害者への地図情報等の提供
3.2.1　録音テープ

　視覚障害者用のハザードマップとして、一部の自治体では点字や録音磁気テープによる広報資料が作成され、視覚障害者への配布や、点字図書館に設置するなどの取り組みが行われていた。ただし、こうした点字および文字の読み上げによる情報提供手法では、対象とできる情報は、ハザードマップに記載された情報のうち文章部分のみであった。

図3-1　点字および録音テープによるハザードマップ例(尼崎市)

3.2.2 触地図

このほか、手で触る触覚によって空間を認識する手法である触地図(しょくちず)を用いて、ハザードマップ情報を提供する試みも実験的に行われている。触地図は、道路や通路、建物などの地物を線や網目模様のレリーフによって表現し、地物名称や注記を点字により表現する手法で、野外においては駅や公共施設などに構内図や周辺図として設置されている。

ハザードマップに浸水区域のような面的な範囲を表現する場合には、触感の異なる素材を貼付し面的広がりを表現する方法がある。実際に、洪水ハザードマップを対象として、布によって洪水の浸水想定区域を、点字テープなどによって避難経路を表現した、河川事務所の取り組みも行われた。しかし、こうした手法は製作に時間と費用を要し、個人の視覚障害者向けのハザードマップの提供方法として普及が広がっているとは言いがたい。

なお、国土地理院では、電子国土Webシステムの拡張機能として、電子国土で配信しているベクタ形式の道路や施設等の地物データを対象に、点字プリンターから印字するための入力データを生成できる「触地図原稿作成システム」を、Web上で一般に試験公開している[3]。

なお筆者は、当該システムを用いて、避難場所や避難ルートを印字した触地図形式によるハザードマップを試作し、視覚障害当事者やガイドヘルパーからの意見聴取を行った。しかし、その結果では、視覚障害者の空間認知方法は、晴眼者が地図をもとに視覚的に構成する形態とは違うため、視覚障害当事者にとって避難路等を認識するための手法としては有効性が高いとの評価は得られなかった。また当該手法では、点および線の地物は表現可能であるが、浸水想定範囲など面的な表現も難しい。ただし、触地図は、視覚障害者と晴眼者が、同一の素材を媒介として地図情報に関するコミュニケーションを行う際の補助ツールとしては、評価を受けた。したがって、災害危険時の避難支援や、地域の防災対策などについて、視覚障害者と晴眼者が、同一の場で議論する際の支援ツールとしては活用可能性があるものと判断される。

図3-2 触地図原稿作成システム【試験公開】ホームページ[3]

3.2.3 スクリーンリーダー

視覚障害者が、パソコンの文書データやインターネットのホームページの情報などにアクセスすることを支援するソフトウェアとして、スクリーンリーダーとよばれる読み上げソフトがある。パソコンのほか、携帯電話やタブレット端末で稼動ソフトもある。スクリーンリーダーは、音声合成によって文字データの読み上げを行うほか、パソコンなどの操作(マウスクリックに該当する選択操作など)の支援する音声提供も行う。また、パソコンにスクリーンリーダーを導入していなくても、読み上げをできるにようにサーバー側にソフトを導入しているサイトもある。

ただし、読み上げの対象となるデータは、文字データのみならず、写真等の画像データも属性デー

図3-3　兵庫県CGハザードマップ画面におけるスクリーンリーダー[1]

タ（撮影者、撮影日時、概要説明など）が付与されていれば、読み上げ対象となっている。しかし、WebGIS上の地図データを読み上げる機能は有していない。

　たとえば、前述の兵庫県CGハザードマップのホームページにおいても、読み上げを行うサーバー・ソフトが導入されているものの、読み上げ対象は、地図外部の情報（凡例、説明文、タイトルなど）となっている[1]。

3.3　視覚障害者に対する電子書籍形式での情報提供の概要
3.3.1　視覚障害者における電子書籍の利用状況

　視覚障害者における、電子書籍の利用状況は、比較的に高いと考えられる。「障がいのある方々のインターネット等の利用に関する調査研究」（総務省情報通信政策研究所）[4]における2012年度の調査結果では、下図のとおり、電子書籍の利用経験のある視覚障害者は34％と3人に一人程度との結果となっている。

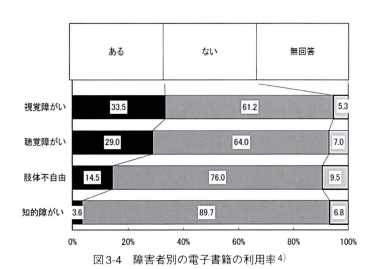

図3-4　障害者別の電子書籍の利用率[4]

3.3.2　視覚障害者用の電子書籍フォーマット（DAISY）について

　DAISY（Digital Accessible Information System）は、図書などの文字情報へのアクセスが難し

い視覚障害者や発達障害者などへ情報を提供することを目指した、デジタル書籍の国際標準仕様である。なお、DAISY は、元来は音声資料の規格として開発され、Digital Audio-Based Information System（デジタル音声情報システム）と呼ばれていたが、視覚障害者に加え読字障害者など、多様な人々が読書をできるよう、マルチメディア化を意識し「音声」に特化しないことを明らかにするため、2001 年 11 月に Audio-Based を Accessible に変更している。

　視覚障害者むけの従来の録音資料としては、カセットテープが長年にわたって利用されていたが、世界的に AV 資料のデジタル化が進む中で、近い将来カセットデッキやテープそのものの入手が困難となることが確実な情勢となり、カセットテープにかわる録音資料の媒体や規格の開発が必要となった。また、カセットテープ資料には、不便な点として、目次や索引がないため読みたい箇所を自由に開くことができない、複製すると音質が悪くなるという問題があった。これらの背景から、デジタル技術を用いた録音資料製作用システムの開発とその"国際標準規格"が必要となり、DAISYの開発が始まった。

　1995 年 4 月より、IFLA（International Federation of Library Association and Institutions、国際図書館員連盟）の SLB（現 LBS：Libraries for the Blind Section、盲人図書館部会）が、録音資料製作の国際標準を定めるための活動を始めた。SLB は、スウェーデン録音点字図書館や、ラビリンテン社、日本のプレクスター社などと共同開発をすすめ、1996 年には、このプロジェクトを世界的な規模で進めるために、DAISY コンソーシアム（参加国は当初 6 か国、現在は正会員 13 か国）が結成し、重要な事項の決定を行った。このような経過を経て、1997 年の IFLA コペンハーゲン大会で DAISY は録音資料製作用システムの"国際標準"として正式に認められた。

　全国視覚障害者情報提供施設協会による、全国視覚障害者情報提供施設実態調査によると、2004 年度末現在、全国の視覚障害者情報提供施設が所蔵する録音図書の総計は、カセットが 484,608 タイトルに対し、DAISY も 260,117 タイトルに達している。また、著作権法の第三十七条が改正され、従来の点字図書と異なりデジタルデータである特徴を活かして、視覚障害者等に対しては、オンライン上の電子図書館からインターネット経由での配信もが行われるようになっている。

（著作権法より抜粋）

第三十七条　公表された著作物は、点字により複製することができる。

2　公表された著作物については、電子計算機を用いて点字を処理する方式により、記録媒体に記録し、又は公衆送信（放送又は有線放送を除き、自動公衆送信の場合にあっては送信可能化を含む。）を行うことができる。

3　点字図書館その他の視覚障害者の福祉の増進を目的とする施設で政令で定めるものにおいては、公表された著作物について、専ら視覚障害者向けの貸出しの用若しくは自動公衆送信（送信可能化を含む。以下この項において同じ。）の用に供するために録音し、又は専ら視覚障害者の用に供するために、その録音物を用いて自動公衆送信を行うことができる。

4.　視覚障害者むけの電子書籍ハザードマップの試作と評価

　電子書籍ハザードマップの試作と評価は、下記の手順で実施した。
1. 視覚障害者団体関係者へのヒアリングによる、作成方針の策定
2. 電子書籍版ハザードマップの試作
3. 試作版を用いた、視覚障害者からの意見聴取
4. 電子書籍版ハザードマップへの要求仕様の整理

4．1　作成方針について

前章までの現状整理と、視覚障害者団体関係者へのヒアリングに基づき、作成方針を下記のとおり策定した。

(1) 概要

地域の災害リスク情報を表現する方法として、地図情報を触地図のような地図形式で表現する方法ではなく、視覚障害者が関心のある場所・施設等の災害リスク情報を、音声で個別に提供する方法とした。音声の提供方法としては、視覚障害者が関心のある施設等のリスク情報を迅速に確認できるように、磁気テープではなく、検索性の高い形式として、電子書籍（章立てを有する）の形式で音声を提供することとした。

また、試作版の開発・評価の実施方針として、今後の汎用性の確保に配慮した。そのため、品質（利用者の利便性など）を優先した要求仕様の整理のほか、廉価な方法によるデータ作成と評価も実施した。具体的には、施設のGISデータの調達や、電子書籍（DAISYデータ）の作成にあたっては、無料のデータや自動化ソフトを活用するなどの廉価な方法も採用し評価した。

(2) 試作対象とするハザードマップついて

前章で整理したように、現状におけるハザードマップは、市区町村によって、各自治体あるいは学校区程度の空間範囲を対象として作成が行われている。また、自然災害については、特定の災害種別のみを対象としたハザードマップと、複数の災害に関するマップを複数掲載した資料が配布される場合がある。こうした現状に対応し、本研究開発においても、下表の2種類のデータを試作した。

表4-1　試作した電子書籍ハザードマップの概要

	地域	自然災害	音声	補足
1	神戸市中央区	洪水、土砂災害、地震	合成音声	
2	大阪府堺市	津波	肉声	マップの補足説明もデータ化

4．2　電子書籍ハザードマップの作成

4.2.1　施設データの作成

(1) 対象データの設定

大阪府および神戸市の視覚障害者団体関係者へのヒアリングを行い、DAISY版ハザードマップに、その地点の危険性を搭載すべき場所と、その表現方法について調査・整理した。

対象とする地点としては、「1. 個人宅（自宅、および、知人宅）」および「2. 利用頻度の高い施設・箇所」が挙げられた。このうち「1. 個人宅」の表現方法としては、個人の名前ではなく、その居住地の住所で表現したほうが、プライバシー保護のため、また利便性・汎用性のために好ましいとの意見が得られた。

「2. 利用頻度の高い箇所」としては、具体的には、交通機関（駅、バス停）、公共施設（役所など）、医療・福祉施設などのカテゴリが挙げられた。表現方法として、住所ではなく、施設名称で表現したほうが、利便性が高いとの意見が得られた。

(2) 施設データの整備

自然災害リスクを示す施設に関するGISデータは、今後の普及の可能性を勘案し、無償で全国規模で配布されているデータとして、「国土数値情報」を用いた。「国土数値情報」は、国土交通省より全国対象で継続的に整備され、国際的な地理情報標準に準拠したフォーマットで、無償で配布が行われている。全国総合開発計画等の策定の基礎となるデータを整備するため、国土情報整備事業によって整備され、地形、土地利用、公共施設、道路、鉄道などに関するGISデータが整備されており、平成13年

よりホームページにおいてデータが無償提供されている。

1) 公共施設

「公共施設」については、視覚障害者が行政手続きや地域の福祉イベント、障害福祉関係の会合などで利用する機会が想定されることから、その立地のリスク情報へのニーズが挙げられた。こうした「公共施設」の位置情報や属性(名称、種別等)が整備されている具体的なデータソースとして、国土数値情報の「市町村役場等及び公的集会施設」を採用した。データベースへの施設の掲載順については、市区町村単位で分類した後は、当該データの順番(住所の順)で掲載した。

表4-2 「市町村役場等及び公的集会施設」(国土数値情報)の概要 [2]

地物情報	・市区町村役場、支所、出張所、連絡所(諸証明書の交付申請に対応する窓口のある公的施設で、住民票の自動発行機のみを設置している等の施設を除く) ・公的集会施設(社会教育法に基づいて市区町村が設置した公民館と、集会所等の名称で市区町村が主体的に開設・管理・運営しており住民が申し込みにより安価で利用できる会議室等の集会施設で、市区町村のホームページやガイドブック等で住民に向けて利用情報を公開しているもの)
データ作成年度	平成22年度 (作成時点:平成22年4月)
原典資料	国土数値情報(公共施設)、街区レベル位置参照情報、数値地図25000(地図画像)、地方公共団体コード住所(財団法人地方自治情報センター)、市区町村合併情報(総務省HP)、全国公民館名鑑(社団法人全国公民館連合会)、各市区町村の公式ウェブサイト。
作成方法	各市区町村の開設する公式ウェブサイト及び全国公民館名鑑から、当該施設の情報を取得し、市町村役場については国土数値情報(公共施設)を活用し、他の施設については街区レベル位置参照情報を用いて位置情報を調べ、数値地図25000(地図画像)からその正確な位置を取得して整備した。

2) 福祉施設

「福祉施設」については、視覚障害者が入所や通所などで利用する機会が想定されることから、その立地のリスク情報へのニーズが挙げられた。「福祉施設」の位置情報や属性(名称、種別等)が整備されている具体的なデータソースとしては、国土数値情報の「福祉施設」を採用した。

表4-3 「福祉施設」(国土数値情報)の概要 [2]

内容	高齢者福祉、障がい者福祉、児童福祉に関する施設のポイントデータに、各施設の定員や管理主体等を属性データとして付加したものである。
作成年度	平成23年度
原典資料	国土数値情報(公共施設)、平成19年社会福祉施設等名簿(CD版)、数値地図25000、都道府県・市町村が公表している福祉施設等に関する資料(名簿・一覧表)など
作成方法	高齢者福祉、障がい者福祉、児童福祉等に関する上記原典資料より、施設名、住所、定員、管理主体等の属性データを作成し、国土数値情報(公共施設)のうち福祉施設データを抽出して属性データ(施設名、住所)とのマッチングにより施設位置座標を取得した。国土数値情報にない施設は数値地図25000他の資料により所在を調査し、調査結果に基づき位置座標を取得した。

福祉施設の種別については、各施設の用途に応じて、分類が行われている。福祉施設の種別は多岐にわたり、施設箇所の数も多いことから、本研究開発においては、視覚障害者関連団体の関係者へのヒアリングなどに基づき、視覚障害者に特に関連の深いと想定される施設種別を選定し、当該データの属性から該当する施設を抽出し、データ整備対象とした。今回、整備対象とした施設種別は、下記のとおり。

> 視覚障害者更生施設、点字図書館、点字出版施設、盲導犬訓練施設、盲児施設、盲人ホーム

このほか、視覚障害のある高齢者に配慮した設備等を有する高齢者施設として、盲養護老人ホームまたは盲特別養護老人ホーム(通称：盲老人ホーム)が存在する。しかしながら、上記データの分類では、一般の晴眼者むけの特別養護老人ホーム等と盲老人ホームとの区別が行われていなかった。そのため本研究開発では、「特定非営利法人　全国盲老人福祉施設連絡協議会」のホームページに記載されている「盲特別養護老人ホーム」を抽出し、その位置データを国土数値情報の「福祉施設」から採用し、整理を行った。

データベースへの施設の掲載順については、上記の施設種別毎に分類した後は、当該データの順番(住所の順)で掲載した。

3) 医療機関

「医療機関」については、視覚障害者が眼や糖尿病の治療、また内科や歯科等への診療で利用する機会が想定されることから、その立地のリスク情報へのニーズが挙げられた。「医療機関」の位置情報や属性(名称、種別等)が整備されている具体的なデータソースとして、国土数値情報の「医療機関」を採用した。

表4-4　「医療機関」(国土数値情報)の概要 [2]

内　容	全国の医療機関(病院、診療所、歯科診療所)の地点、名称、所在地、診療科目、開設者分類を整備したものである。
データ作成年度	平成22年度(作成時点：平成22年9月)
原典資料	数値地図25000(地図画像)、インターネットで都道府県が公開している医療機関情報、インターネットで当該医療機関が公開している情報、医療施設データベース(作成：株式会社ウェルネス　提供：株式会社ナビット)
作成方法	医療施設データベース、都道府県が公開している医療機関情報及び当該医療機関が公開している情報を用い、数値地図25000(地図画像)を基に位置を定めた。位置情報以外については、都道府県が公開している医療情報及び当該医療機関が公開している情報を元に作成した。
座標系	JGD2000／(B, L)

ただし、医療機関の数は膨大であることから、本研究開発では、各医療機関の属性項目「診療科目」に「眼科」を含む医療機関のみを抽出して整備を行った。データベースへの施設の掲載順については、当該データの順番(住所の順)で掲載した。

4) 交通施設

「交通施設」としては、視覚障害者が外出の際に利用する機会が想定されることから、リスク情報へのニーズが挙げられた。本開発では、移動中に発災した場合には車掌等の誘導が期待されることから、バス停および鉄道駅におけるリスクを対象に整理を行った。

a) バス停

「バス停」の位置情報や属性(名称、路線等)が整備されている具体的なデータソースとして、国土数値情報の「バス停留所データ」を採用した。データベースへのバス停の掲載順については、事業者ごとに分類した後は、当該データの順番に掲載した。

b) 鉄道駅

「鉄道駅」の位置情報や属性(事業者、路線等)が整備されている具体的なデータソースとしては、国土数値情報の「鉄道」を採用した。データベースへの駅の掲載順については、事業者、路線の順に分類した後は、当該データの掲載順(上りから下り)に掲載した。

なお当該GISデータは、駅の形状が、点データではなく、線データであったことから、GISソフトを用いて、その重心を代表点に変換し、リスク情報(浸水想定区域への内包等)の評価を行った。

表4-5 「バス停」（国土数値情報）の概要[2]

内容	全国のバス停留所の位置（点）、名称、区分（民間路線バス、公営路線バス、コミュニティバス、デマンドバス）、事業者名、バス系統について整備したものである。
データ作成年度	平成22年度（作成時点：概ね平成22年7月ただし原典資料の時点にばらつきがあるため厳密ではない）
原典資料	数値地図25000（地図画像）、MAPPLEデジタル地図データ（㈱昭文社）、バス停留所資料（運営事業者や自治体、各都道府県バス協会から収集したバスマップ、バス路線図、時刻表、停留所一覧など）
作成方法	数値地図25000（地図画像）を基図とし、バス停留所資料に基づいて位置座標を取得し、属性を付与した。必要に応じてMAPPLEデジタル地図データを重ねあわせ、参考情報として参照した。原則として100m以内にある上下のバス停は統一したほか、同一地点の複数のバス停は統合した。

表4-6 「鉄道」（国土数値情報）の概要[2]

内容	全国の旅客鉄道・軌道の路線や駅について、形状（線）、鉄道区分（普通鉄道、鋼索鉄道、懸垂式モノレール、跨座式モノレール等）、事業者（新幹線、JR在来線、公営鉄道、民営鉄道、第三セクター）、路線名、運営会社等を整備したものである。駅は、鉄道路線の一部分として整備している。
データ作成年度	平成24年度（作成時点：平成24年12月31日）
原典資料	数値地図25000（空間データ基盤）、鉄道要覧（国土交通省鉄道局監修）、鉄道事業者の公式HP、時刻表（JTB）
作成方法	数値地図25000（空間データ基盤）を基に作成し、さらにデータ作成基準日までに開通された路線や新設・名称変更された駅を反映させた。

5）自宅（住所）

個人宅（自宅や知人宅）の表現については、個人名称ではなく住所から表現することとした。住所と緯度経度の変換については、国土数値情報の「街区レベル位置参照情報」を用いることとした。当該データは、神戸市の例では、「○○区○○○町○丁目○番」までの空間精度で整備されており、戸別単位までの空間精度は有していない。

4.2.2 自然災害リスクのデータの作成

本稿2章で記載したように、自然災害のリスク情報に関して、国土数値情報のサイトで全国を対象として共通の形式でGISデータが提供されている災害種別は、洪水（外水）および土砂災害危険箇所（土石流危険渓流、地すべり危険箇所、急傾斜地崩壊危険箇所）に限られる。前述のとおり、将来的には、国土数値情報のサイトにおいて、津波や震度各種のハザードマップ情報が網羅的に提供されるようになると期待される。

今回は、複数の災害リスク情報を掲載する電子書籍ハザードマップの試作にあたっては、すでに各種ハザードマップの情報を共通フォーマット（shapeフォーマット）で配信している兵庫県のデータ（http://www.dri.ne.jp/bousaikyouiku/CCP.html）を対象に試作し、神戸市の視覚障害者関係団体から意見を聴取することとした。また、津波ハザードマップについては、大阪府のデータを自治体から提供をうけ堺市を対象に試作し、大阪府などの視覚障害者団体関係者から意見を聴取することとした。

4.2.3 各施設のリスク評価

4.2.1で整理した施設や住所代表点に対して、各地点のリスク状況を、4.2.2で対象とした自然リスクのGISデータ（想定浸水区域など）を用いて解析した。GIS解析は、ESRI社ArcGISを用いて行った。

解析結果のシェープファイルには、各施設の属性データ(施設種別、名称等)に、リスク情報(想定浸水深など)が付与される。災害種別ごとに各施設・地点に付与する情報項目・形態を下表に整理した。この属性データ(DBFフォーマット)を、テキスト形式(CSVフォーマット)に変換し、後述する電子書籍の作成に用いた。

表4-7 災害種別ごとの施設・地点のリスク表現形態

災害種別	洪水	土砂災害	地震	津波
想定ハザード	全河川	全種別	東南海地震	南海地震
地物の形状	ポリゴン	ポリゴン	メッシュ	メッシュ
属性リスク情報	想定浸水深	なし	想定震度	想定浸水深
各地点・施設のリスクの表現	想定浸水深	警戒区域への内包関係の有無	想定震度	想定浸水深

4.2.4 電子書籍データの製作

(1) 原稿データの構造

前章までのGIS解析で作成した、各施設および住所(町丁レベル)でのリスク情報のテキストデータ(CSVフォーマット)をもとに、章節構造を有する電子書籍データに変換するため、テキストデータの構造化を行った。構造化を行ったテキストデータは、Microsoft Wordの形式で保存した。

1) 複数種別のハザードを掲載した電子図書(兵庫県神戸市)

複数種別のハザードを扱う場合、災害種別や地区の分類の順番や詳細度によって、章構造(レベル)の与え方には複数パターンが想定できた。利用しやすい章構造について、障害当事者からのヒアリングを行ったところ、下記の2パターンの優先度が順に高い結果であった。

① 地域別に分類した後、災害種別はまとめて記載するパターン
　レベル1 ………… 地域(区単位ごとに分類)
　レベル2 ………… 施設(施設種別に分類)、住所(町字ごとに分類)
　レベル3 ………… 各施設・地点の名称
　リスク情報 ……… 複数の災害の種別をまとめて記載

② 地域別に分類した後、災害種別(洪水、土砂災害等)に分類し記載するパターン
　レベル1 ………… 地域(区単位ごとに分類)
　レベル2 ………… 災害(災害種別ごとに分類)
　レベル3 ………… 施設(施設種別に分類)、住所(町字ごとに分類)
　レベル4 ………… 各施設・地点の名称
　リスク情報 ……… レベル2で分類した1つの災害の種別を記載

今回の電子書籍データは、パターン①を採用して試作を行った。なお、後の意見交換の際には、パターン②など他のパターンの良否についても改めて意見を聴取した。

「①地域別に分類した後、災害種別はまとめて記載するパターン」による、データ構造の例は、下記のとおり。

　(レベル1) ………… 中央区
　(レベル2) ………… 鉄道駅
　(レベル3) ………… JR西日本・神戸線・三ノ宮駅

(リスク情報)　………　河川想定氾濫区域・浸水0から50センチ・住吉川
　　　　　　　　　　　　土砂災害警戒区域・区域外
　　　　　　　　　　　　地震・震度4
　　　　　　　　　　　　津波想定氾濫区域・区域外

2) 単一ハザード(津波)を掲載した電子図書(大阪府堺市)

　単一ハザード(津波)のみを対象とした電子図書データ製作にあたっても、データ構造は、上記のパターン①を採用した。また、各地点・施設のリスク情報の前に章を設け、堺市から配布されているハザードマップに記載されている説明文(避難時の留意点など)も、掲載した。データ構造の例は、下記のとおり。

　(レベル1)　…………　北区
　(レベル2)　…………　医療機関
　(レベル3)　…………　大阪労災病院
　(リスク情報)　………　河川想定氾濫区域・区域外

図4-1　兵庫県CGハザードマップ画面におけるスクリーンリーダー

図4-2　Save As DAISY Translator 画面
　　　　(ワードへのアドインソフト)5)

(2) DAISY準拠データの作成方法

　前項で作成したMicrosoft Wordデータから、DAISYフォーマットに準拠した電子書籍用データ(XMLデータ)を作成した。作成にあたっては、Microsoft社より無料で配信されている5) Microsoft Wordのアドインソフト(Save As DAISY Translator Add-in)を利用した。また、テキストを読み上げる音声データの作成には、複数災害種別に対応したハザードマップ(兵庫県)については、Microsoft社より提供されている日本語音声合成エンジンを利用した。これに対して、ハザードの説明文等も付与した、単一ハザード(津波)のみを対象としたハザードマップ(大阪府堺市)については、対面朗読などを行っている読み手の肉声を録音し、DAISYデータを製作した。

4.3　電子書籍ハザードマップ(試作版)に対する評価

　前項までの方法で製作した電子書籍ハザードマップに基づき、兵庫県および大阪府の視覚障害関係者より意見を聴取した。作成した電子データを、SDカード等に入れて複写配布し、意見を聴取した各視覚障害者が通常より利用しているDAISY再生端末を用いて再生をして頂き、意見を聴取した。

評価事項として、使い勝手にかかわる、データ構造、データの検索性、音声の聞きやすさなどのほか、こうした手法による地域のリスク情報の提供に関する全般的な事項について意見を頂いた。見え方の違い等によって、意見は異なる場合もあると想定されるが、代表的な意見を以下に列記する。

(1) 使い勝手（データ構造・検索性など）について
- レベル1で地域別（区単位）で分類をしたが、「住居」の場合はよいが、施設（駅など）の場合は分類しない構造としたほうが探しやすい。
- 施設の種類や数が多くなってくると、今回の電話帳のような電子書籍形式では、見つけるまでに時間がかかりすぎる。
- 説明文章の部分は、人によっては肉声のほうを好むかもしれない。データ部分は、合成音声でも違和感は少ない。
- 合成音声の場合、施設名称には、読み間違いがあった。
- 行政が指定している避難所のリスク情報についても記載が望ましい。
- 津波は、浸水深だけではなく、到達時間についても記載が望ましい。

(2) そのほか（全般的なこと）
- 晴眼者の場合も同じと思われるが、ある施設のリスク情報だけではなく、ではどうしたらよいかについても記載が必要。その施設にいたときに地震があったら、どのように避難すればよいか行動指針もわかることが重要。
- 複数の災害種別をまとめて記載したほうが利便性は高いが、現実的には、市役所からの配布の場合には、晴眼者用のハザードマップが配布される際に、その同等物が作成・配布されることが現実的ではないか。

5. まとめと今後の改善について

全般的に、試作した電子書籍ハザードマップについては、従来の録音テープによる情報提供よりも有用性は高いとの評価であったが、製作過程や聴取した意見等に基づき導かれた、今後の改善や取り組みの方向性について、下記に整理する。

(1) 全般的な取り組み方針について
1) 都道府県レベルでの検索サイトの有用性

視覚障害者による任意の関心のある施設・箇所のリスク情報の取得を目的とした場合、データの網羅性を高め、検索対象とする災害種別や、リスク情報を掲載する施設や地点の種類や数量を増やすほど、情報提供の方法は、今回のような電子書籍の形式では、求める情報の取得には時間を要するようになる。

今後の方向性としては、本手順で作成したデーベースを格納・利用する手法として、電子書籍形式よりも、さらに検索性の高いホームページを利用する方法が考えられる。その際、当該サイトがスクリーンリーダーに対応し、視覚障害者にも操作しやすいことが前提条件となる。

こうしたリスク情報の取得のみを目的としたサイトを構築する単位としては、市区町村よりも広域となる都道府県単位（あるいは複数の都道府県）のほうが、利用者の利便性は高いといえる。また、2章で整理したように、ハザード情報自体は、市区町村ではなく都道府県が作成する場合が多いことから、視覚障害者むけの地域リスク情報の検索サイトは、都道府県単位で構築するほうが、製作側の効率性の視点からも効果的と考えられる。

2) 市区町村単位での電子書籍の製作について

ハザードマップの配布目的としては、上述のような地域のリスク情報の周知に加えて、住民が安全

な避災行動をとるように促すことがあるといえる。そのためには、リスク情報をふまえて、危険時の行動指針や平常時からの備えについても広報が必要となる。

適切な避災行動については、その地域の特性(高台があるか)や、施設の整備状況(避難所など)、などに依存することから、都道府県単位では難しく、市区町村(あるいはより校区など)で配信することが必要となる。

さらに、地震発生時の避難行動の行動指針に関して、視覚障害者の場合は、単独での避難が難しい場合もあることから、地域における支援体制との関連が深い。したがって、視覚障害者への防災情報の提供にあたっては、災害発生時の対応のみならず、平常時の当該地域における要援護者対策の取組み状況や施策などについても説明を行う重要性が高い。

電子書籍形式でのデータ提供は、こうした説明を、視覚障害者に広報する目的としては、有用性や将来性が高いと期待される。市区町村が、視覚障害者に、電子書籍形式で防災対策の情報提供する際には、本研究開発で試作したような地域のリスク情報(地図情報)に関する章とともに、文章形式で当該自治体や地域における要援護者対策の説明を多く掲載することが望ましい。

3) そのほか

- 対象とする施設数が多くなる場合は、製作費用等の制限から合成音声を用いることが現実的といえる。その際、読み間違いを防ぐためには、辞書を整備する必要がある。また長期的には、国土数値情報等で整備するデータに、欧米言語と異なる日本語の特殊性から、漢字での名称に加えて、よみの属性も含めることが望まれる。
- 電子書籍で施設(病院等)のリスク情報を掲載する場合は、当該地域における施設数等に応じて、整理の単位(区、市、近隣を含めた複数の町村)に工夫が望ましい。
- 津波の予想到達時間は、重要性が高いと想定される。内陸の各施設・地点まで到達する時間の掲載は困難であるが、当該市区町村の沿岸までの到達時間はおおむね想定されることから、浸水深の節(パート)とは別途に、掲載することが望ましい。

今後は、これらを踏まえて、地域のリスク情報(地図情報)を含む防災関連情報を、視覚障害者に提供する方法として、市区町村単位程度での電子書籍形式での配信と、都道府県単位程度でのWeb経由での配信の、2つの方法の併用を前提として、検討を継続したい。それぞれの方法の特性を活かし、視覚障害者が、必要とする情報を利便性高く取得できるような、全体的な情報提供の体系について考察するとともに、具体的なデータや検索システム等の開発を続ける計画である。

6. 謝辞

本研究開発に御協力を下さいました、視覚障害者関係団体(神戸アイライト協会、きんきビジョンサポート、日本ライトハウス)の皆様方に御礼申し上げます。本研究開発では、「国土数値情報(市町村役場等及び公的集会施設点、医療機関、福祉施設、バス停留所、鉄道)」(国土交通省)を利用しました。

7. 引用・参照文献

1) 兵庫県県土整備部技術企画課,兵庫県CGハザードマップ,http://www.hazardmap.pref.hyogo.jp/, 2013
2) 国土数値情報ダウンロードサービス,http://nlftp.mlit.go.jp/ksj,/国土交通省国土政策局国土情報課, 2013
3) 国土地理院,触地図原稿作成システム【試験公開】http://portal.cyberjapan.jp/testd/portalsite/shokuchizu/index.html, 2013
4) 総務省情報通信政策研究所,障がいのある方々のインターネット等の利用に関する調査研究［結果概要］, 2013
5) マイクロソフト,Open XML to DAISY XML Translator, http://office.microsoft.com/a-jp/word-help/HA102540323.aspx, 2013

公益財団法人国土地理協会　第12回学術研究助成

西アフリカ・サヘル帯における砂漠化問題と在来知識にもとづいた新しい砂漠化防止対策の検討

研究代表者
大山　修一　京都大学大学院アジア・アフリカ地域研究研究科

共同研究者
桐越　仁美　京都大学大学院アジア・アフリカ地域研究研究科
イブラヒム・マンマン　ニジェール国立気象局

Ⅰ. はじめに

　アフリカ大陸の北部に広がるサハラ砂漠の南縁には，サヘル地域と呼ばれる広大な地域がひろがり、セネガルやモーリタニア、ブルキナファソ、マリ、ニジェール、チャド、スーダンといった国ぐにが存在する。このサヘル地域は、1960年代後半以降にみられる降水量の減少にともなう干ばつの発生、作物の収穫量に大きな影響を与える不安定な降水、貧栄養土壌や強度の強い水食・風食といった厳しい自然条件を有する（若月，1997；Giannini et al., 2008）。こういった自然条件に、耕作地の拡大や家畜頭数の増加、薪の採取といった人為インパクト、人口の増加や高い人口密度も組み合わさって、今日にいたるまで、自然環境の荒廃現象である砂漠化が進行している（門村，1992；UNEP，1992；大山，2010など）。

　サヘル諸国の統計資料をみると、国家経済や国民生活は非常に厳しい状況にある。多くの国々では人口増加率が高く、セネガルでは年率2.4％、マリでは3.3％、ブルキナファソでは2.8％、ニジェールでは3.7％の割合で人口が増加している。これらの人口増加率はセネガルでは31年、マリでは23年、ブルキナファソでは27年、ニジェールにいたっては20年で人口が2倍に増加するペースである。ニジェールの特殊出生率、つまり1人の女性が生涯に産む子供の数は7.4である。

　筆者のひとり、大山がニジェールで現地調査に着手した2000年時点のニジェールの人口は1092万だったが、2010年には1551万に増加し、国連推計（UN world population prospects, 2011）では、2055年には7039万、2075年には1億1640万にまで増加すると予想されている。ちかい将来、人口の増加に起因する食料不足の問題、砂漠化をはじめとする環境問題、資源やエネルギーの分配問題など、多くの問題が起きることが危惧されている。

　世界銀行が発行する『African Development Indicators 2007』において、乳幼児の栄養失調はセネガルで23％（2000年）、モーリタニアで32％（2001年）、マリで33％（2001年）、ブルキナファソで38％（2003年）、ニジェールで40％（2000年）という厳しいデータが掲載されている。この乳幼児の栄養失調の比率は毎年、干ばつの厳しさによって変動する。

　2012年は、前年度の干ばつの影響もあって、ニジェールでは550万人が飢餓の危険に直面しており、国連食糧計画（World Food Programme）は緊急援助として8億ドルが必要だと国際社会に訴えてきた。2012年の6月から9月にかけた雨季には、前年度とは逆に、大雨が降り、ニジェール川の洪水と氾濫、耕作地の侵食、作物収量の低下、家屋の損壊によって、住民の生活は非常に厳しい状態となっている。

　サヘル地域は、2013年現在、政治的にも不安定な情勢となっている。サヘル地域では「イスラム・マグレブ諸国のアル・カイダ（AQIM）」が活動し、マリ共和国の北部を支配下におさめ、その活動の拠点となっている。2013年1月には、フランス軍によるマリ北部への空爆がおこなわれ、AQIM側とマリ政府軍、ECOWAS（西アフリカ諸国経済共同体）の軍隊とのあいだで激しい戦闘がつづけられている。AQIM以外にも、ナイジェリア北部でテロ活動をおこなうボコ・ハラムにおいても、その活動の中心は貧困に苦しむ若者たちだとされている。高い人口増加率のもとで、住民による食糧生産と生活を安定させていくことは、地域の政治・経済の安定にとっても重要であり、解決すべき問題となっている。

　ニジェール共和国は，国土の3分の2を砂漠が占めており，南部全域が降水量500mm以下のサヘル帯に属している。農耕は南部に限られるが、近年には耕作地の拡大や燃料確保のために樹木の伐採が増加し、各地で土地荒廃が深刻化している。農村では砂漠化による耕作地の減少や土地生産力の低下に加え、人口増加にともなう耕作地の細分化により個人の保有する土地が縮小しており、住民は作物生産量の減少、食料不足といった問題に直面している（Oyama, 2009）。

サヘル諸国では、大きく変動する降水量、干ばつの発生、貧栄養土壌という厳しい自然環境のなかで、農業や牧畜業の生産性を上げ、産業を育成し、増加しつづける人口を養わなければならないという重い課題が存在し、その対策が緊急の課題となっている。各国政府は、1973年と1974年の干ばつ以降、国際機関や外国からの支援を受けながら、砂漠化、つまり土地や土壌の荒廃の問題に取り組んでいる。ヨーロッパ連合(EU)と国連食糧農業機関(FAO)は、サヘルの砂漠化に対処するため、「サハラ・サヘル地域のグリーンウォール(緑の壁)プロジェクト」を立ち上げ、2011年11月にサヘル諸国と北アフリカの緑化に対して、175万ユーロの資金提供を約束している(Europafrica.net, 2011)。

　国際レベルでの砂漠化防止対策の行動が1970年代に開始されたが、対策の進行や効果は芳しくなく、干ばつを契機とした砂漠化とそれに関連する諸問題は幾度となく現れているという報告(門村, 1988, 1998)のほか、現在の砂漠化防止対策は高価な資材、多大なエネルギーと資金を必要とするような技術開発をめざすものが多いという指摘もある(久馬 2001)。

　また、アフリカにおける土壌への化学肥料の使用には多大な費用が必要となるため、小規模な耕作をおこなっている農家には手が出せないのが現状であり、政府はその年の天候に合わせた迅速な化学肥料の供給を実現できていない(Shapiro and Sanders, 1997)。近年、アフリカの土壌肥沃度の回復への樹木の利用が見直されており、マメ科の窒素固定能力の活用や、樹木に蓄えられた養分の土壌への還元といった試みが、研究者と現地の耕作者との協力のもと、東アフリカや南部アフリカを中心におこなわれている(Ajayi et al., 2011 ; Sanchez, 2011)。また、サヘル地域に居住するハウサの人々は、屋敷地に蓄積する作物残渣や家畜の糞、飼料の食べ残しなどを、積極的に耕作地に還元し、作物の生産性を維持し、改善に努めている(大山・近藤, 2005 ; 大山ら, 2010)。

　土壌の栄養状態の回復に樹木や、農村や都市に蓄積している有機物のゴミを利用することは、費用をかけず、耕作に携わることが可能な人手があれば、多くの住民にも可能な方法であるといえる。また、現地の人々のもつ環境認識、在来の知識や技術に焦点をあてることで、これまでの砂漠化防止策、荒廃地の修復技術をみなおし、今後の対策や荒廃地の修復をめざす糸口を見出すことができるだろう。

　サヘル帯における耕作地内で生じる砂漠化の過程を明らかにし、それに対する住民の対処方法を検討し、在来知識にもとづいた新しい砂漠化防止対策を考案することは、生物生産量の向上や住民生活の向上を考えるうえで重要な意味をもつと考えられる。本研究課題では、砂漠化の問題が深刻になっている西アフリカ・ニジェール共和国の中南部において、住民である農耕民ハウサの実践する(1)樹木を利用した砂漠化防止策と、(2)都市の生ゴミを利用した荒廃地の修復実践を検証し、土壌や環境に対する物理的・化学的な効果を定量的に明らかにすることを目的とする。

Ⅱ．調査地概要

　調査は、西アフリカ・ニジェール共和国の首都ニアメより東方約250 kmに位置するドッソ州ドッチ県に位置するD村(北緯13°35′31″、東経4°04′27″)において実施した(図1)。調査地では、天水依存の農耕が営まれており、少雨による干ばつのほか、多雨による作物収穫量の減少も報告されている(大山, 2010)。調査地では、1970年代と1980年代に厳しい干ばつを経験しており、その時の困難な状況が住民によりつけられた干ばつの名称に表れている(表1)。

　ニジェール中南部には固定砂丘が広がっている。地形は台地、山麓砂丘、ペディメント、ペディメントから河岸平坦面に至る斜面、河岸平坦面(ペディプレイン)、谷地形、砂丘、およびインゼルベルグ(孤立残丘)の8種類からなる(南雲, 1995)。ペディメントとは、乾燥気候下で発生した面伏流による削剥で山地の縁に形成された平滑斜面のことをさす(鹿島, 2009)。調査地のD村においては、村の東方にインゼルベルグがみられ、インゼルベルグの縁から、ペディメントが緩やかな傾斜を形成して

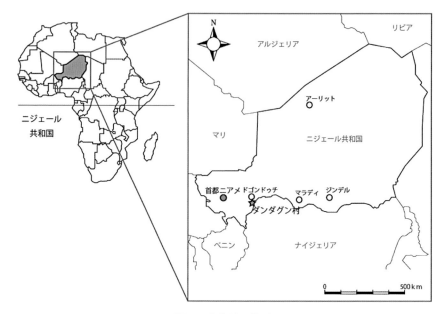

図1 調査村の位置

表1 干ばつの発生年とハウサ語の名称が表す当時の状況

干ばつ発生年	住民によりつけられた干ばつの名称	当時の状況
1972〜73年	*Garin rogo*（キャッサバの粉）	食料がなく、最後はキャッサバの粉で飢えを凌いだ
1981年, 1984〜85年	*Mai zobe*（指輪）	まるで干ばつのリングでくくられたように、西アフリカ全土が飢えに苦しめられた
1987年, 1989年	*Kanchi kalagi*（食料を求める人）	干ばつの厳しさから、食料を求める人が各地で大量に発生した
1993年, 1995年	*Nyuwa mayahi*（スカーフの飢餓）	物乞いする人たちから食料を守るために、スカーフで食料を隠した

村の集落にいたる（図2・図3）。ペディメントの範囲では、赤褐色の堆積岩が地表面に露出している。村から西では砂質土壌の堆積がみられ、この砂質土壌の分布域に耕作地が一面に広がっている。調査地では、北東からの卓越風による風食、東方からもたらされる強度の強い降雨による水食が著しく、調査地周辺では植生の後退や土地荒廃は東方から進行しており、耕作が可能となる砂質土壌の分布域は西に偏っている。

調査村の人口は、2000年の時点では41世帯、280人だったが、10年後の2010年には59世帯、390人と増加している。そのうち、10歳未満の子どもの人口が多く、典型的な多産少死型の人口構造を示し、急速に人口増加がすすんでいるといえる。多くの住民の民族はハウサであり、主な生業は農耕と補助的な牧畜である。村びとは主食となるトウジンビエ（*Pennisetum glaucum*）とササゲ（*Vigna unguiculata*）を栽培しており、村の周囲にはトウジンビエとササゲの混作畑が広がっている。村びとは農耕、牧畜を生業としているが、乾季には青壮年の男性は都市に出稼ぎに行き、ビスケットやフルーツの販売、機械の修理などの副業によって現金収入を得て、不足する食料をおぎなうこともある。そのほか、トゥアレグとフルベの牧畜民がそれぞれ1世帯ずつ居住している。村びとのほぼ全員がイスラム教徒であり、朝と夕方には村のモスクで礼拝をおこなっている。

人口増加により、村周辺の耕作地は細分化され、各世帯では作物生産量の減少という問題に直面している。調査村では経済的な格差がみられる（大山, 2012）。その格差は、トウジンビエの収穫量や、耕作地の保有面積や家畜の飼養頭数、耕作地への化学肥料の投入や日常的な手入れといった農業生産に対する投資などに表れており、作物生産量の低下とそれにともなう食料不足は、全ての世帯において生じているわけではない。

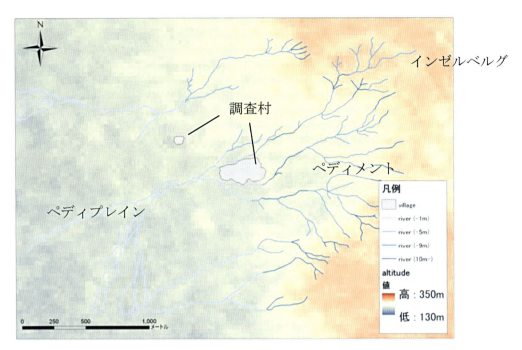

図2　調査村周辺の標高の変化

図3　インゼルベルグとペディメントの緩斜面：
村の東側は侵食が激しく、堆積岩が露出する。

Ⅲ．調査方法

本研究では、研究者が現地の調査村に住み込むことで調査を実施した。本研究では主に、(1)住民の土地荒廃に関する環境認識、(2)植生調査と樹木の樹形に関する住民の認識、(3)樹木を利用した住民の砂漠化防止対策、(4)都市の生ゴミを利用した荒廃地の修復技術について明らかにした。

(1) 住民の土地荒廃に関する環境認識

土地荒廃に対する住民から聞き取り、荒廃する土地の段階におうじて、住民とともに土壌断面を観察し、土壌性状とその住民の土壌区分について調査した。

(2) 植生調査と樹木の樹形に関する住民の認識

樹木調査は、調査村の周辺、約東西2km×南北1.5kmの範囲でおこなった。この範囲は、村の東側のペディメントから、西側の耕作地に該当する。調査範囲内の耕作地においては、各個体の樹種と分布の調査に加えて、樹高、胸高直径(DBH)、枝下までの高さ、幹の本数を測定した。

(3) 樹木を利用した住民の砂漠化防止対策

樹種ごとの樹木の利用用途と、耕作地内における樹木の利用、その用益権について聞き取り調査をおこなった。参与観察は、村での住み込み調査のなかで、農作業や家畜飼養、料理、家事といった人々の生活全般におよんだ。

(4) 都市の生ゴミを利用した荒廃地の修復技術

人々が荒廃地の修復に都市ゴミを投入していることから、その緑化効果を明らかにするために、筆者らが村びとの協力を得ながら、圃場実験を実施している。2008年8月に南北に45m、東西に50mの大きさの圃場を設置し、幅4m、長さ30mのプロットを設けた。2008年11月に各プロットに、都市のゴミを搬入した。プロット1ではゴミを投入せず、荒廃地の対照区としておき、プロット2では5kg/㎡(600kg)、プロット3では10kg/㎡(1,200kg)、プロット4では20kg/㎡(2,400kg)、プロット5では45kg/㎡(5,400kg)のゴミを投入した。2012年まで、毎年(2009年、2010年、2011年、2012年)11月に圃場の環境計測、生育してきた植物の量を計測している。

Ⅳ．住民による土地荒廃の認識

休閑地の消失と一人の所有する耕作地面積の減少により、住民は限られた耕作地内でいかに生産性を高めるかという課題に直面している。住民は耕作地の状態をカサ(kasa)、レソ(leso)、フォコ(foko)の3種類に分類する(大山ら、2010)。カサは生産力のある土地、レソは土地荒廃の初期段階で生産力の落ちた土地(図4)、フォコは土地荒廃が進行し、固結した堆積岩が露出し、耕作が不可能な土地である(図5)。

「カサ」と呼ばれる場所は、表層に黒っぽい色をした有機物まじりの砂土が堆積し、そのなかには「シロアリの砂」が混在する状態だと説明される(図6)。「シロアリの砂」は、シロアリが自らの唾液を土壌の粒子にまじえて餌となる植物体を取り囲むように作ったシェルターの土壌粒子に由来し、ゆるやかな団粒構造をもっている。シロアリが巣穴を作る際、唾液や排泄物を添加して、土壌粒子をつなぎ

図4　土壌の劣化：トウジンビエ畑における土壌劣化の初期段階のレソ(写真手前)

図5　土壌劣化の最終段階　フォコ

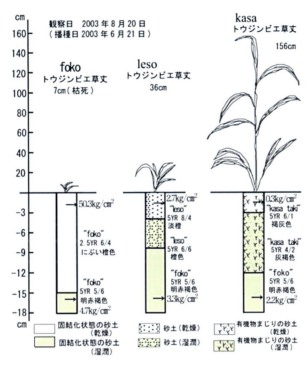

図6　土壌劣化と土壌断面（大山ら、2010より）

あわせることはよく知られている（Lee and Wood, 1971）。

　これに対して、表層に白っぽく目の粗い砂が堆積した場所は「レソ」と呼ばれる。レソとは、土壌表層に砂の含有量が多く、粘土やシルトが少ない状態である。この砂は白色、またはにぶい橙色を呈する。観察によると、レソの土壌断面には、深さ0〜4cmに有機物をほとんど含まない乾燥した淡橙色（5YR 8/4）の砂土が堆積する。そして、赤褐色土壌の固結層が地表面に露出した場所はフォコと呼ばれる。フォコの土壌表層は乾燥すると、非常に硬く、それを壊すにはツルハシによる鋭い打撃が必要なほどである。フォコにおけるトウジンビエの生育は非常に悪く、出穂にはいたらず、枯死することが多い。

　住民にとって、限られた耕作地のなかでフォコやレソを減らし、カサの面積を増やすことが生産性の向上につながる。耕作地の生産性を改善するための方策として、耕作地への肥やしの投入や牧畜民フルベとの野営契約がおこなわれており、近年ではアメリカの援助で供給される化学肥料の投入などもあげられる。また、耕作地の生産性を改善させるための工夫として、村びとによる樹木の利用・管理があげられる。

Ⅴ．樹木を利用した砂漠化防止対策

1）ハウサの人びとによる樹形に関する分類

　聞き取り調査により、住民は樹木の樹形を目視で判断して4種類に分類し、それぞれの樹形に異なる機能を期待していることが確認された(桐越、2012)。住民は樹形をマヤンチ(*mayanchi*)、マタシ

図7　ハウサによる樹形の分類

マヤンチ：樹高が約3mで1本もしくは2本の幹をもつ樹木
マタシ：下方の枝が剪定された小さな樹木
ラブ：樹齢1年以下の剪定されていない樹木
バラウ：樹齢2年以上の剪定されていない樹木

表2　住民の認識する樹形と本研究における分類方法

樹形	住民の語る特徴	本研究における分類方法
マヤンチ	樹高が約3m程度で1本もしくは2本の幹をもつ樹木	樹高：2.5m以上 胸高直径：5cm以上
マタシ	下方の枝が剪定された小さな樹木	樹高：2.5m未満 胸高直径：5cm未満 枝下までの高さ：0より大きい
ラブ	樹齢が1年以下であり，剪定されていない樹木	樹高：150cm未満 枝下までの高さ：0cm
バラウ	樹齢が2年以上であり，剪定されていない樹木	樹高：150cm以上 枝下までの高さ：0cm 枝の本数：3本以上

(*matashi*)、ラブ(*rabu*)、バラウ(*barau*)の4種類に分類している(図7)。住民の分類する4つの樹形について、樹木調査に同行した住民が語るその特徴は表2のようになる。マヤンチは、樹高が約3m程度で1本もしくは2本の幹をもつ樹木であり、マタシは下方の枝が剪定された小さな樹木、ラブは樹齢が一年以下で剪定されていない樹木、バラウは樹齢が2年以上で剪定されていない樹木と認識されている。本研究では、住民による樹形の分類を参考に、便宜的に樹形を分類した(表2)。

2) 耕作地における樹木の利用と管理

調査地において、ハウサの人びとは耕作地内の樹木を頻繁に利用している。樹木利用の体系は樹木を切り出して利用するものに限らず、意図的に残すことで、耕作地内の木陰の確保、家畜の飼料や救荒食料の入手、土壌の侵食と土地荒廃の防止をおこなっている。住民は、みずからの世帯の生計を維持することをかんがえ、耕作地内の樹木を利用して、作物の生産性の向上を図っている。生計維持のための樹木管理として、砂質土壌の後退や土壌の劣化がみられる場所では飛砂のキャッチに適したかたちで耕作地内に残すという方法があげられる。その際に必要な樹形は、マタシやラブである。

耕作地に残す樹木の存在は、耕作地を保有する世帯にとっては、みずからの世帯の作物生産の最大化を阻害する要因となる。とくに日光や雨をさえぎり、トウジンビエの生育の妨げとなるマヤンチの存在は、作物生産の向上を妨害するものである。しかし、住民は家畜の飼料や救荒食料として利用できる樹木を意図的に耕作地に残し、マヤンチにまで成長させる。村内の富裕層や、1970年代、1980年代の干ばつの経験者が積極的にマヤンチを残す傾向がある。

住民の主体的な樹木の利用と樹形の管理によって、効果的な土壌性状を維持・改善することが可能であり、サヘル帯では、在来の知識と実践を巧みに利用した、野生樹木の管理による生物多様性や植生の回復がみられる。また本研究では、耕作地内の樹木を生長させることにより、干ばつが生じた際に葉や果実を救荒食に利用し、飢饉時のライフラインを確保している可能性が示唆された。

Ⅵ. 都市の生ゴミを利用した荒廃地の修復

本章では、都市や農村における有機物のゴミを利用して、土壌を改善し、荒廃地を修復する人々の営みに着目し、圃場実験を通じたゴミ投入による緑化効果を検証し、在来知識や技術による荒廃地の修復、植物生産力の改善をみていこう。

1) 再生する植物とそのバイオマス

都市ゴミを投入しなかったプロット1(図8)では、荒廃地のまま、3年間が経過し、草本の生育はなかった。600kg(5kg/㎡)のゴミを投入したプロット2(図9)では、1年後には16種、310g(2.6g/㎡)の植物が生育した。優占した草本種は *Amaranthus* spp.(96g)、*Borreria radiata* と *B. stachydea* (79g)、トウジンビエ *Pennisetum glaucum* (46g)であった。生育してきた植物種の多くは、家畜による嗜好性の高い飼料となる種であった。2年後には生育してきた植物種は4種34gに減少し、*Digitaria longiflora* (15g)や *B. radiata* と *B. stachydea* (8g)、*Zornia glochidiata* (7g)がわずかに生育した。3年後には、まったく植物の生育は認められなかった。

1,200kg(10kg/㎡)の都市ゴミを投入したプロット3(図10)では、1年後には16種、4,003gの植物が生育した。優占した草本種は、トウジンビエ(2,893g)、*Jacquemontia tamnifolia* (610g)、*Amaranthus* spp.(188g)であった。ゴミからトウジンビエが多く生育するのは、脱穀後のトウジンビエの残渣のなかに、種子が多く含まれていたことに由来する。2年後には、12種、1,002gの植物種が生育し、その植物の生育量は顕著に減少した。3年後には、3種、535gの植物が生育し、その3種は、

図8 プロット1（対照区）における圃場の変化
（ゴミの投入量 0 kg/㎡）

図9 プロット2におけるゴミ投入後の圃場の変化
（ゴミの量 5kg/㎡）

図10 プロット3におけるゴミ投入後の圃場の変化
（ゴミの量10kg/㎡）

図11 プロット4におけるゴミ投入後の圃場の変化
（ゴミの量20kg/㎡）

図12 プロット5におけるゴミ投入後の圃場の変化
（ゴミの量45 kg/㎡）

Z. glochidiata（443 g）、*D. longiflora*（70 g）、*Balanites aegyptiaca*（22g）であった。*B. aegyptiaca* は1年後、2年後には生育しなかった種子が発芽し、新たに生育した。

2,400kg（20 kg/㎡）の都市ゴミを投入したプロット4（図11）では、多くの植物種が生育した。1年後には、35種、59,547gの植物が生育した。優占する主要種は、トウジンビエ（51,086 g）、*Hibiscus sabdariffa*（2,706 g）、*B. radiata* と *B. stachydea*（1,993 g）であった。トウジンビエの生育重量は全生育重量の86%を占めた。2年後には、17種、37,903gの植物種が生育した。トウジンビエの生育重量は220g（1%）に減少した。3年後には16種、15,674gの植物種が生育した。優占する主要な種は*B. radiata* と*B. stachydea*（8,571 g）、*Schizachyrium exile*（2,775 g）、*I. prieureana*（2,082 g）であった。プロット4に生育した植物種の多くは、家畜による嗜好性の高い種が多かった。

5,400kg（45 kg/㎡）の都市ゴミを投入したプロット5（図12）では、1年後に17種、43,847gの植物が生育した。優占する主要種はトウジンビエ（41,957 g）、*S. exile*（612 g）、*B. radiata* と *B. stachydea*（457 g）であった。トウジンビエの生育重量は、全生育重量の96%を占めた。2年後には18種、10,800gの植物が生育した。トウジンビエの生育重量は775g（7%）に減少した。優占する主要な植物種は、*I. prieureana*（4,450g）、*B. radiata*と*B. stachydea*（1,542 g）、*S. exile*（1,005g）であった。3年後には、13種、9,099gの植物が生育した。優占する種は、*I. prieureana*（2,533 g）、*B. radiata*と*B. stachydea*（2,375 g）、*S. exile*（1,434 g）。プロット4と同様に、トウジンビエは3年後には生育しなかった。

都市の生ゴミから生育してきた植物種の多くは、人間が利用する植物種や家畜による嗜好性の高い種が多かった。フルベの牧畜民やハウサの農耕民に、草本の生育について聞き取りをしてみると、家畜の放牧地としては、プロット2やプロット3では草本の生育は十分ではなく、プロット4とプロット5では十分だという評価であり、放牧地を造成するためには、都市ゴミ20kg/㎡の投入量が

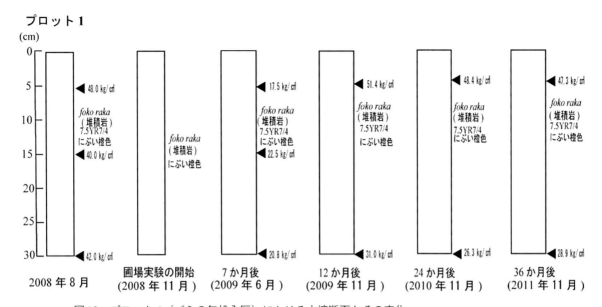

図13　プロット1（ゴミの無投入区）における土壌断面とその変化
土壌に対するハウサ語の名称と、数字は土壌硬度(kg/cm²)。土色は標準土色帳による。

目安となることが示された。

2）変化する土壌の性状

　ゴミの投入前である2008年11月、プロット1（荒廃地）の断面には、深さ0～30cmに有機物を含まないにぶい橙色（7.5YR 7/4）の砂土が緻密に堆積していた。絶対硬度は表面5cmで48.0kg/cm²、15cm深で40.0kg/cm²、30cm深で42.0kg/cm²であり、非常に固結しており、極密に分類された（図13）。荒廃地を構成しているのは堆積岩であり、ハウサ語では *foko raka* という名称で分類された。湿潤状態ではそれほど硬くないが、乾燥すると、きわめて固結するという性質をもつ。この堆積岩はpH4.5前後の強酸性であり、ECの値は41から88と低く、塩類が少なく、窒素や炭素、リンの含有量もきわめて少ない貧栄養である（表3）。土壌の物理性・化学性状ともに、植物の生育には適さない土壌である。

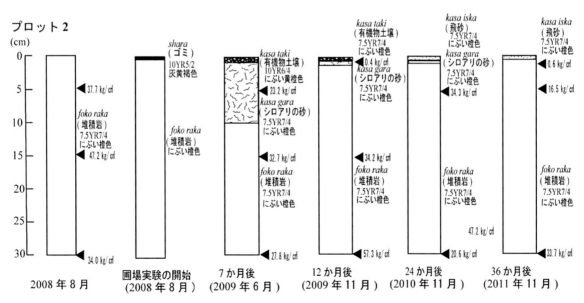

図14　プロット2（ゴミの投入量：5kg/m²）における土壌断面とその変化

表3 ハウサによる土地の区分とその土壌の化学性状

	pH (H₂O)	Total(g kg⁻¹) N	C	C/N	E xch.Base cmol(+)/kg Na⁺	K	Mg²⁺	Ca²⁺	Mg Kg⁻¹	soil color	sand	silt (%)	clay
1) *kasa*(surface condition)													
0～3cm (*kasa taki*)	6.8	1.20	16.17	13.5	0.06	0.37	2.19	4.36	153	5YR 6/1 (brownish gray)	91.0	1.5	7.5
3～12cm (*kasa gara*)	4.8	0.12	1.28	10.7	0.09	0.24	0.09	0.20	8	5YR 7/4 (dull orange)	84.2	1.5	14.4
12～30cm (*foko*)	4.4	0.08	0.84	10.5	0.02	0.04	0.04	0.09	6	5YR 7/3 (dull orange)	84.6	1.3	14.1
2) *leso*(surface condition)													
0～9cm (*leso*)	6.1	0.07	0.75	10.7	0.02	0.07	0.09	0.20	7	5YR 8/4 (pale orange)	94.6	1.0	4.4
9～30cm (*foko*)	4.6	0.11	1.18	10.7	0.02	0.1	0.061	0.13	5	5YR 7/4 (dull orange)	90.5	0.6	8.9
3) *foko*(surface condition)													
0～5cm (*foko*)	4.6	0.12	1.08	9.0	0.01	0.10	0.12	0.26	13	5YR 6/4 (dull orange)	89.5	2.2	8.3
10～30cm (*foko*)	4.4	0.08	0.84	10.5	0.01	0.08	0.05	0.14	7	5YR 6/4 (dull orange)	82.0	2.4	15.6

　都市ゴミの3点のサンプルは、pHが8.6～8.9で、弱アルカリ性であり、ECは939～1,325μS/cmと塩類を豊富に含み、窒素や炭素、リンも多く含んでいた(表3)。都市に居住するハウサは、ゴミをハウサ語で *shara* あるいは *jibuji* と呼ぶが、農村に居住するハウサは畑への肥培効果と有用性を込めて、*taki*（肥やし）と呼ぶ。

　プロット2では、投入したゴミの厚さは0.5～1cmであり、ゴミの量が十分ではなく、場所によってはゴミの投入がなく、不均等であった。ゴミの下部には、プロット1と同様に、固結した堆積岩が埋没し、砂土が緻密に固結していた（図14）。ゴミ投入の7か月後には、有機物を含む土壌が厚さ1cm堆積し、その土色はにぶい黄橙色(10YR 6/4)であった。この土壌はハウサ語で *kasa taki*（有機物層）と表現され、有機物を多く含み、ECは806μS/cmと高く、塩類を多く含有していた。炭素、窒素の含有量も高く、ゴミによって植物の栄養分が供給されていた(表3)。12か月後には、上部に厚さ1cmの有機物層、深さ1～2cmには「シロアリの砂」が存在した。この深さ2cmより下部には、堆積物層が埋没していた。24か月後には、砂で飛ばされた飛砂が上部に堆積し、その厚さは1cmであった。飛砂は、粒子が粗いため、目視による判別が容易である。飛砂の下部には有機物層は存在せず、飛砂の下には厚さ1cmの「シロアリの砂」が存在している。深さ2cmより下部には堆積物が存在している。36か月後には、堆積物層の上部に飛砂が厚さ1cmのみ堆積しているだけであり、風や水による侵食やシロアリの採餌によって有機物層や「シロアリの砂」が欠如し、ふたたび土地の荒廃がすすんでいる（図14）。

　プロット3では、プロット内にゴミを均等に投入し、ゴミの厚さは1.5cmであった。その下部には、

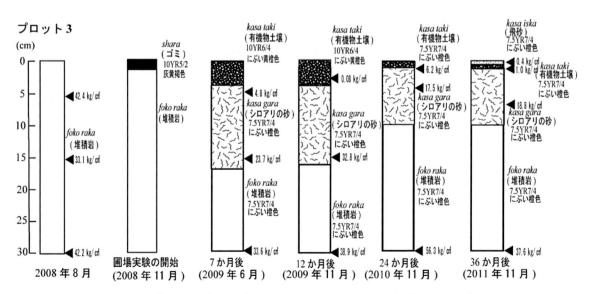

図15　プロット3（ゴミの投入量：10 kg/m²）における土壌断面とその変化

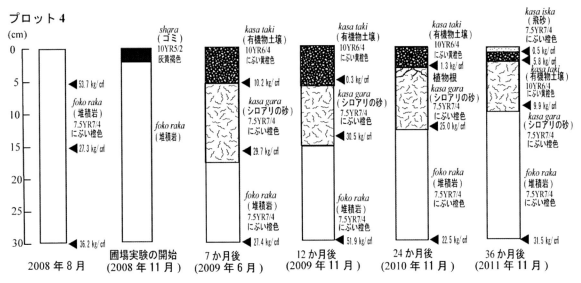

図16　プロット4（ゴミの投入量：20 kg/㎡）における土壌断面とその変化

固結した砂土が緻密に堆積する堆積物層がみられた（図15）。5cm、15cm、30cmの土壌硬度はすべて極密であり、土色はにぶい橙色（7.5YR 7/4）であった。ゴミ投入の7か月後には、有機物を多く含む土壌が厚さ4cmにわたって堆積し、土色は、にぶい黄橙色（10YR 6/4）であった。この表土は、ゴミに由来する塩類や窒素、炭素、リンを多く含み、pHは6.9とほぼ中性であった（表3）。12か月後には、有機物を多くふくむ土壌が厚さ4cmにわたって堆積し、孔隙の多い土壌であった。深さ4～12cmにはシロアリのトンネルがみられ、深さ12cmより下部には堆積物層がみられた。24か月後には、有機物層の厚さは2cmに減少した。その下部、深さ2～10cmにわたって「シロアリの砂」が存在した。その下部には堆積岩が埋没していた。36か月後には、上部には飛砂が厚さ1cm、堆積し、その下部には有機物をふくむ土壌が厚さ1cm、堆積していた。その下部の深さ2～10cmにはシロアリの巣穴がみられ、深さ10cmより下部には堆積岩が埋没していた。30cm深の土壌硬度は37.6 kg/cm^{2}であり、極密であった（図15）。プロット3では、2年後以降に有機物層の厚さが減少し、ふたたび土地の荒廃がすすんでいることが認められた。

プロット4では、ゴミ投入どきのゴミの厚さは2cmであった（図16）。ゴミ投入の7か月後には、有機物を多く含む土壌が深さ5cmにわたって堆積し、pHが7.6とほぼ中性であり、ゴミに由来する

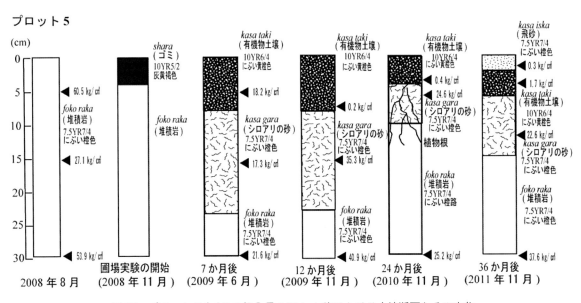

図17　プロット5（ゴミの投入量：20 kg/㎡）における土壌断面とその変化

塩類や窒素、炭素、リンが多く供給されていた。深さ5〜17cmの「シロアリの砂」と17〜30cmまでの堆積岩には、ゴミ投入にともなう化学性状の改善がみられたものの、その改善は限定的であり、栄養状態は乏しかった(表3)。12か月後には、有機物を含む土壌が深さ6cmまで堆積しており、深さ6〜15cmまで「シロアリの砂」が存在した。深さ15cmより下部には堆積岩が存在した。24か月後には、深さ3cmまで有機物を含む土壌が堆積し、深さ3〜13cmまで「シロアリの砂」が存在し、13cmから下部には堆積岩が埋没している。生育している草本の根は深さ5cmまで認められ、有機物を含む表土から「シロアリの砂」にまで伸長していた。36か月後には、深さ1cmまで飛砂が堆積し、深さ1〜3cmまで、土色がにぶい黄橙色(10YR 6/4)の有機物を含む土壌が存在していた。深さ3〜10cmまでの土壌にはシロアリのトンネルが存在し、深さ10cmより下部では堆積岩が埋没していた(図16)。

　プロット5では、ゴミ投入の7か月後には、有機物を多く含む土壌が深さ8cmにわたって堆積し、土壌硬度は密であった(図17)。この表土には、pHが7.4とほぼ中性を示し、ゴミに由来する塩類や窒素、炭素、リンが多く含まれていた(表3)。深さ8〜24cmの「シロアリの砂」と24〜30cmまでの堆積岩には、ゴミ投入にともなう化学性状の改善がみられたものの、その改善は限定的であり、栄養状態は乏しかった。どちらも、土色はにぶい橙色(7.5YR 7/4)であった。12か月後には、有機物を含む土壌が深さ6cmまで堆積し、深さ6〜24cmまで「シロアリの砂」が存在した。深さ24cmより下部には堆積岩が存在した。24か月後には、深さ4cmまで有機物を含む土壌が堆積している。深さ4〜10cmまで「シロアリの砂」が存在し、10cmから下部には堆積岩が埋没している。生育している草本の根は深さ13cmまで認められた。36か月後には、深さ2cmまで飛砂が堆積し、深さ2〜6cmまで有機物層が存在していた。深さ6〜15cmまでには「シロアリの砂」が形成され、深さ15cmより下部では堆積岩が埋没していた(図17)。プロット4と同様に、12か月後から24か月後にかけて、有機物の分解やシロアリの採餌によって、有機物と有機物層の厚さが減少しているが、ゴミ投入量が多いため、飛砂を受け止めるトラップ効果が大きく、飛砂が厚く堆積していること、そして有機物を含む土壌の層が多く残存していた。

Ⅶ. まとめ

　本論文は、ニジェール南部に居住するハウサの人びとの砂漠化に対する環境認識と在来知識に着目し、(1)樹木の利用と樹形の管理、および(2)農村の屋敷地や都市の有機物ゴミの利用による砂漠化防止と荒廃地の修復を明らかにした。土地荒廃がすすむ要因としては、風と雨による表層土壌の侵食が主要因であり、人びとの耕起作業による表層土壌の攪乱、被覆する草本の家畜による採食、除草作業による刈り取り、樹木の伐採、家畜の踏みしめなどによって侵食が加速する。表層の砂画分が侵食を受けると、地中に埋没している堆積岩が露出し、植物生産力はきわめて低下する。

　人びとは風や雨水による侵食をふせぐために、耕作地の樹木を積極的に利用し、風で飛ばされる砂をキャッチするために、樹木の樹形をラブやバラウに仕立てている。一見すると、耕作地の管理がゆきとどかず、雑木の茂みとなっているようにみえるが、人びとは低木を利用して、侵食を防ぐと同時に、飛砂の堆積をうながしているのである。また、マヤンチやマタシという樹形の樹木も耕作地には散在している。これらの樹木は雨季のトウジンビエ栽培の妨げとなる場合もあるが、長い乾季の休息場所となる木陰をもたらし、牧畜民がその木陰で放牧キャンプを設営することもある。おおきな樹木の多くは、葉や実が貴重な家畜の飼料となったり、あるいは、干ばつに由来する飢饉どきに住民の救荒食料となる有用な樹種が多い。サヘル地域の人びとは、頻繁に生じる厳しい干ばつとそれによる飢饉を生き抜いてきた。そのとき、手元の家畜に樹木の葉を飼料として与えつづけ、その家畜を販売して現金を稼得し、食料を購入したり、あるいは耕作地に生育する樹木の葉や実を食べて、厳しい飢饉をしのいできたのである。耕作地の樹木の多くは、いわば、飢饉どきの人と家畜のライフラインをささえ

る食料庫なのである。

　一方、ハウサの人びとは耕作地の状態を見きわめ、トウジンビエ収量が低下した場合には、屋敷地や都市からゴミを運搬し、荒廃地に投入している。その営みには、ゴミに多量にふくまれる栄養分を添加し、風や雨水による侵食の防止、飛砂のキャッチによる砂画分の堆積、シロアリによる孔隙の多い土壌を作りだし、植物生産力を改善しようとする意図が存在する。圃場実験の結果より、ゴミの投入量は少なくとも20kg/㎡であれば、地中への雨水の浸透と草本の生育は十分であると判断されるが、シロアリの採餌による有機物の持ち出し、家畜による草本の採食や人間による植物利用、風食や水食による砂画分と栄養分の流出が発生することによって、ゴミ投入の2年後には土地荒廃がふたたび開始する。土地の荒廃は、地面の傾斜が大きいと、砂画分の流亡が多くなり、激しくなることが予想される。都市ゴミの投入によって造成した草地の植物生産力を維持していくためには、家畜の採食や人間の植物利用による栄養分の持ち出し、風食や水食による養分の流出を補填する、さらなる都市ゴミの投入を通じた、地表面に対する有機物と養分の添加が課題となる。また、都市ゴミや有機物には重金属の有害物質を含む危険性が存在する(Pasquini and Harris 2005；Bolan *et al.* 2010；Adejumo *et al.* 2011)ため、土地リハビリテーションに使用する都市ゴミの選択について検討することも必要である。さまざまな課題も浮かびあがったが、サヘル地域の砂漠化防止や荒廃地の環境修復には、現地に生きる人びとの砂漠化に対する知恵と対処技術が解決の糸口になることが明らかとなった。

参考文献

大山修一・近藤史　2005. サヘルの乾燥地農耕における家庭ゴミの投入とシロアリの分解活動. 『地球環境』10(1)：49-57.
大山修一　2007. 西アフリカ・サヘル地域における農耕民の暮らしと砂漠化問題. 池谷和信・佐藤廉也・武内進一編『世界地誌アフリカⅠ　総説、イスラムアフリカ、エチオピア』221-233. 朝倉書店.
大山修一　2010. 西アフリカ・サヘル帯における市場経済化の発展と砂漠化問題. 人間環境論集 10:13-34.
大山修一・近藤史・淡路和江・川西陽一　2010. ニジェール南部の乾燥地農耕と砂漠化に対する農耕民の認識. 『農耕の技術と文化』27: 66-85.
大山修一　2012. 西アフリカ・サヘル帯における農村の生業を支える伝統的慣行と食料不足の拡大. 松井健・野林厚志・名和克郎共編『生業と生産の社会的布置：グローバリゼーションの民族誌のために』149-180. 岩田書院.
鹿島薫　2009. 「乾燥地の地形」篠田雅人編『乾燥地の自然』47-68. 古今書院.
門村浩　1992. 「サヘル－変動するエコトーン」門村浩・勝俣誠『サハラのほとり』46-78. TOTO出版.
桐越仁美　2012. 「ハウサの人びとの勤勉さ－ニジェールの現地調査の経験から」『アジア・アフリカ地域研究』12(1)：122-126.
久馬一剛編著　2001. 『熱帯土壌学』名古屋大学出版会.
南雲不二男　1995. 西アフリカ、ニジェールの固定砂丘地域における地形・土壌環境と土地荒廃. 地学雑誌 104: 239-253.
若月利之　1997. 「西アフリカの地形，地質，植生および土壌」廣瀬昌平・若月利之(編著)『西アフリカ・サバンナの生態環境の修復と農村の再生』81-97. 農林統計協会.
Adejumo, S.A., Togun, A.O., Adediran, J.A. and Ogundiran, M.B.　2011. Field assesment of progressive remediation of soil contaminated with lead-acid battery waste in response to compost application. *Pedologist* Special Issue 54(3)：182-193
Ajayi, O. C., Place F., Akinnifesi, F. K., and Sileshi, G. W. 2011. Agricultural success from Africa: the case of fertilizer tree systems in southern Africa (Malawi, Tanzania, Mozambique, Zambia and Zimbabwe). *International Journal of Agricultural Sustainability* 9: 129-136.
Bolan, N., Naidu, R., Choppala, G., Park, J., Mora, M. L., Budianta, D. and Panneerselvam, P. 2010. Solute interactions in soils in relation to the bioavailability and environmental remediation of heavy metals and metalloids. *Pedologist* Special Issue 53(3)：1-18.
Europafrica.net 2011. Great Green Wall for Sahara and Sahel: Combat Desertification, Improving Food Security and Climate Change Adaptation. http://europafrica.net/2011/10/10/africa-and-europe-joint-efforts-to-combat-desertification/ (Accessed 12 December 2011).
Giannini, A., Biasutti, M., and Verstraete, M. M. 2008. A climate model-based review of drought in the Sahel: Desertification, the re-greening and climate change. *Global and Planetary Change* 64: 119-128.
Lee, K. E. and Wood, T. G. 1971. *Termites and Soils*. London. Academic Press.
Oyama, S. 2009. Ecological knowledge of Hausa cultivators for the land degradation process in Sahel, West Africa. *Geographical Repots of Tokyo Metropolitan University* 44：103-112.

Oyama, S. 2012. Land rehabilitation methods based on the refuse input: local practices of Hausa farmers and application of indigenous knowledge in the Sahelian Niger. *Pedologist* 55(3) Special Issue: 466-489.

Pasquini, M.W. and Harris, F. 2005. Efficient use of resources: urban waste ash and soil fertility on the Jos Plateau, Nigeria. *Area* 37: 17-29.

Sanchez, P. A. 2011. Soil fertility and hanger in Africa. *Science* 295: 2019-2020.

Shapiro, B. I. and Sanders, J. H. 1997. Fertilizer use in semiarid West Africa: Profitability and supporting policy. *Agricultural Systems* 56: 467-482.

United Nations 2010. World Urbanization Prospects. The 2007 Revision Population Database (http://esa.un.org/unup/).

United Nations Environment Programme, Ed. 1992. *World Atlas of Desertification*. New York: Edward Arnold.

World Bank 2012. World Development Indicators 2012. World Bank. Washington D.C.

公益財団法人国土地理協会　第12回学術研究助成

地震時の地殻変動情報に基づく地盤沈下・海面上昇に起因する海岸侵食量予測技術の向上

研究代表者
小花和　宏之　千葉大学環境リモートセンシング研究センター

共同研究者
早川　裕弌　東京大学空間情報科学研究センター

1. 研究の背景および概要

　地盤沈下と海面上昇は、海面に対する陸域の標高が低下するという点で、等価の現象とみなすことができる。それらの現象による絶対的あるいは相対的な陸域の低下により、沿岸部では様々な問題が発生する。たとえば、地下水への海水侵入（井戸水の塩水化、沿岸植生の枯死）、水害危険性の増大（津波・高波に対する脆弱性、高潮による浸水危険性、低所における排水不良）、侵食基準面の変化に伴う河川流況の変化（土砂堆積による河床上昇、水深減少による航行障害）などが挙げられる。さらに大きな問題として、海岸侵食が発生する（図1）。相対的な海面上昇により、海面上昇量と海浜勾配に応じた（いわば幾何学的な）陸域の水没すなわち汀線後退に加え、海底地形が波の侵食力に応じた平衡地形に遷移するために、さらに海岸が侵食される。

図1 海岸侵食による人工構造物の被害例
http://www.linux.bideford.devon.sch.uk/blogs/seaforlife/?p=40

　地盤沈下が発生する原因は、軟弱地盤の自然圧密、テクトニックな地殻変動などが挙げられる。しかし、沈下速度の速さおよび居住地への近さという点で、沿岸平野部おける工業／生活用水としての地下水の過剰揚水に伴う地盤沈下は、人間活動にとってもっとも深刻な問題である。たとえば日本の場合、現在地盤沈下速度の最大値は約20 mm／年である。一方、地球温暖化に伴う海面水位上昇は3.1±0.7 mm／年（1993〜2003年の世界平均：文部科学省ほか、2007）である。日本沿岸の海面水位変化も同様に、1980年代後半より上昇を続けている（図2）。IPCCでもこの海面水位上昇による陸域の水没、海岸侵食の危険性が重要視されているが、相対的な陸域の低下速度を見ると地盤沈下の方が約6倍も速く、軽視できない問題であることを示している。

　地盤沈下による海岸侵食に関しては、新潟海岸（堀川、1991；三村ほか、1994）や九十九里海岸（星上

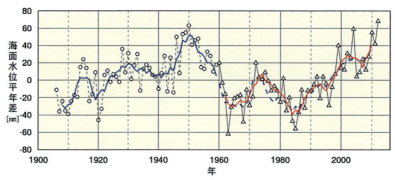

図2　日本沿岸の海面水位変化（1906-2013年）
http://www.data.kishou.go.jp/kaiyou/shindan/a_1/sl_trend/sl_trend.html

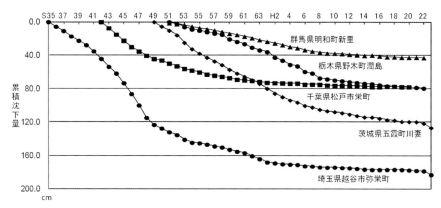

図3 地盤沈下の経年変化（環境省水・大気環境局）

ほか、2005）を対象とした研究例がある。しかし、海岸侵食に影響する要因は地盤沈下だけではなく、他にも海岸構造物の影響や、人工的な土砂移動（浚渫・養浜）、海食崖の保護やダム建設による供給土砂の減少などが挙げられ、それらの影響を要因ごとに分離することは極めて難しく、地盤沈下による海岸侵食量の評価はまだまだ不明な点が多い。

地盤沈下現象は不可逆的であり、一度沈下すると再び地下水位が回復しても地表面標高は元の状態に戻らない（隆起しない）ので、その初期段階において適切な抑止策を講じないと手遅れになる（図3）。防止策を講じるためには、地盤沈下により発生しうる問題を正確に予測・評価し、国民および為政者がその影響をよく理解し、対策の必要性を実感する必要がある。そのためには、地盤沈下による主要な被害の一つである海岸侵食の正確な評価方法が必要だが、上記のようにまだ十分には解明されていない。

以上の背景に基づき、本研究では2011年3月11日に発生した東北地方太平洋沖地震により地盤変動が発生した地域を対象として、地盤沈下により発生する海岸侵食の評価方法に関する研究を行う。すなわち、大地震により急激かつ広範囲に発生した地盤沈下を対象とすることで海岸侵食に影響する他の要因を排除し、既存の地盤沈下量と海岸侵食量の関係式を検証・修正してその精度向上を図り、従来より信頼性の高い予測手法の確立を目指す（図4）。

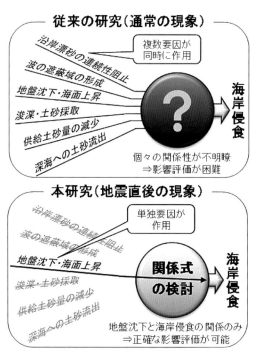

図4 研究の概念および着眼点

本研究の研究代表者は 2006 ～ 2010 の4 年間、京葉天然ガス協議会と東京大学の産学共同研究"地圏開発における持続可能性の考え方の構築と地域環境問題への対応技術の開発"に共同研究者として参加し、サブテーマである"天然ガス生産活動が地表環境変化に与えた影響の正確な評価と将来予測"の研究に従事した。対象地域である千葉県九十九里平野では、水溶性天然ガスを含む化石海水（天然ガスかん水）の採取により地盤沈下が発生している（環境省水・大気環境局、2009）。当地域はその大部分が標高 10 m 以下の低平な海岸平野であり、これまでの累積1 m 近い地盤沈下による環境への影響が懸念されているが、その影響は不明な点が多い。そこで、地盤沈下がこれまで地表環境に与えてきた影響を評価し、その一環として海岸侵食への影響を調べた。1975 ～ 2005 年における当地域全体の海浜土砂収支から判断すると、土砂損失を発生させる要因として地盤沈下の影響は、海食崖の護岸（供給土砂量の減少）や浚渫といった他要因よりも相対的に大きいという考察結果を得た（小花和・德永、2013）。しかし、既存研究と同じく地盤沈下を引き起こす要因ごとにその影響を分離することは極めて難しく、さらなる検討が必要であった。そんな折、東北地方太平洋沖地震により広範囲で大規模な地盤沈下および海岸侵食が発生し、当地域を対象とする本研究の着想に至った。

2. 地盤沈下による海岸侵食量の既存の評価手法

地盤沈下による海岸侵食量を求める手法として、三村ほか（1993）により以下のような汀線後退量を求める式が提案されている。

$$\frac{3}{5}AW_*^{5/3} - \frac{3}{5}A(W_* - \Delta y_k)^{5/3} - SW_* + B\Delta y_k + \frac{0.5S^2 - SB}{tan\beta} = 0 \qquad 式(1)$$

ここで、A は海浜断面係数（各海岸に固有の定数）、W_* は汀線から h_*（断面変化が生じる限界水深、すなわち波による地形変化の限界水深）までの岸沖方向距離、Δy_k は汀線の後退距離、S は海面上昇量、B はバームの高さ、$tan\beta$ は海浜の平均勾配である（図5）。この式は、海浜の平衡地形が Bruun（1962、1988）によって示された以下の式(2)で表わされると仮定し、2次元断面で考えた時に侵食土砂量と堆積土砂量が等しくなる、という条件下で求められる式である。ここで、h は水深、y は汀線からの沖方向距離を示す。本研究では、海面上昇量を地盤沈下量とみなして式(1)をもとに岸沖方向の2次元的な汀線後退量を算出する。

$$h = Ay^{2/3} \qquad 式(2)$$

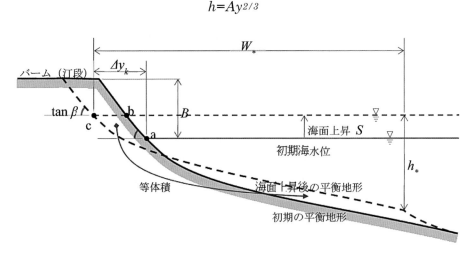

図5　海面上昇による海岸侵食
（三村ほか、1993 および磯部、2008 をもとに作成）

3. 本研究の着眼点・独創的な点

　本研究の特色は、海岸侵食に影響する多くの要因のうち、地盤沈下だけを分離して評価することである(図4下図)。通常、地盤沈下は長期間発生するために、同じ時期に建設された海岸構造物(堤防、離岸堤など)や人工的な土砂供給(養浜)など多くの影響を受けてしまい、個々の影響を分離することが難しい。しかし、地震による急激な地殻変動を対象とすれば、他の条件が大きく変化することなく、純粋に地盤沈下による海岸侵食の影響だけを評価することができる。また、東北地方太平洋沖地震は極めて広範囲に地盤沈下を発生させたため、多くの地域でデータを取得し、検討することができる。すなわち、数少ない調査地の地域性に惑わされることなく、一般性・普遍性を持つ適用性の高い成果を得ることが期待される。

　地盤沈下およびそれを取り巻く社会情勢は以下の特徴を持つ：①地盤沈下は経済発展・人口増加およびそれに伴う地下水利用量の増加によって発生する；②被害を実感しにくい地盤沈下よりも、経済成長の方が優先される傾向にある；③世界中の大都市は初生的に水害リスクの高い大河川デルタ上に位置し、地盤沈下はそのリスクをさらに高める。すなわち、地盤沈下およびそれに伴う海岸侵食問題は、今後も発展途上国を中心に発生し続ける問題であり、本研究成果はその被害を未然に防ぐことに世界中で貢献することができる。

　東北地方太平洋沖地震は死者および行方不明者合わせて約1万9千人の犠牲者を出し、また地震・津波の被害に加えて原子力発電所の事故も引き起こし、後世に残る甚大な被害をもたらした。しかし、その大地震は数百年あるいは1,000年に一度という稀有な事象であり、今後の健全な社会発展のために学術的に貴重なデータを取得し研究成果を残すことは我々研究者の責務である。

4. 調査地域

　東北地方太平洋沖地震は、2011年3月11日14時46分に発生し、太平洋三陸沖約130km、深さ約24kmを震源として、マグニチュードは9.0であった。東北地方を中心として最大震度7を記録し、地震による津波の高さは8-9mに達し、最大遡上高は40mを超えた。また広範囲に渡って地盤沈下が発生し、津波による遡上波と相まって浸水被害が発生した(図6)。

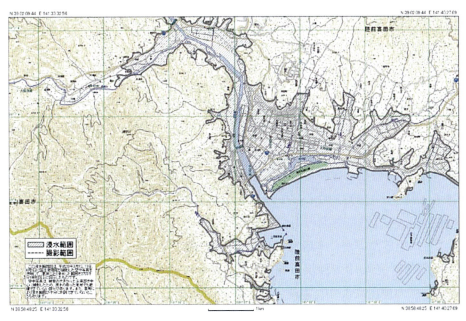

図6　浸水範囲概況図の一例（国土地理院）

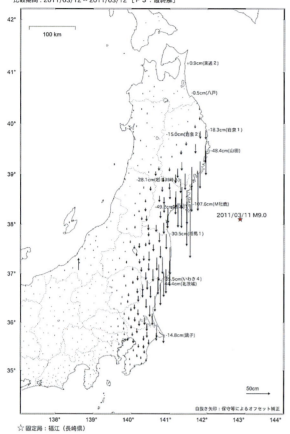
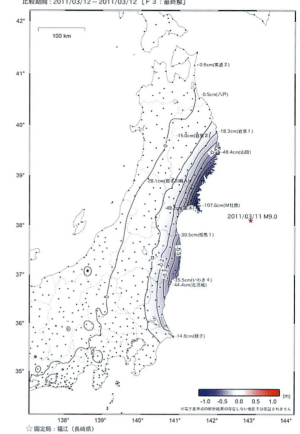

図7 東北地方太平洋沖地震(M9.0)による地殻変動（上下）(国土地理院)　　　図8 東北地方太平洋沖地震(M9.0)による地殻変動(上下)(国土地理院)

　地震に伴う地殻変動量、すなわち地盤沈下量に関しては、国土地理院により解析が行われている（図7、8）。これは、東日本の電子基準点に関して、地震前(2011/3/1-2011/3/8)と地震後(2011/3/12)の変動量を求め、長崎県五島列島の電子基準点「福江」を固定局として算出したものである。地盤沈下は青森県八戸から東京都に至る東日本の広範囲で認められ、最大値は宮城県石巻市の電子基準点「牡鹿」で－107.6 cm が記録された。本研究では、以上の地盤沈下量の分布をもとに、調査対象範囲を青森県八戸市から千葉県銚子市の太平洋沿岸とした。

5. 調査方法および結果

5-1. 調査対象地の選定

　式（1）および（2）は砂浜海岸を対象とした関係式であるため、最初に調査対象範囲（八戸〜銚子間の太平洋沿岸）内の砂浜海岸を抽出した。まず、平成21年度に作成された国土数値情報土地利用細分メッシュデータ（国土交通省）を用いて抽出を試みた。このデータは、全国の土地利用の状況について、3次メッシュ1/10細分区画(100m)毎に各利用区分（田、その他の農用地、森林、荒地、建物用地、幹線交通用地、湖沼、河川等）を整備したものである。昭和51年度以降、これまでに6度ほど整備されており、平成21年度版は人工衛星（ALOS）および2万5千分の1地形図を用いて作成されたものである。しかし、①空間解像度100ｍでは沿岸方向の海岸長および岸沖方向の海岸幅、共におおよそ200m以上のものしか抽出することはできないが、本研究ではより小規模な海岸も対象としたい、②データの凡例の一つに「海浜」があるが、その中で砂浜、礫浜、岩石海岸の分類は無く、砂浜のみを抽出することが出来ない、という2点の理由により、本データの利用は断念した。

　次に、基盤地図情報（国土地理院）および数値地図25000（空間データ基盤）（国土地理院）による砂浜

海岸抽出を試みたが、両データは海岸線の位置情報は持つが、砂浜や岩石海岸といった土地被覆情報を持たないため、これらの使用も断念した。

そこで次に、数値地図25000（地図画像）（国土地理院）による分類を試みた。これは2万5千分1地形図を数値化した画像データ（ラスタデータ）である。これらのデータは、カラーパレットのビット数で画像情報を「道路、鉄道、建物、境界等」「水涯線、水田等」など大まかに6つのグループに分類しているものの、例えば「砂浜海岸」といった個別の数値分類はされていないので、GISソフトウェア等を用いた砂浜海岸の自動抽出は出来ず、調査者の目視判断による個別の砂浜海岸抽出作業が必要という欠点がある。しかし上記のデータと異なり、比較的小規模（おおよそ100m程度）な砂浜海岸も判別可能であるため、このデータを用いることとした。当データは近年オンライン提供も開始されており、20万分1地勢図1面分の範囲（2万5千分1地形図64面相当）のデータが最小単位として販売されている。そこで、対象範囲をカバーする93面分のデータを購入し、その後の空間情報解析の利便性を考え、ESRI社のArcGISに格納できるように幾何補正およびファイル形式の変換を行った。

ArcGIS上で数値地図25000（地図画像）を目視し、沿岸方向の海岸長がおおよそ100m以上の砂

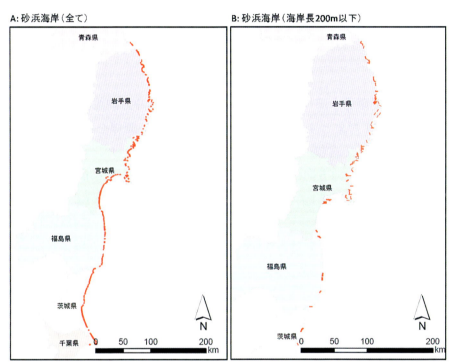

図9　砂浜海岸の分布

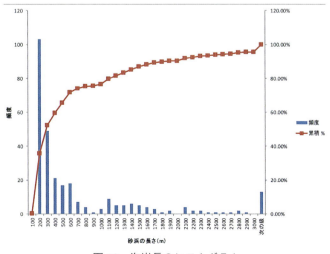

図10　海岸長のヒストグラム

浜を抽出した。岬や岩礁、河川等で分離された海岸は個別のものとして判別した。その結果、合計292ヶ所の砂浜が抽出された（図9A）。しかし、海岸長が長い場合、沿岸漂砂により沿岸流上流から下流に向けて砂が移動してしまい、同じ海岸でも計測する場所により海岸侵食量が異なる懸念があったため、あまり沿岸漂砂の影響を考慮しなくても良いと考えられる、比較的小規模な砂浜を対象とすることにした。海岸長のヒストグラム（図10）を作成したところ、200m以下が全体の36％、104ヶ所を占めており、調査対象数としては適当と判断し、海岸長200m以下の砂浜を調査対象とした。ただし、そのうち2ヶ所については数値地図25000（地図画像）作成後すぐに埋立てにより砂浜が消失していたので対象から外し、調査対象は102ヶ所とした（図9B）。

5-2. 予測式に必要な海浜地形パラメータの収集

式（1）の計算に必要な以下のデータを収集する。

- A ：海浜断面係数（各海岸に固有の定数）
- h_* ：断面変化が生じる限界水深、すなわち波による地形変化の限界水深
- W_* ：汀線からh_*までの岸沖方向距離
- S ：海面上昇量
- $\tan \beta$ ：海浜の平均勾配
- B ：バームの高さ

(1) 海浜断面係数(A)、移動限界水深(h_*)、汀線からh_*までの岸沖方向距離(W_*)

A（海浜断面係数）は、まず対象とする海岸において岸沖方向に測線を設定し、汀線から沖方向の海底縦断形を求め、その縦断形を式(2)で近似して推定する。したがって、まず海底の地形情報が必要となる。可能であれば実際に岸沖方向の水準測量あるいは音響測探機を用いた測量を各調査地で実施して詳細なデータを得ることが望ましいが、本研究の全ての対象地において実測するのは難しいため、既存のデータである「海底地形デジタルデータ（日本水路協会）」を用いた。これは日本沿岸全域にわたって整備された海底地形の等深線データであり（図11）、海域により等深線間隔は異なるが、取得水深デー

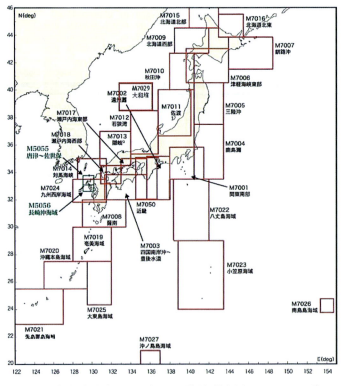

図11　海底地形デジタルデータの海域（海図ネットショップ）

タで求められる最大限の高密度等深線が収録されている。ファイル形式は、アスキーファイルとシェープファイルの2種類があり、本研究ではArcGISを用いて他データと統合するためにシェープファイル形式のデータを用いた。対象範囲をカバーする「M7005 三陸沖」および「M7004 鹿島灘」の2範囲のデータを使用した。対象とする海岸沿岸部の等深線を確認したところ、間隔は1m～10mであった。

次に、対象とする砂浜海岸に測線を設定した。測線は海岸の中心を通り、海岸線に直交する方向に引いた。次に、ArcGISのアドイン機能であるジオメトリ変換ツールを用いて、測線と海底地形等深線の交点にポイントを発生させ、各ポイントに等深線データ（水深）およびx、y座標値を付加させた。さらにx、y座標値を用いて汀線から各ポイント（水深）までの測線上の水平距離を求め、縦断形を作成した。その一例を図12、13に示す。水深1m間隔の詳細な海底地形データが得られた場所（図12）もあるが、5m間隔のラフな地形情報しか得られない場所（図13）も存在した。

A：測線および海底地形図

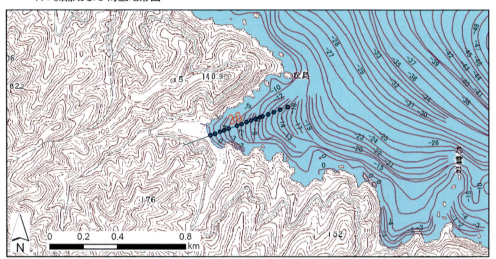

B：岸沖方向の縦断形

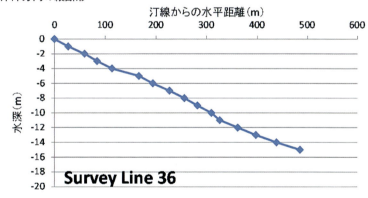

C：空中写真（GoogleMap）

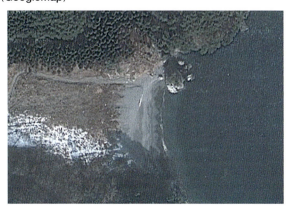

図12　調査対象砂浜海岸の一例（岩手県釜石市両石町第5地割58）

A：測線および海底地形図

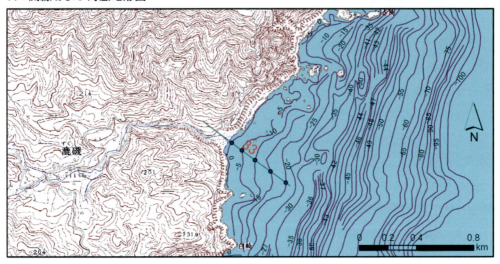

B：岸沖方向の縦断形

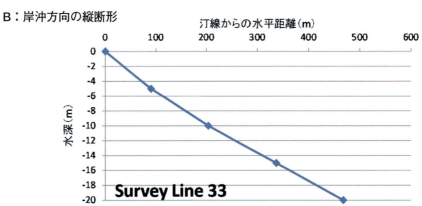

C：現地写真（2013年12月11日撮影）

図13　調査対象砂浜海岸の一例（岩手県下閉伊郡山田町船越第23地割93）

　次に、各断面図に式(2)を当てはめてAの値を求めるが、断面図のどの範囲、すなわち水深何mの範囲までを近似するか検討する必要がある。岸沖方向の波による土砂移動を考える場合、考慮すべき範囲は波による地形変化の限界水深すなわちh_*までとなる。h_*の値には各調査地における波の強さや海底の構成物質の特性が影響するが、全ての調査地について個別に調査することは難しいので、宇多(1997)による「外海・外洋に面した海岸では10m程度、内湾や内海に面した海岸では2−4m程度」という既存の知見を参考に、本研究では10mと設定した。そこで、汀線から水深10mまでの海底断面図に対して式(2)をフィッティングした。近似は、断面図上の各ポイントについて、鉛直方向の実測値（各ポイントの水深）と計算値（式(2)で求められる水深）の残差の絶対値の和を最小にする方法を用いた。以上の計算により求めた各対象地のAの値を表1、図14A に示す（後述する実際の汀線後退距離（Δy_k）

表1 海浜地形パラメータおよび汀線変化量

Survey Line	2	5	6	7	8	9	10	11	23	24	25	26	28	29	31	32	33	34	35	36
海浜断面係数：A	0.21	0.11	0.11	0.23	0.23	0.17	0.20	0.08	0.23	0.23	0.18	0.06	0.71	0.23	0.23	0.21	0.29	0.34	0.21	0.19
移動限界水深：h_* (m)	10	10	10	10	10	10	10	10	10	10	10	10	10	10	10	10	10	10	10	10
汀線からh_*までの水平距離：W_* (m)	323	733	801	282	279	452	354	585	282	285	248	2539	54	402	295	332	204	160	266	310
地盤沈下量：S (m)	0.03	0.04	0.07	0.08	0.08	0.09	0.09	0.09	0.31	0.31	0.31	0.34	0.34	0.37	0.45	0.46	0.49	0.51	0.54	0.55
海浜の平均勾配：$\tan\beta$	0.051	0.012	0.035	0.021	0.036	0.015	0.016	0.006	0.028	0.038	0.033	0.006	0.468	0.068	0.120	0.040	0.055	0.061	0.028	0.037
汀線の後退距離（実測値）：Δy_k (m)	11.87	7.06	0.60	0.55	12.69	−0.70	8.41	9.04	3.61	0.42	9.01	−87.04	14.74	19.38	3.63	15.20	0.85	7.50	−43.42	11.87
汀線の後退距離（計算値, B=1）：Δy_k (m)	1.15	3.95	5.74	2.54	2.51	4.48	3.67	12.14	9.88	9.58	12.14	82.09	1.86	12.20	13.19	16.44	10.90	9.05	18.94	21.36
汀線の後退距離（計算値, B=3）：Δy_k (m)	1.28	4.77	6.14	3.27	2.96	5.64	4.77	17.21	12.07	11.15	14.69	91.63	2.00	13.05	13.90	18.67	12.62	10.66	23.11	24.63

Survey Line	37	38	49	53	60	63	65	66	67	68	69	70	71	72	74	75	80	81	89	90	97	100
A	0.18	0.15	0.80	0.37	0.09	0.06	0.20	0.25	0.25	0.27	0.20	0.30	0.36	0.32	0.42	0.24	0.09	0.09	0.10	0.10	0.14	0.61
h_* (m)	10	10	10	10	10	10	10	10	10	10	10	10	10	10	10	10	10	10	10	10	10	10
W_* (m)	314	497	44	141	1036	948	350	243	250	227	360	195	145	170	114	267	595	1119	914	837	483	66
S (m)	0.57	0.62	0.71	0.70	0.68	0.77	0.93	0.94	1.00	1.00	1.00	1.00	1.00	0.99	0.88	0.87	0.37	0.31	0.52	0.46	0.52	0.73
$\tan\beta$	0.031	0.026	0.225	0.075	0.007	0.015	0.036	0.037	0.061	0.056	0.075	0.079	0.073	0.054	0.086	0.050	0.011	0.025	0.014	0.010	0.027	0.152
実測値 Δy_k (m)	−30.20	−4.64	24.94	7.67	58.24	16.58	0.16	12.20	26.98	−0.62	26.79	19.25	−1.62	−8.17	33.53	−15.77	−2.96	24.87	28.58	−9.26	25.92	8.13
計算値, B=1 Δy_k (m)	23.82	34.95	3.47	10.82	88.70	131.77	35.42	26.18	26.72	24.35	36.20	20.48	16.04	19.28	11.25	25.17	39.99	36.30	54.22	48.85	31.34	5.35
計算値, B=3 Δy_k (m)	28.06	39.72	4.06	12.58	109.15	148.23	40.27	30.95	29.83	27.64	38.67	22.82	18.59	22.73	13.19	28.44	49.96	38.78	61.61	59.26	35.68	6.27

を求めることが出来た42ヶ所(図15)のデータのみ示す)。最小値は0.06、最大値は0.80、平均値は0.24である。測線 no.28 (A=0.71)、49 (A=0.80)、100 (A=0.61)等は他の測線に比べて値が極めて大きい、すなわち海底の勾配が急であり、特殊な地形場である可能性が高い。それら他と異なる特徴を持つポイントの扱いについては後ほど検証する。また、上記測線上の縦断形を求める過程において W_*(汀線から h_* までの岸沖方向距離)、すなわち汀線から水深10mのポイントまでの水平距離も得られる(表1、図14B)。最小値は44 m、最大値は2539 m、平均値は440 m である。Aの値が大きい、すなわち海底の勾配が急である場所ではやはり W_* の値も小さく、測線 no.28(W_*=54m)、49(W_*=44m)、100(W_*=66m)等は他の測線に比べて値が小さい。一方、A の値が最も小さい、すなわち海底の勾配が緩い測線 no.26 (A=0.06)では、W_* の値が2539 m と、他の場所に比べて飛び抜けて大きい値になっている。

(2) 地盤沈下量(S)

次に、S(海面上昇量、すなわち地盤沈下量)を求める。これは、4章で説明した地震に伴う地殻変動量(図8)の等値線をArcGIS上でデジタイズし、各等値線の間を内挿してラスター化し、測線の汀線ポイントにおける地盤沈下量を調べることで求めた(表1、図14C)。最小値は0.03 m、最大値は1.00 m、平均値は0.53 m である。

(3) 海浜の平均勾配($\tan\beta$)

海浜の平均勾配を表す $\tan\beta$ に関しては、測線と海底地形等深線の交点のうち、汀線側から数えて1番目(汀線上)と2番目(等深線上)のポイント間の勾配を用いた(表1、図14D)。最小値は0.01、最大値は0.47、平均値は0.06である。他に比べて特に値が大きい3点はAの値が大きい場所に対応しており、測線 no.28(A=0.71)では $\tan\beta$=0.468、測線 no.49(A=0.80)では $\tan\beta$=0.225、測線 no.100(A=0.61)では $\tan\beta$=0.152 である。

(4) バームの高さ(B)

次に、B(バームの高さ)を求める。バームとは、砂浜海岸において高潮時または暴浪時の波の働きによって打ち上げられた砂がたまり、その表面が陸側へわずかに傾いた微地形のことを指す。バームは汀線位置の変化に伴って侵食あるいは堆積作用を受けるため、海浜侵食量を求めるためにその高さを決める必要がある。

研究代表者がかつて、千葉県九十九里浜南部を対象として航空レーザ測量により得られた詳細な地形データを用いて調べたところ、バームの上部に局所的な砂丘が堆積していることが多く、沿岸方向に数m規模の細かい起伏が認められた。すなわち、砂丘堆積物も含めた一見するとバームに見える堆積物の高さは、ある砂浜において一定の値を取るとは限らない。

バーム上部の砂丘堆積物も汀線変化に伴いバームと共に侵食されることが想定されるため、B の値には砂丘堆積物の厚さも含めた方が適切と考えられる。しかし、本研究の対象地域において測線上の砂丘堆積物も含めたバームの高さを正確に求めることは困難であり、また比較的近い距離(数m)で変化するその高さを測線上の一点の値のみで決めてしまうことは、むしろ結果に対して悪影響を与えかねない。そこで本研究では、九十九里浜南部における経験をもとに、B の値を1 m および3 m と幅を持って設定し、それぞれの値に対して計算を行うこととした。

5-3. 実際の汀線後退距離(Δy_k)

次に、Δy_k(汀線の後退距離)を求める。そのためには、地震発生前後の海岸線のデータが必要となる。地震発生以前の海岸線のデータとして、まず①「国土数値情報 海岸線データ(国土交通省)」に注目した。①は、全国の海岸線について、位置(線)、所管官庁、海岸保全区域(海岸法に基づき指定された一定の海岸の区域)の海岸名及び海岸管理者、河口有無等を整備したものであり、平成18年度に作成され

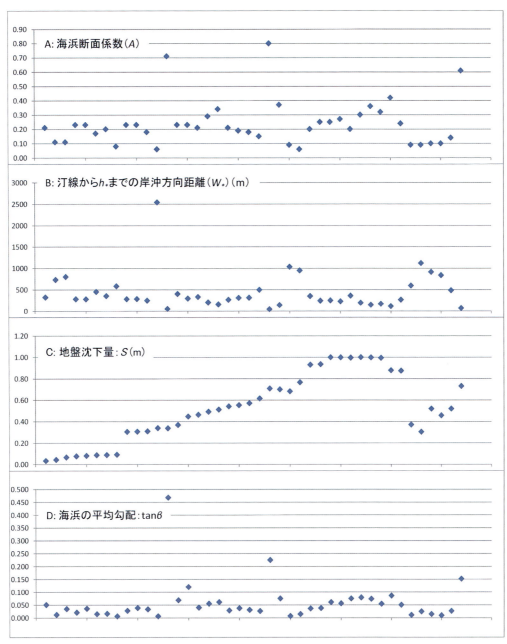

図14 海浜地形パラメータ
(横軸は測線番号に対応するが、番号配置に規則性はないので意味は無い)

たものである。ただし、原典資料は②「国土数値情報 行政区域(国土交通省)」とのことなので、次にそのデータを調べた。②は全国の行政界について、都道府県名、支庁名、郡・政令都市名、市区町村名、行政コード等を整備したものである。地震発生前で最新の平成22年度作成版においては、海岸線データは③「数値地図 25000(空間データ基盤)(国土地理院)」を原典資料としている。そこで次に③を調べると、これは道路中心線、鉄道中心線、河川中心線、水涯線、海岸線、行政界、基準点、地名、公共施設、標高の10項目のデータで構成されており、全国で整備され、最新版は2002年あるいは2003年作成であった。また原典資料は「2万5千分1地形図」である。すなわち、以上の①～③の海岸線データは全て、④「2002年～2003年より前で最新の2万5千分1地形図」から作成されたことになる。一方、⑤「基盤地図情報(縮尺レベル 2500)(国土地理院)」に関しては他のデータ(①～④)に比べて解像度が高いという利点があるが、原典資料である都市計画図の作成年がバラバラであり、自治体によってはかなり古いものも存在するため、使用を断念した。次に、⑥「基盤地図情報(縮尺レベル 25000)(国土地理院)」を調べた。これは2万5千分1地形図の平成19年7月時点でのデータを基に全国を対象に

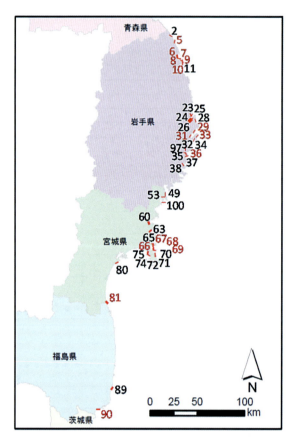

図15 調査対象海岸（数字は測線番号、赤字は図17の比較に用いた場所）

整備したものである。すなわち、原典資料は⑦「2007年以前で最新の2万5千分1地形図」となる。以上の情報に基づき、地震発生（2011年）にもっとも近い時期に作成されたデジタルデータである⑥を、地震前の海岸線データとして採用した。

次に地震後の海岸線データを調べた。その結果、⑧「災害復興計画基図（国土地理院）」という1/2,500地形図が（福島県沿岸部の一部は縮尺1/5,000）、青森県八戸市から福島県いわき市にかけての沿岸部で作成されており、原典資料は2011年の5月から9月にかけて撮影された空中写真であることが判明した。当初の調査対象範囲は八戸市から銚子市までとしており、⑧のデータは茨城県沿岸を含まないが、茨城県沿岸の砂浜海岸は数100mを超える長大なものが多く、調査対象の砂浜とした海岸長200m以下のもの（5-1を参照）はほとんど無く問題は無いと判断し、このデータを地震後の海岸線データとして使用した。

次に、ArcGISのアドイン機能であるジオメトリ変換ツールを用いて、測線と地震前後の海岸線の交点にポイントを発生させ、各ポイントにx、y座標値を付加させた。さらにx、y座標値を用いて測線上の水平距離、すなわちΔy_k（汀線の後退距離（実測値））を求めた（表1）。Δy_k（実測値）の 大値は58.24m（海岸侵食）であった。一方、最小値は－87.04mであり、すなわち汀線が海側に前進している場所も存在した。

5-4. 既存の予測式を用いた汀線後退距離（Δy_k）

各種海岸地形パラメータを式（1）に代入し、調査対象海岸それぞれにおける汀線後退量の計算値を求めた（表1）。バームの高さ（B）を1mとした時の最小値は1.15m、最大値は131.77m、平均値は23.92mである。バームの高さ（B）を3mとした時の最小値は1.28m、最大値は148.23m、平均値は27.64mである。$B=1$mの時より$B=3$mの時の方が、汀線後退量は約12～16％程度大きい。また、

海浜断面係数(A)が小さいすなわち海底の勾配が緩い場所は汀線後退量の値も大きくなっており、測線 no.26(A=0.06)では汀線後退距離の計算値＝82.09 m（B=1 mの場合）、測線 no.60(A=0.09)では 88.70 m、測線 no.63(A=0.06)では 131.77 mとなっている。

6. 考察

6-1. 汀線後退量の実測値と計算値の比較

　汀線後退量の実測値を横軸、計算値を縦軸に取った散布図を図16に示す。もし実測値と計算値の値が近ければ、$x=y$を示す直線の近傍に分布するが、直線から大きく外れる点が多数認められる。すなわち、海岸の立地や砂浜および海底の条件に関わらず、全ての砂浜海岸について、単純に既存の予測式を用いて地盤沈下による汀線後退量を予測することは出来ない。

　そこで、今回の予測式の適用に不適当と考えられる以下の条件を持つデータを除去した。

・海岸が湾内の奥に位置する場所：外海に面した海岸に比べて定常的に作用する波が弱いと考えられる。本研究では地形変化の限界水深(h_*)を10 mと設定する際に、「外海・外洋に面した海岸」と仮定しており、湾内という条件は不適当である。

・砂浜の幅が狭い場所：もともと砂浜の幅（岸沖方向の長さ）が狭い海岸で地盤沈下による海岸侵食が発生しても、その汀線後退量は元の砂浜の幅に制限されてしまう。そのような場所における汀線後退量（実測値）は過小評価される恐れがあるため、汀線変化量（計算値）と比較するのは不適当である。

・海底の形状が複雑な場所：一般的に底質が砂の場合、海岸線は緩やかな曲線あるいは直線となり、海底地形も汀線とほぼ平行な曲線あるいは直線の等深線で表現されると考えられる。しかし、

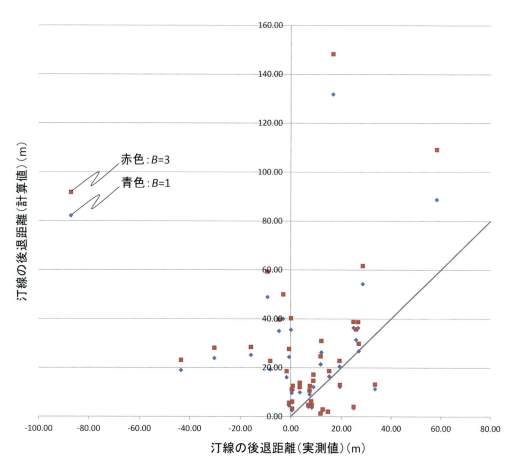

図16　汀線後退量の比較（実測値 vs 計算値、全データ）

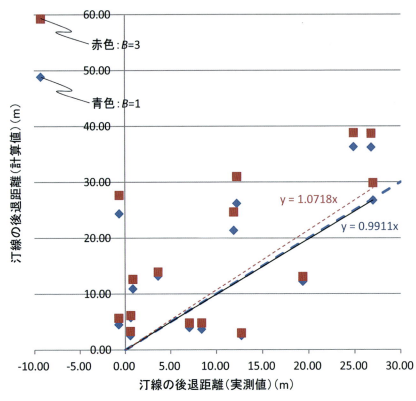

図17　汀線後退量の比較（実測値 vs 計算値、数式適用条件を満たすデータ）

　調査対象地のいくつかの場所では海底の等高線が複雑な凹凸を示しており、岩礁あるいは海底谷等の影響が予想された。それらの場所は、波の強さと砂の組成のバランスによる平衡地形を前提とした式(1)の使用に不適当である。

　以上の条件を持つ海岸のデータを除外した、汀線後退量の実測値と計算値の散布図を図17に示す。図16においてx=yの直線から大きく外れていたデータは大幅に減少し、実測値と計算値の整合性がかなり高くなっている。$B=1$mおよび$B=3$mそれぞれの条件に対して原点を通る近似直線を求めると、図17に示す通り、$B=1$mに関しては傾きがほぼ1、$B=3$mに関しても傾きは約1.1と、両値の整合性は高い。以上より、海岸の立地や砂浜および海底の条件が適切な砂浜海岸に限れば、ばらつきは見られるものの既存の汀線後退量の予測式は実測値と整合関係にあることが判明した。

6-2. 海浜地形パラメータの感度分析

　前節において予測式の有用性を示したが、本研究で用いた海浜地形パラメータ（表1）はいくつかの仮定に基づくため、その精度には疑問が残る。既存の予測式をより正確に精度評価するためには、まず各パラメータの精度を向上させる必要があるが、各海岸において正確な値を全て求めることは難しい。そこで、各パラメータの変動が計算結果である汀線後退量にどの程度影響するかを、以下の手順で検討した。まず、各パラメータの変化幅は、図17で使用した16ヶ所の海岸データにおける最小値と最大値、すなわち調査対象範囲内における各値のばらつきとした。次に、調査範囲における平均的な形状（A、W_*、S、$\tan\beta$、Bの平均値）の海浜縦断形を基準として、各パラメータを一つずつ変化させ、汀線の後退距離（Δy_k）を計算した。結果を図18に示す。各パラメータの変化割合は、平均値に比べて最小値は－50〜－90%、最大値は＋50〜＋180%とばらつきが大きい。それらパラメータの変化が汀線後退量の計算値に及ぼす影響は、バームの高さ（B）に関しては±2〜3%と非常に小さい。汀線からh_*までの水平距離（W_*）と海浜の平均勾配（$\tan\beta$）の影響に関しては、－側と＋側で値は異なるが、おおよそ20〜35%程度である。海浜断面係数（A）の影響は、おおよそ－30〜＋85%と比較的大きい。

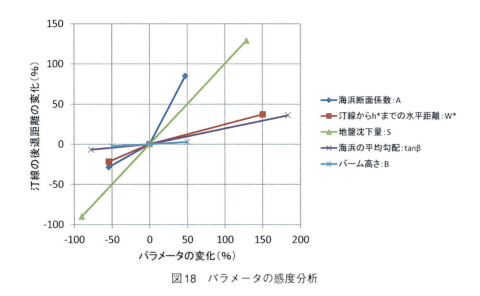

図18　パラメータの感度分析

また、最も影響が大きいのは地盤沈下量(S)であり、汀線後退量は－90～＋130％の幅で変化する。ただし、地盤沈下量に関しては、図7の電子基準点ごとの地殻変動量の空間分布を見る限り、その値は空間的に連続的に緩やかに変化するものと考えられ、またそれら観測点群の値から内挿した図8も精度は高いと考えられる。したがって、図8から求めた調査対象海岸の沈下量の値の精度も高いと考えられ、本研究においては地盤沈下量(S)の誤差がもたらす結果への影響は小さいと推定される。

7．まとめと今後の課題

　東北地方太平洋沖地震により広範囲に発生した地盤変動と海岸侵食に着目し、既存の地盤沈下量と海岸侵食量の関係式の有効性を検証した。その結果、海岸の立地（外洋に面している、湾内に位置する）、砂浜の状況（もともとの岸沖方向の砂浜幅）、海底の状況（岩礁や海底谷の有無など）といった条件が適切な砂浜海岸に限れば、ばらつきは見られるものの既存の汀線後退量の予測式は実測値と整合関係にあることが判明した。しかし、計算に用いる各種海浜地形パラメータは計算結果である汀線後退量の値に±数10％以上の影響を与える可能性があり、地盤沈下量だけではなく検討対象とする個々の海浜の形状もより正確に把握する必要がある。

Appendix A
A1．新たな測量手法（UAV-SfM）の開発

　本研究で考察したように、地盤沈下あるいは海面上昇による海岸侵食量を予測する際に、海浜地形の形状を正確に把握することは、その精度をさらに向上させる上で重要である。地形情報を得る手法としてこれまでは一般に地形図が用いられてきたが、残念ながら数10cmオーダーの汀線付近の詳細な地形情報を得るには地形図の縮尺は大き過ぎ、また更新頻度も早くても5年程度であるため、最新の情報を得ることは難しい。一方、近年、高密度かつ高精度な標高データの取得方法として、航空レーザ測量や地上レーザ測量（TLS：Terrestrial Laser Scanning）が用いられている。それらの手法により、従来の計測手法であるトランジット測量やGPS測量に比べて得られるデータの点群密度がはるかに高くなり、広範囲に渡って地形や植生を詳細に調査することが可能になった。しかしそれらレーザ測量は機材購入にかかる初期コスト、および有人機フライトや膨大なデータの後処理など運用コストが高く、個人の研究者が複数回実施することは現実的に難しい状況である。

　そこで研究代表者は、小型UAV（Unmanned Aerial Vehicle：無人航空機）および小型カメラを用い

た空撮、および SfM(Structure from Motion：複視点の画像から撮影場所および対象物の3次元位置を再現する手法)ソフトウェアを用いた、新たな航空測量手法（以下、UAV-SfM と呼称）の開発を試みた。

※以下、小花和ほか(2014a, in press) および小花和ほか(2014b, in press)からの一部引用を含む。

A 2. システム概要

本システムは、GPS内蔵小型UAV、高画質小型軽量カメラ、3Dモデル作成ソフトウェアを組み合わせて構成される(図A1). カメラを搭載したUAVを観測対象地形の上空（対象物が水平の場合）あるいは側面（対象物が垂直な場合）に飛行させ、カメラのインターバル撮影機能（一定間隔で自動的にシャッターを切る機能）を用いて、隣接する画像同士を重複させた写真を複数枚撮影する。その後、撮影した画像を SfM ソフトウェア用いて解析し、カメラの位置関係および対象物の3次元構造を再現する。機材の諸元を表A1に示す。

A 3. 測量結果

2013年12月8日〜12月15日にかけて本研究の対象地域である東北沿岸の砂浜海岸の視察を行った。

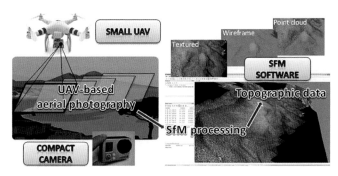

図A1　UAV-SfM システムの概要

表A1　機材諸元

A. UAV 諸元	
機材名	DJI PHANTOM®
航空機種別	クアッドコプター(4個の回転翼)
寸法	横350mm×奥行350mm×高さ190mm
重量	1000g
最大飛行速度	10m/s
最大上昇・下降速度	6m/s
操縦可能距離(電波が届く範囲)	300m
最大飛行可能時間	15分(搭載重量に応じて短縮)
可搬重量(ペイロード)	約400g
B. カメラ諸元	
機材名	NIKON COOLPIX A®
画素数(静止画)	1616 万画素
センサーサイズ	23.6mm×15.6mm
寸法	幅111.0mm×高さ64.3mm×奥行40.3mm
重量	約299g
インターバル撮影	最短1秒
撮影可能枚数	6000 枚以上(SDXC64GBの場合)
バッテリー持続時間	約1時間10分(使用条件により変動)

その際、いくつかの海岸において本システムを用いた航空測量を実施した。図A2A, Cに砂浜海岸の例、図A2Bに岩石海岸の例を示す。各海岸においてUAVを用いた空撮を行い、SfMソフトウェアの一つであるAgisoft PhotoscanProを用いて3Dモデルの作成を行った。各海岸で撮影した写真の枚数は約100枚であり、撮影時間は機材の準備・撤収も含めて30分程度であった。

　図A2の測量成果が示すように、砂浜海岸のビーチカスプやバームといった微地形、あるいは岩石海岸の節理や岩盤上の個々の礫まで詳細に再現されており、解像度は非常に高い。上記SfMソフトウェアには、GNSS測量結果をGCP（Ground Control Point）として読み込み、3Dモデル全体に絶対座標を付加する機能もある。残念ながら今回の調査においてはGNSS測量を実施しなかったため、現在のところ図A2の測量成果は3次元的な起伏情報を持つのみであり、正確な座標値を持つDSM（Digital Surface Model）はまだ作成できていない。しかし、国土地理院が公開している5mメッシュのDEM（Digital Elevation Model）を援用してGCPを設定する、といった方法で絶対座標を付加することも可能だと考えられ、今後も本UAV-SfM手法の改良を続ける予定である。

A 4. まとめ

　以下に、従来の航空測量手法と比べた本手法の特徴をまとめる。
・低コスト：市販の安価な機材群で構成されており、初期導入コストが安い。本研究で用いた機材

A：岩手県九戸郡洋野町種市第4地割の礫浜

現地写真　　　　　　　　　　　　　　　　　測量成果

B：岩手県久慈市侍浜町向町第7地割の岩石海岸

C：宮城県石巻市雄勝町船越荒の荒浜海岸

図A2　測量成果例

の場合、トータルで20万円程度である。また、フライト・撮影・データ処理はすべて研究者自身が一人で運用可能であり、専門業者に外注する必要も無く、ランニングコストはUAVのバッテリー充電と計算に使用するPCの電気代程度であり、運用コストも非常に安い。

・高解像度かつ高密度データ：気象条件にも依存するが、マルチコプターの安定性により数mの近接撮影が可能であり、高解像度の画像取得および高密度データの作成が可能。

・高頻度観測が可能：上記の様に外注作業が発生しないために作業時間が短く、また運用コストも安いため、高頻度の観測が可能である。これにより、時間分解能の高い地形変化の把握が可能となる。

・汎用性が高い：システムが小型軽量であり、機材運搬・現地機動性に優れる。さらに、回転翼機ゆえに滑走路も不要である（手に持った状態から離陸、手で掴んで着陸も可能）。また、機材が空中を移動するため急傾斜地や被災地などアクセスが困難な場所の観測が可能であり、踏査の省力化や調査者の危険作業の回避が可能となる。以上の特性により、様々な条件のフィールドにおける適用性・汎用性が高い。

・安全性が高い：マルチコプターは安定性が高く操縦も容易であり、墜落の可能性が低い。また液体燃料不使用のため排ガスが無く、低騒音であり、かつ燃料の取扱いも容易であり、火災の危険性も低い。さらに機体が軽量であり、墜落時のリスクも低い。

　GCPデータの取得や測量精度の検証などいくつかの課題は残されているものの、UAV-SfM手法はその機材の安さとコンパクトさ故にフィールド適応性が高く、また高頻度観測も可能である。本研究が対象とする海岸侵食に関しても、海岸地形の詳細な把握（正確なパラメータの取得）および台風や津波と言ったイベント時の地形変化を迅速に計測することが可能となるため、強力なツールとなることが期待される。

公益財団法人国土地理協会　第12回学術研究助成

東北塩害農地における除塩事業の事前・事後評価と塩移動の長期モニタリング

研究代表者
寺崎　寛章　福井大学大学院工学研究科

共同研究者
福原　輝幸　福井大学工学部建築建設工学科
藤本　明宏　福井大学大学院工学研究科
齋田　　光　福井大学大学院工学研究科
山路　昴央　福井大学大学院工学研究科
草間　政寛　福井大学大学院工学研究科

1. 序論

1.1. 研究背景

1.1.1. 東日本大震災における津波被害

2011年に発生した東日本大震災は、東北地方を中心に人的・物的ともに甚大な被害をもたらした．人的被害では死者15,883名，行方不明者2,654名および負傷者6,146名に，物的被害では全壊126,576戸，半壊272,292戸および一部破損742,629戸に達し，農業分野の被害額は9,049億円[1]に到った．中でも津波による農地の塩害(土壌中の塩類に起因する作物の生育障害)は深刻であり，その被害面積は岩手県，宮城県，および福島県を中心に約2.4万haに達し，耕地面積の約2.6%に相当する(表1-1を参照[2])．特に宮城県の被害は最も広範囲で約1.5万ha(当県耕地面積の約11%に相当)に及び，その約85%が水田であった．この3県の基本的な農業関連指数を見ると，全国に占める割合は，生産物，労働力，農地のいずれの項目においても10%前後と高い値を示しており(表1-2を参照[3])，日本の農業全体にも大きな影響を及ぼしている．

表1-1 東日本大震災における農地冠水被害

県名	耕地面積(ha)※2011年	冠水面積(ha)	面積率(%)	冠水面積内訳	
				田(ha)	畑(ha)
青森県	156,800	79	0.1	76	3
岩手県	153,900	1,838	1.2	1,172	666
宮城県	136,300	15,002	11.0	12,685	2,317
福島県	149,900	5,923	4.0	5,588	335
茨城県	175,200	531	0.3	525	6
千葉県	128,800	227	0.2	105	122
合計	900,900	23,600	2.6	20,151	3,499

表1-2 東北3県の農業指数

	単位	岩手	宮城	福島	全国計に被災3県が占める割合(%)
米	億円	597	891	948	13.1
野菜		252	261	546	5.2
畜産		1,271	641	513	9.2
販売農家数	戸	55,347	49,384	70,520	10.7
農業就業人口	人	89,993	70,869	109,048	10.4
耕地面積	ha	153,900	136,300	149,900	9.6

1.1.2. 塩害事例

今までに，地下水涵養による地下水位の上昇や，塩分を含む水や肥料を用いた灌漑等による塩害が世界各国で報告されており，塩害の原因は主に自然要因と人為要因に分けられ，代表的な塩害メカニズムとして以下の4つのケースがあげられる(図1-1を参照[4])．

(A) 浅層塩性地下水を有している場合，地表からの灌水・降水によって地表と地下水間にみずみちが形成される．その後，蒸発に起因する水分の上方移動に伴い，地下水中の塩類も地表へ移動し，集積・析出する．特に，地下水涵養によって地下水位が上昇するような場所では，みずみちが形成され易くなるため，塩害を誘発し易くなる．

(B) 土壌内に岩塩等の塩類を有している場合，降水・灌水によってそれらが融解され，(A)と同様に，土壌水の蒸発に伴い地表に塩類が移動し，塩害が進行する．
(C) 灌漑水や肥料に塩類が含まれている場合，それが土壌に蓄積され，塩害が発生する．なお，これは塩性地下水を灌漑に利用している農地で多く観られ，強風による海水の飛散や津波に起因する土壌の塩害もこれに該当する．
(D) 今回の東北塩害のように，台風による海水巻上げや高潮による冠水，さらに津波による海水の浸入に伴う塩分流入により塩害が発生する．

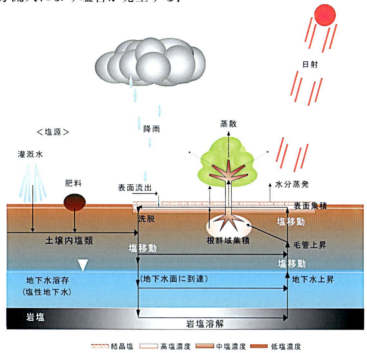

図 1-1　土壌の塩循環

1.1.3. 除塩工法の種類と特徴

次に，主な除塩工法の具体例とその特徴を紹介する(表 1-3 を参照)．

(1) リーチング

　リーチングは最も普及している除塩方法であり，地表から淡水を灌水することで土壌中の塩類を溶解し，塩を含んだ土壌水を地下水もしくは排水溝へ排出することで塩を洗脱する方法である[5]．従って，土壌の排水性が高い方が効果的であり，代掻きや土壌改良材等と併用されることが多い．ただし，排水施設が貧弱な場合，排水溝および隣接する田畑で塩集積が起こることがある．

(2) 溶出法

　圃場に淡水を灌水し土壌中の塩分を湛水中に溶出させた後，水尻から塩水を排水する除塩方法である．土壌の透水性が小さく縦浸透が期待できない場合および暗渠が未整備あるいは機能が不十分な場合などに選択する．ただし十分に排水が行われないと作土層表面に塩分が残留する可能性があるので，排水や除塩後の塩分濃度等に留意する必要がある．

(3) 土壌表層の排土

　塩害は表層土壌に塩類が集積した状態であるから，表層土壌を除去(排土)することで大量の塩を取り除くことができる[6]．しかしながら，これは塩とともに貴重な土壌資源も除去してしまう．また，大規模な土壌の廃棄場所を要する等の残土処理に課題を有する．

(4) 耐塩性植物による塩分吸収

塩害が軽微な場合，アブラナや向日葵，綿花および塩トマト等の耐塩性の高い作物を栽培し，植物に塩類を吸収させることで除塩と営農を同時に実施できる[7]．この場合，農業を継続できる点が利点であるものの，土壌の養分バランスの変化や栽培に必要な新たな設備投資および技術の習得等を理由に，耐塩性作物の栽培に消極的な意見もある．また，海外ではアイスプラントやアルファルファのような塩分吸収性能の高い植物の研究・開発が進められている[8]．

表1-3 塩害対策の種類と特徴

除塩工法	内容	備考
リーチング	湛水させ地下浸透により排水	排水施設の整備が必要
溶出法	湛水させ水尻より排水	充分な排水が必要
土壌表層の排土	高塩濃度の表層土壌排土	土壌喪失，廃棄場所が必要
排水性の向上	本暗渠の整備，土壌改良剤	リーチングとの併用が多い
溶出効率の向上	代掻き	溶出法に用いる場合がある
耐塩性植物による塩分吸収	アブラナ，綿花に転作	農家によっては敬遠している
塩類の分解	微生物処理，土壌改良剤	作物への影響が不明瞭

1.1.4. 復興状況

宮城県の塩害農地ではリーチング，表土削除および弾丸暗渠の施工などの除塩工事が行われており，2014年4月時点で復旧対象面積の約90%の圃場で着手しているが完成面積は約80%であり，完全な復旧の予定は2年後となっている[9]．工事の長期化の原因としては除塩工事が一般的に多大なコストと時間を要するものであることや作業量に対する人員不足等が挙げられる．特に沿岸部の農地では排水不良，地下水の塩性化，塩性地下水の噴出，作土層の流出および高塩濃度土壌の堆積などの問題も重なり，除塩工事完了および営農再開に到るまでに今まで以上の時間と労力を要すると推察される．

例えば，筆者らが2011年8月から定期的に土壌塩害調査を実施している宮城県名取市小塚原南地区では，津波から3年と1ヶ月後に除塩工事が行なわれた．また同市内の閖上地区においても2014年3月に工事完了予定であったが，沿岸部の高塩濃度土壌の堆積，瓦礫撤去および圃場の整備遅延などにより2ヶ月の遅れが生じた．このような現状から，現地の農家からは除塩工事の遅れのみならず，営農再開時期，除塩効果に関する情報不足を指摘する声が聞かれた[10]．また，営農再開が長引いたことにより，営農意欲の低下および営農を断念した事例も見られた．

1.2. 研究目的

先述のように，塩害農地では震災から3年以上が経つものの，未だに多くの農地が除塩未処理状態である．さらに，今後行われる海岸付近の高塩濃度土壌の除塩には今まで以上の時間および労力を費やす必要があると言われており，早期営農再開のために除塩工事の効率化が求められている．したがって，溶出法を実施する際の湛水量や湛水深，湛水期間，湛水－排水回数および除塩効果の予測は不可欠であり，そのためには除塩工事中の土壌中の塩移動を定量的に把握することが重要である．

そこで本研究では，除塩工事の事前・事後評価を行うために，土壌サンプリングおよび水分・塩分センサーにより除塩工事中の土壌塩の挙動を調べたので，その結果をここに報告する．

2. 実験概要

2.1. 関係者

総責任者 ……… 福井大学大学院工学研究科 特命助教 寺崎寛章

アドバイザー … 福井大学大学院工学研究科 教授 福原輝幸
実験補助 ……… 福井大学大学院工学研究科2年 山元謙侑
　　　　　　　　福井大学工学部4年 竹崎寛之
協力企業 ……… 東北重機工事株式会社 佐々木一敏

2.2. 実験地概要

本実験は2013年11月の7日間にわたり宮城県名取市牛野伊藤の水田を対象に行われた（図2-1および表2-1を参照）．除塩工事は圃場の短辺方向に沿って約5m間隔で10本弾丸暗渠を施工した後，地表から約200mmの深さを耕起し，3ヶ所の入水口から水を取り込んだ．そして7日間の湛水後，1ヶ所の排水口から排水を行った（図2-2を参照）．

図2-1　実験地と周辺の津波浸水高さ

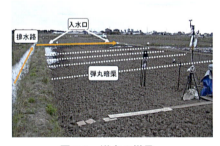

図2-2　湛水の様子

表2-1　実験地概要

圃場面積	0.093ha
津波浸水高さ	2.59m
浸水深	2.17m
海岸からの直近距離	2.9m
本暗渠	なし
土壌	地表から200mm以深が粘土層

2.3. 実験方法

本実験では，各種センサーを設置して土壌データ観測，微気象観測を行った（図2-3，図2-4およ

表2-2　使用機材

測定項目	センサー	製造元	備考
土壌温度(℃)	2極センサー	Campbell Scientific	地表から深さ20,60,100,150,200,および300mmに埋設
土壌塩濃度 C(kg/m³)			
土壌体積含水率 θ(m³/m³)			
風速(m/s)	3杯式風速計	Davis	地表から高さ2.0mに設置
降雨量(mm)	転倒ます型雨量計	竹田計器工業	
気温(℃)	気温・湿度センサー	Vaisala	地表から高さ1.0mおよび2.0mに設置
相対湿度(%)			
データ収集	データロガー	Campbell Scientific	動力源としてそれぞれカーバッテリーを用いる
		MCS	

図2-3 2極センサーの配置

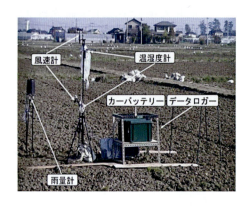

図2-4 気象ステーションの配置

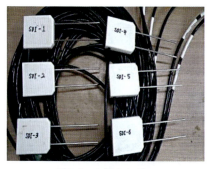

図2-5 2極センサー

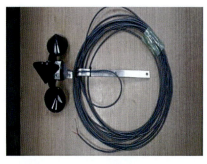

図2-6 風速計

図2-7 雨量計

図2-8 温湿度センサー

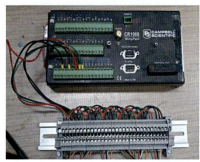

図2-9 データロガー（CR1000）

図2-10 データロガー（MCS）

図2-11 土壌サンプリングの様子

図2-12 排水後の様子

び表 2-2を参照）．また，定期的に土壌および表流水を採取し，土壌の深度別に，土壌塩濃度 C(kg/m³)，土壌体積含水率 θ (m³/m³)，含塩量 M_{salt} (mg/cm³)，塩化物イオン量 Cl^-_s（乾燥土100gあたりの Cl^- 質量 mg/100 g）および水中の塩化物イオン量 Cl^-_w（水100gあたりの Cl^- 質量 mg/100 g）をそれぞれ測定した．なお，使用器材の写真を図2-5から図2-10に示す．

2.4. センサーキャリブレーション

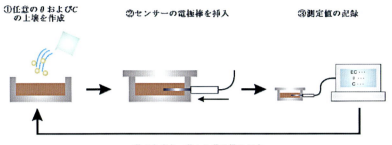

図2-14　2極センサーキャリブレーション

図2-13　キャリブレーションの手順

　2極センサーは付帯する電極棒を土壌に挿入することで土壌の電気伝導度 EC(dS/m)，体積含水率 θ（m³/m³）および温度（℃）を測定する装置である．ECは土壌の体積含水率θおよび塩濃度 C（%）によって変化するため，ECおよびθからCが求められるが，その感度はセンサー毎に固有である．ただし，ECとセンサーの出力値の体積含水率θ(m³/m³)から連立方程式を解いてθおよびCは求められる．

　本キャリブレーションでは，C = 0, 5，および10%におけるEC－C関係およびθ'－θ関係を求めた．なお，キャリブレーションには2極センサーを6本用意し，実際の東北塩害農地から採取した土を使用した．以下に測定手順を示す（図2-13および図2-14を参照）．

（1）土壌と塩水を混合・攪拌し，任意のθおよびCの土壌を作製する．
（2）土壌を容器に充填し，センサーの電極棒を挿入する．
（3）測定値が安定したのを確認し，EC，θおよびCを記録する．
（4）θ（0.1～0.37）を変え，（1）から（3）を繰り返す．
（5）Cを変え，（1）から（4）を繰り返す．

3. 実験結果

3.1. センサーキャリブレーション

　図3-1は2極センサーのそれぞれのθ（0.1～0.37）におけるEC－C関係を示す．CはECの増加に伴い線形的に増大する．また，EC－C関係式は次式で表される．

$$C = A(EC - B) \quad (3\text{-}1)$$

ここに，AおよびBはセンサー固有の定数でありθによって変化する．

　図3-2および図3-3はθ－Aおよびθ－B関係をそれぞれ示す．θの増加に伴いAは非線形的に減少し，Bは非線形的に増大する．また，θ－Aおよびθ－B関係式はそれぞれ次式で表される．

$$A = a\theta^b \quad (3\text{-}2)$$
$$B = (\theta^c) \times 10^{-5} \quad (3\text{-}3)$$

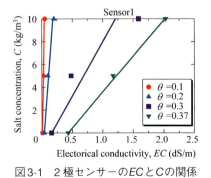
図3-1　2極センサーのECとCの関係

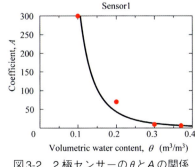
図3-2　2極センサーのθとAの関係

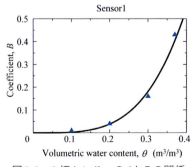
図3-3　2極センサーのθとBの関係

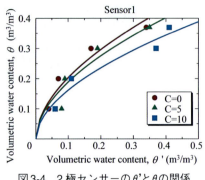

図3-4　2極センサーのθ'とθの関係

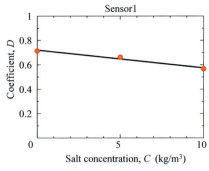

図3-5　2極センサーのCとDの関係

表3-1　各センサーの係数

センサー 係数	1	2	3	4	5	6
a	4.24×10^5	4.11×10^5	3.31×10^5	4.54×10^5	4.06×10^5	3.93×10^5
b	-3.07	-3.07	-3.0	-3.11	-3.07	-3.06
c	2.9	2.92	2.94	2.94	2.96	2.96
d	-1.46×10^{-2}	-1.65×10^{-2}	-1.53×10^{-2}	-1.79×10^{-2}	-1.73×10^{-2}	-1.58×10^{-2}
e	0.720	0.757	0.815	0.779	0.767	0.770
f	0.546	0.581	0.627	0.606	0.609	0.614

ここに，a, bおよびcはセンサー固有の定数である．

図3-4は2極センサーのそれぞれの$C(0 \sim 10\%)$における$\theta'-\theta$関係を示す．また，$\theta'-\theta$関係式は次式で表される．

$$\theta = D(\theta')^f \tag{3-4}$$

ここに，Dおよびfはセンサー固有の定数であり，Cの増加に伴いDは線形的に減少する．図3-5は2極センサーの$C-D$関係を示す．また$C-D$関係式は次式で表される．

$$D = dC + e \tag{3-5}$$

ここに，dおよびeはセンサー固有の定数である．また各センサーにおける$a \sim f$の値を表3-1に示す．

3.2. 気象ステーション

3.2.1. 気温および相対湿度

図3-6および図3-7は11月20日から11月28日までに気象ステーションで測定された気温および相対湿度を示す．気温は，高さ2.0mでは最高17.8℃（最低0.5℃），高さ1.0mでは最高18.5℃（最低1.8℃）を記録し，早朝は湛水表面の凍結が見られる日が確認された．また気温と湿度には負の相関関係が見られ，日の出に伴い気温は上昇し，相対湿度は低下する．

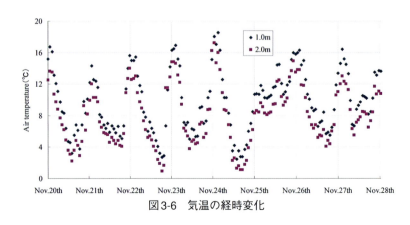

図3-6　気温の経時変化

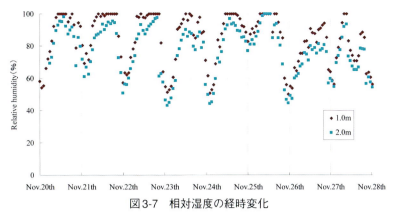

図3-7　相対湿度の経時変化

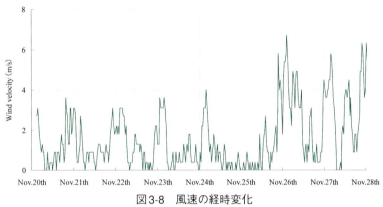

図3-8　風速の経時変化

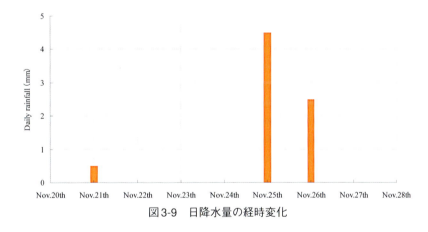

図3-9　日降水量の経時変化

3.2.2.　風速

図3-8は11月20日から11月28日までに気象ステーションで測定された風速を示す．傾向として風速は夜間で低く，正午過ぎに高くなる．これは測定地点が海に近いため，海陸風による影響を受けていると推察される．

3.2.3.　降雨量

図3-9は11月20日から11月28日までに気象ステーションで測定された日降水量を示す．11月25日から26日にかけて約4.5mmの日降水量が確認され，その影響で圃場の湛水深が微増したが，実験には大きな影響はなかった．

3.3.　土壌センサー

3.3.1.　土壌温度

図3-10および図3-11は11月20日から11月28日までに2極センサーにより測定された土壌温度および代表的な日における土壌温度鉛直分布を示す．土壌温度は地表から深さ20mmで2.2～15.3℃，60

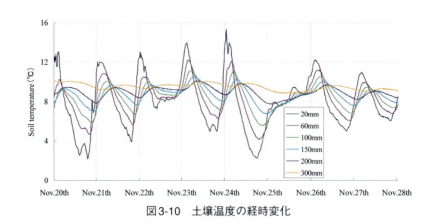

図3-10 土壌温度の経時変化

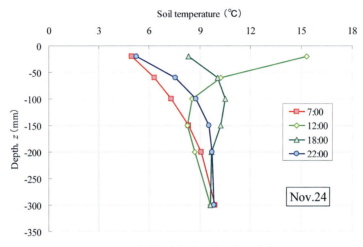

図3-11 土壌温度鉛直分布の経時変化

mmで4.2〜12.2℃，100mmで5.6〜11.1℃，150mmで6.8〜10.5℃，200mmで7.7〜10.1℃，300mmで8.8〜10.1℃であった．また，深さ20mmと300mmの変動幅を比較すると，前者は後者の約10倍であった．このように，土壌温度は地表に近いほど気温の影響受け，日変化は大きいことが知れる．

3.3.2. 土壌塩分

(a) 電気伝導度

図3-12は湛水期間中の土壌の各深度における電気伝導度ECの経時変化を示す．プロットはECの実験値を，曲線は近似曲線(指数関数)をそれぞれ表す．ECの時間変化は次式で表される．

$$EC = a\{exp(-bt)-1\} + c \tag{3-6}$$

湛水完了直後のECは深度が増すにつれて大きくなる．$z=-20$mmおよび-60mmのECは湛水完了後から16時間で大きく低下した．その後，96時間までは緩やかに低下したが，それ以降の低下率は

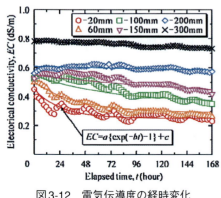

図3-12 電気伝導度の経時変化

表3-2 近似曲線式の係数

Depth \ Coef.	a	b	c
−20mm	0.20	0.04	0.45
−60mm	0.21	0.025	0.50
−100mm	0.19	0.015	0.55
−150mm	0.18	0.005	0.55
−200mm	0.09	0.003	0.61
−300mm	0.15	0.003	0.78

鈍化した．なお，$z=-100$ mm および -150 mm の EC は湛水直後から排水直前まで緩やかに減少し続けた．また，$z=-200$ mm および -300 mm の EC の時間的低下は無視できるほど小さい．

表3-2は深度毎の $EC-t$ 近似曲線式（$EC = a\{exp-bt)-1\}+c$）に含まれる係数を示す．上述したように EC の時間的減少は地表に向かって大きくなるため，b は増大する．また，EC のレベルは地表に向かって小さくなることから c は小さくなり，結果として a は大きくなった．$z=-200$ mm 以深では EC の変化が極めて小さいことから，塩移動は殆ど起こらなかったと推察される．

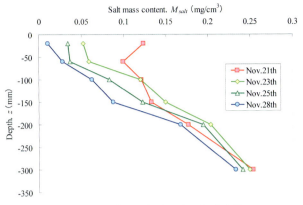

図3-13　含塩量鉛直分布の経時変化

(b) 含塩量

図3-13は湛水期間中における単位土壌体積当りの含塩量 M_{salt}（mg/cm3）の鉛直分布経時変化を示す．湛水直後から2日後に $z=-20$ mm と $z=-60$ mm の M_{salt} は湛水への溶出によって減少したと推察される．湛水による塩分の下方浸透により $z=-150$ mm と $z=-200$ mm の M_{salt} は微増したと思われる．さらに2日後以降の M_{salt} は全ての深さで減少し，溶出域の拡大が認められた．M_{salt} の変化量は表層に近いほど大きく，難透水性である $z=-200$ mm 以深での変化はごくわずかであった．

3.4. 土壌および表流水サンプリング

3.4.1. 表流水

図3-14および図3-15は湛水期間中の Cl^-_w と湛水深 D_w の経時変化および Cl^-_w と湛水深 D_w の関係を示す．湛水期間中は圃場の畦畔や側道からの一部漏水，降雨および水位調整のための給水作業により湛水深の増減が頻繁に起こった．湛水量の増減に伴い Cl^-_w は変化し，湛水深と Cl^-_w の間には負の相関関係が確認された．

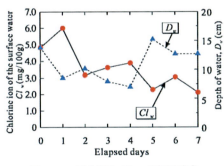

図3-14　湛水深と Cl^-_w の経時変化

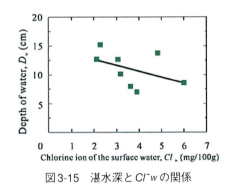

図3-15　湛水深と Cl^-_w の関係

3.4.2. 総塩量

図3-16および図3-17は湛水中の総塩量 ΣM_w の経時変化および土壌中の総塩量 ΣM_s と湛水中の総塩量 ΣM_w の和である総塩量 ΣM の経時変化を示す．また，ΣM は次式で表される．

$$\Sigma M = a \times exp^{bt} \tag{3-7}$$

ΣM_w は湛水直後に最も大きく，その後2日間にわたり湛水の漏水とともに減少し，それ以降の変動は少なくなった．土壌からの溶出は湛水後2日間は著しく，それ以降の溶出速度は鈍化した．また湛水前に0.035（kg/m²）あった ΣM は時間とともに指数関数的に減少し，排水後には0.016（kg/m²）になり，約53%の塩分排出効果が得られた．

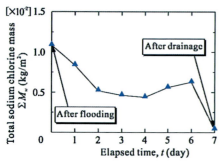

図3-16 湛水中の総塩量の経時変化

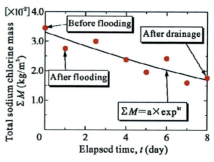

図3-17 総塩量の経時変化

4. 結論

本研究は除塩工事の事前・事後評価を行うため，2013年11月の7日間にわたって宮城県名取市牛野伊藤での水田除塩工事期間中の塩移動を調べた．その結果を以下に列挙する．

(1) 除塩効果（Cl^-の溶出）は地表から200mmまでの耕起層で明確に認められ，地表に近いほど顕著に現れた．また，地表から200mm以深（難透水層）では除塩効果はごくわずかであった．
(2) 除塩効果は湛水直後から2日までの間に著しく，時間の経過とともに小さくなり，湛水直後から4日後以降は少ない．
(3) 湛水期間中の土壌のECは地表から150mmまでは湛水直後から96時間後まで減少し，それ以降の減少率は鈍化した．また，地表から200mm以深ではECの減少は無視できるほど小さい．
(4) 湛水期間中の土壌から湛水への塩分供給は湛水直後より2日に顕著に現れ，それ以降の供給速度は鈍化した．
(5) 今回の除塩工事に限れば，約53%の塩分排出効果が得られた．

今後は除塩工事前後の塩移動データを蓄積し，除塩効果の定量化を図るとともに，除塩シミュレーションモデルを構築する．

参考文献

1) 復興庁：復興の現状と取り組み
2) 農林水産省：津波により流失や冠水等の被害を受けた農地の推定面積
3) 農林水産省：食料・農業白書
4) Xu, P., Shao, Y.: A salt-transport model within a and-surface scheme for studies of salinisation in irrigated areas, *Environmental Modeling & Software*, Vol. 17, pp. 39-49, 2002.
5) Letey, J., Hoffman, G. J., Hopmans, J. W., Grattan, S. R., Suarez, D., Corwind, D. L., Oster, J. D., Wu, L., Amrhein, C.: Evaluation of soil salinity leaching requirement guidelines, *Agricultural Water Management*, Vol. 98, pp. 502-506, 2011.
6) 金塚千晶, 藤巻晴行：表面剥離法による塩類集積土壌からの除塩, 農業農村工学会全国大会講演要旨集, pp. 492-493, 2010.
7) 原田千春, 田中明：養液土耕栽培における塩水灌漑がトマトの品質に及ぼす影響, Coastal Bioenvironment Vol. 8, pp. 51-62, 2006.
8) Cao, J., Li, X., Kong, X., Zed, R., Dong, L.: Using alfalfa (Medicago sativa) to ameliorate salt-affected soils in Yingda irrigation district in Northwest China, *Acta Ecologica Sinica*, Vol. 32, pp. 68-73, 2012.
9) 宮城県：復興の進歩状況 平成26年5月11日
10) 寺崎寛章, 草間政寛, 福原輝幸：東日本大震災後の宮城県名取市における除塩事業に関するアンケート, 土木学会第68回年次学術講演会講演概要集, Ⅶ-006, pp. 11-12, 2013.

謝辞

本研究は財団法人国土地理協会 平成24年度学術研究助成を受けて行なわれたものである．また実験にあたって，東北重機工事株式会社 佐々木一敏氏の多大なご協力を受けて行われた．ここに記して深甚の謝意を表す．

公益財団法人国土地理協会　第13回学術研究助成

「弥生の小海退」の海水準低下レベルの測定

研究代表者
田邉　晋　産業技術総合研究所

共同研究者
堀　和明　名古屋大学大学院環境学研究科
納谷　友規　産業技術総合研究所

1. はじめに

「弥生の小海退」とは3～2千年前に現在よりも海水準が2mほど低下したとされる現象である．この現象は，1960年代に豊川平野(井関，1963)や佐賀平野(有明海研究グループ，1965)，富山湾岸(藤井，1965)において，弥生時代の遺跡や埋没林が現在の海水準よりも下位に発見されたことを契機に提唱されるようになった．なかでも，豊川平野では弥生時代中期の瓜郷遺跡が，幅500mの埋積浅谷と呼ばれる海水準低下に伴って形成された下刻地形を充填する河成層から検出されている．その後，「弥生の小海退」は日本各地の沿岸域から報告されてきた(太田ほか，1990；海津，1994)が，1990年代後半からはハイドロアイソスタシーによる地球物理学的な理論で肯定するには問題があるとされ(中田，1995)，近年ではその報告例はほとんどない．このように「弥生の小海退」の存在が不確定な理由としては，富山湾岸の埋没林の例(藤井，1992)を除いて，海水準の明確な指標の年代値と分布深度(インデックス・ポイント)が複数個にわたって得られていないこと，そしてこのような海水準インデックス・ポイントが得られていても，地域的なテクトニクスの影響を分離して評価できていない(澤井，2007)ことなどが挙げられる．また，最近では播磨灘沿岸(佐藤，2008)などにおいて，地域的なテクトニクスを分離した詳細な海水準変動が復元されているが，これらの地域では「弥生の小海退」は確認されておらず，このような地域的な存否もその一般的な認識の障害となっていると考えられる．

田辺・石原(2013)は，東京低地と中川低地から得られた多数のボーリングコア堆積物と放射性炭素年代値，ボーリング柱状図資料を用いて，地表面付近における沖積層の分布と形成過程を検討した．その結果，標高-5～-3mにおいて幅が約5kmの埋積浅谷とそれを充填する河道砂層が分布し，標高-3m以浅において河道砂層が現在の地表面を構成する氾濫原泥層によって被覆されることを明らかにした．河道砂層は3～2千年前，氾濫原泥層は2千年前以降の堆積年代を有する．同時間地質断面や古地理，予測計算(久保ほか，2006)に基づくと，3～2千年前を境とした利根川の土砂供給量の変動は考えられない．したがって，埋積浅谷は「弥生の小海退」に相当する海水準の低下，河道砂層はその後の海水準の安定に伴う河道の側方移動，氾濫原泥層は現在にかけた海水準の上昇に伴う河道の固定と越水によって形成されたとした．しかし，田辺・石原(2013)は，地表面付近の河成層の分布と形態に基づいて，「弥生の小海退」の存在を間接的に推定したにすぎず，この点においては矢作川低地と濃尾平野における3～2千年前の海岸線の急激な前進による推定(川瀬，1998；小野，2004)と変わらない．

関東地方における「弥生の小海退」の例証には，テクトニックな変動量が小さい地域における多数の海水準インデックス・ポイントの測定が必要と考えられる．本研究では，このような観点に基づいて，利根川低地最奥部の沖積層を対象とし，「弥生の小海退」の海水準低下レベルや，その規模，期間の復元を試みた．なお，3～2千年前という年代は，従来の考古学編年に基づくと，縄文時代晩期～弥生時代中期にあたるが，最近の放射性炭素年代値に基づく編年によると，弥生時代早期～中期にあたる(春成，2003)．これらの編年はまだ統一された見解とはなっておらず，本研究では3～2千年前の海水準低下現象を，有明海研究グループ(1965)によって最初に固有名詞化されたものに，かぎ括弧をつけ，便宜上「弥生の小海退」と表現する．

2. コア地点の概要

利根川低地は，北を稲敷台地と猿島台地，南を下総台地と接した沿岸河口低地である(図1)．現在，この地域には北から鬼怒川と小貝川，西から利根川が流下するが，利根川の東遷(1621年の赤堀川の開削)以前は，西からは常陸川と呼ばれる台地を集水域とした小規模な河川が流下した(大熊，1981；

久保，2007）．現在の鬼怒川と小貝川の平均流量はそれぞれ58m³/sと22m³/s（Shibata and Ito, 2014）であり，常陸川の平均流量はこれらの河川よりもはるかに小さかったと考えられる．完新世中期の海水準高頂（縄文海進）時，現在の利根川低地には古鬼怒湾と呼ばれる湾口にバリアーを伴った狭長な内湾が分布した（江坂，1954；菊地，1968；新藤・前野，1982；遠藤ほか，1983；斎藤ほか，1990；早川，2000）．この古鬼怒湾は，縄文海進以降，鬼怒川と小貝川から供給された土砂によって埋め立てられ，その一部は香取海として利根川の東遷まで残存した（久保，2007）．なお，利根川低地をとりまく台地の後期更新世以降の隆起速度は0.08〜0.15m/kyrと計算され，この地域における活断層の存在は知られていない（小池・町田編，2001；産業技術総合研究所，2015）．

図1．調査位置図

本研究では，15m長のボーリングコア堆積物（GS-NDA-2）を2014年3月に千葉県野田市木間ヶ瀬の氾濫原において採取した．コア地点の緯度経度は北緯36°01'08.9"，東経139°51'18.5"，孔口標高はT.P.+6.16mである．GS-NDA-2は（株）ダイヤコンサルタントによって採取された．このGS-NDA-2のコア地点は，東を猿島台地，西を下総台地に挟まれており，田辺ほか（2015）の10のコア地点よりもさらに内陸に位置する（図1）．既存の報告では，この地域の標高0m付近に湾岸の湿地成と考えられる高有機質土が分布し（石橋・松本，1992），「弥生の小海退」に伴う内湾の海岸線の移動を検出するのに適していると考えられる．なお，この高有機質土の下位には内湾泥層，上位には利根川の東遷以降の河成層が分布する．GS-NDA-2のコア地点は千葉・杉原（2010）のkm-2のコア地点と隣接しており，千葉・杉原（2010）は石橋・松本（1992）の高有機質土を珪藻群集解析に基づき塩水湿地堆積物と解釈している．

3. 研究手法

GS-NDA-2はスリーブ内蔵二重管サンプラーを用いて採取し，その採取率はほぼ100％である．コア堆積物は半裁し，岩相（粒度，堆積構造，粒子の支持様式，岩相境界の特徴）と生物相（貝の種類，生痕の産状と種類，植物根の有無）に着目した記載を行った．貝は産業技術総合研究所の中島礼博士によって同定された．コア堆積物の4ϕよりも粗い粒子の含有率は，半裁面から20cm間隔で採取した容積7ccのキューブ試料を用いて，63μmの篩によって測定した．含水率も同じキューブ試料を用いて測定した．なお，本研究では堆積環境の解釈を支持するために，（株）パリノ・サーヴェイに依頼し，GS-NDA-2の9層準から珪藻を抽出し，100個体以上になるまで同定・計数した．さらにGS-NDA-2の6層準から約50ccの試料と250μmの篩を用いて植物遺体を抽出し，抽出した植物遺体は千葉大学の百原新博士によって同定された．コア堆積物から採取した9点の植物片と木片は，（株）加速器分析

研究所に依頼し，放射性炭素年代値を測定した．放射性炭素年代値は，Reimer et al. (2013) のデータセットとCALIBver.7.0.2 (Stuiver et al., 2014) を使用して，暦年代に較正した．

4. 結果

4.1. 岩相

GS-NDA-2は下位より4つの岩相A，B，C，Dに区分される（図2）．

岩相Aは，コア深度15.0～10.0 mに分布しており，青灰色のシルト層からなる（図3）．この青灰色シルト層は，生物攪乱を受けており，ヌマコダキガイ類やアカガイ類などの潮下帯の貝（奥谷，2000）を多産する．4φよりも粗い粒子の含有量は0～40%，含水率は50～60%である．

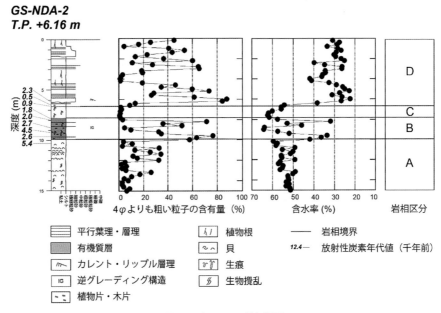

図2．ボーリング柱状図

岩相Bは，コア深度10.0～7.8 mに分布しており，暗褐色の有機質シルト層からなる（図3）．下位の岩相Aとの境界は，コアの継ぎ目にあたり，その特徴は不明であるが，漸移変化ではないと考えられる．この有機質シルト層は，層厚が5cm以下の細粒砂層を挟在し，細粒砂層のなかには逆グレーディング構造をしめすものもある．また，有機質シルト層は，生物攪乱を受けており，コア深度9.5～9.1 mにみられる生痕は，岩相Cの青灰色シルトによって充填される．この岩相は，多くの植物片を含むが，貝は含まない．4φよりも粗い粒子の含有量は0～80%，含水率は30～60%である．

岩相Cは，コア深度7.8～6.5 mに分布しており，主に青灰色のシルト層からなる（図3）．しかし，この岩相は，岩相Aとは異なり，下位の岩相Bからその上部にかけて，色調が暗褐色から青灰色へと漸移変化する．また，この岩相には，直径が1cm以下の斑点状の生痕が多くみられるが，貝はみられない．4φよりも粗い粒子の含有量はほぼ0%，含水率は60%である．

岩相Dは，コア深度6.5～0.0 mに分布しており，砂泥互層からなる（図3）．下位の岩相Cとの境界は明瞭である．砂層は，層厚が100 cm以下で，極細粒砂～中粒砂から構成される．また，砂層中にはカレント・リップル層理がみられる．泥層は，灰色のシルト層から構成され，植物片のほか植物根も含む．この岩相に貝はみられない．4φよりも粗い粒子の含有量は0～80%，含水率は約20～40%である．

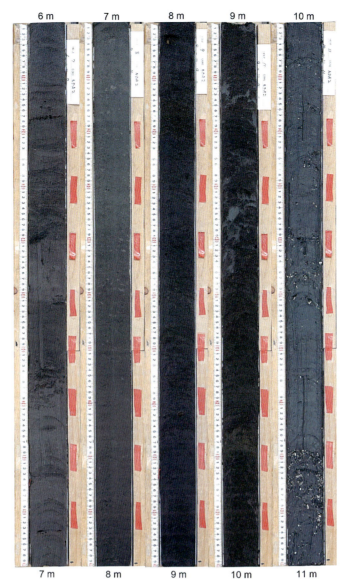

図3. 岩相の写真
コア深度〜10.0 m：岩相A(内湾堆積物)，コア深度10.0〜7.8 m：岩相B(湖沼縁辺堆積物)，
コア深度7.8〜6.5 m：岩相C(湖沼堆積物)，コア深度6.5 m〜：岩相D(河川堆積物)．

4.2. 珪藻

珪藻は，岩相Aの最上部，岩相Bの4層準，岩相Cの3層準，岩相Dの最下部から抽出し，その群集を解析した(図4)．

岩相Aの珪藻は，そのほとんどが海水〜汽水生種から構成され，*Thalassionema nitzschioides* などの内湾かつ外洋の指標種(小杉，1988；千葉・澤井，2014)を含む．

岩相Bの珪藻は10%程度の汽水生種と90%程度の淡水生種から構成され，水辺よりも水深のある環境をしめす．*Thalassiosira bramaputrae* と *Grammatophora macilenta*，*Cyclotella striata*-*C. stylorum*，*Diploneis smithii*，*Nitzschia granulata*，*Rhopalodia musculus*，好＋真流水性種の下部から上部への変化は，それぞれ塩分と流速の増加とみなせる．

岩相Cの珪藻はそのほとんどが淡水生種から構成され，水辺よりも水深のある環境をしめす．

岩相Dの珪藻は淡水生種から構成され，陸上の環境をしめす．

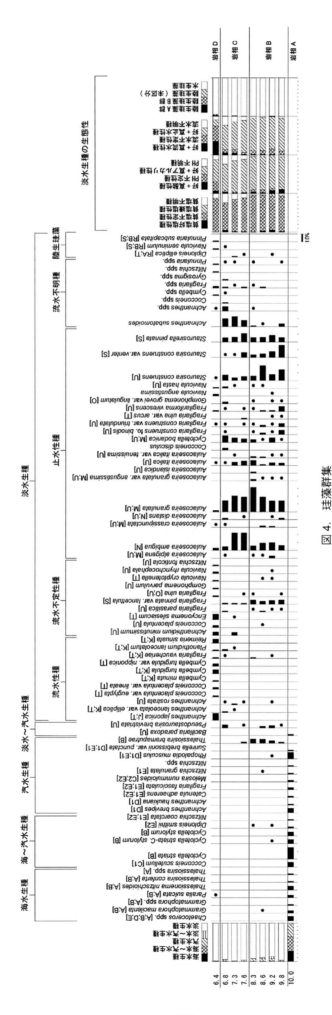

図 4. 珪藻群集

海水-汽水-淡水生種産出率・各種産出率・完形殻産出率・淡水生種の生態性の比率基数とし、淡水生種の生態性の比率は淡水生種の合計を基数として百分率で算出した。いずれも100個体以上検出した試料についてしめす。なお、●は1%未満の試料について検出した種類をしめす。

4.3. 植物遺体

植物遺体は，岩相Bの4層準，岩相Cの2層準から抽出し，主に種子に着目して，その種類を解析した（表1）．

表1. 植物遺体

		水深1〜2m に生息	コア深度					
			9.8〜9.7m	9.3〜9.2m	8.8〜8.7m	8.3〜8.2m	7.8〜7.7m	7.3〜7.2m
汽水生沈水植物								
カワツルモ	果実		7	1	1			
沈水植物								
フラスモ属	卵胞子		2	2	1			
イバラモ	種子	○	5	1	1	1		
トリゲモ	種子		1	1	1			1
スブタ	種子		1					
浮葉植物								
アサザ	種子	○				1		
ジュンサイ	種子	○	1	1	1			
ヒシ属	果実・刺	○	5	1	1	1		
ヒルムシロ近似種	果実	○	6	2	1	1		
コバノヒルムシロ近似種	果実				1			
抽水植物								
フトイ-サンカクイ	果実		2		1			
ガマ属	種子						1	1
ホシクサ属	種子						1	
湿地生植物								
カサスゲ近似種	果実		1				1	
サナエタデ-オオイヌタデ	果実			1	1			
草本（湿生〜乾生）								
シダ	葉		1				1	
ヤブマオ近似種	果実		1	2				
キジムシロ属	果実			1				
スミレ属	種子					1		
イネ科	痩果				1	1		1
藤本								
サルナシ	種子		1					
個体数計			34	13	11	6	4	3

岩相Bからは，水深約1〜2mの水域に多い比較的大型の沈水植物や浮葉植物が多く産出した．岸辺付近のより水深の浅い水域に生育する抽水植物や，陸上に生育する湿地生植物，草本，藤本も産出したが，それらの個体数は少なく，離れた場所から水流で運ばれたものが堆積したと考えられる．比較的大型の沈水植物や浮葉植物の植物遺体の個体数は，下部から上部にかけて減少する．

岩相Cからは，水深の浅い場所に生育する沈水植物と抽水植物，湿地生植物やその他の陸生の草本が産出するが，岩相Bから産出した比較的深い水域に生育する沈水植物や浮葉植物は産出しない．植物遺体の個体数は，岩相Bよりもさらに減少する．

4.4. 放射性炭素年代値

GS-NDA-2から得られた9点の植物片と木片は，5.4〜0.5千年前の放射性炭素年代値をしめす（表2）．このうちコア深度9.22mと8.70m，6.17mの植物片は下位のものよりも古い年代値をしめし，再堆積し

表2. 放射性炭素年代値

深度 (m)	標高 (m T.P.)	試料の種類	同位体分別補正年代 (1δ)(BP)	較正年代 (2δ)(cal BP)	試料番号
6.17	-0.01	植物片	2270±20	2300-2350	IAAA-134191
6.40	-0.24	植物片	430±20	480- 520	IAAA-134192
6.63	-0.47	植物片	960±20	800- 870	IAAA-134193
7.86	-1.70	植物片	1840±20	1710-1830	IAAA-134194
8.05	-1.89	木片	2010±30	1890-2010	IAAA-134195
8.70	-2.54	植物片	2590±20	2720-2750	IAAA-134196
9.22	-3.06	植物片	4000±30	4420-4530	IAAA-134197
9.70	-3.54	植物片	2510±30	2490-2650	IAAA-134198
10.25	-4.09	植物片	4660±30	5340-5470	IAAA-134199

たと考えられる．堆積年代とみなせる植物片と木片によると，岩相Aは5.4千年前，岩相Bは2.6～1.8千年前，岩相Cは0.9千年前，岩相Dは0.5千年前の年代値を有する．

5. 考察

5.1. 堆積環境の解釈

GS-NDA-2の4つの岩相は，岩相と生物相，珪藻，植物遺体，放射性炭素年代値に基づいて，その堆積環境を推定することができる．

岩相Aからは，潮下帯の貝と内湾指標種の珪藻が産出することから，内湾環境を推定することができる．また，その堆積年代は関東地方における縄文海進時(遠藤ほか，1989)に相当し，霞ヶ浦周辺における縄文海進の高頂レベルである標高2.5m(鹿島・阪口，2009)を採用すると，その最上部の古水深は6.6mと計算できる．

岩相Bからは，淡水生の珪藻が卓越して産出すること，水深1～2mをしめす植物遺体が産出することから，湖沼縁辺などの淡水の水辺の環境を推定することができる．本岩相から産出するわずかな汽水生珪藻と生痕は，2.6～1.8千年前にかけて，汽水が古鬼怒湾最奥部まで影響し，田辺ほか(2015)によってしめされたように，湾口が外洋に開いていたことを示唆する．なお，岩相Aとの境界は比較的明瞭であることから，内湾から湖沼縁辺にかけた環境と古水深の変化は，漸移的ではなかったと考えられる．本岩相は，石橋・松本(1992)の高有機質土，もしくは千葉・杉原(2010)の塩水湿地堆積物に相当する．

岩相Cの珪藻群集は岩相Bと同じ湖沼環境をしめすが，植物遺体の組成は水深が岩相Bよりも浅くなったことを示している．岩相B・C境界は，その環境変化が漸移的であったことをしめす．なお，本岩相の最上部からは0.9千年前の堆積年代が得られており，中世まで存在した香取海の堆積物とみなすことができる．

岩相Dからは，淡水生の珪藻しか産出しないこと，植物根がみられることから，陸上の河川環境を推定することができる．なお，岩相Dの最下部からは0.5千年前(1430～1470年)の堆積年代が得られており(表2)，これは1621年の赤堀川の開削に先行する．また，岩相C・D境界は明瞭であることから，利根川の東遷以前にGS-NDA-2のコア地点が湖沼から氾濫原に比較的急激に移行したことがうかがえる．コア深度6.2m以浅には厚層の砂層が堆積しており，これらの粗粒砕屑物は利根川の東遷以降にもたらされたと考えられる．

5.2. 堆積物の累重様式

図5はGS-NDA-2とGS-NDA-1，GS-ABK-1の同時間地質断面をしめす．赤線は岩相境界，青線は

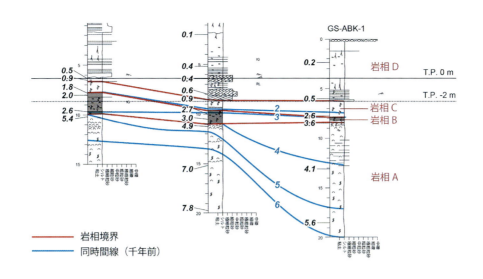

図5 同時間地質断面

千年単位の同時間線をしめす.

　岩相A, B, C, Dは，いずれのコアにおいても確認され，岩相Aは7.8〜3.6千年前，岩相Bは3.0〜1.8千年前，岩相Cは0.9千年前，岩相Dは0.6千年前の年代値を有する.

　岩相Aの内湾堆積物の同時間線は湾口にかけた前進をしめす．常陸川の土砂供給量は内湾堆積物の体積よりもはるかに小さかったと考えられることから，古鬼怒湾の最奥部では，主に湾口から供給された鬼怒川と小貝川の浮遊性砕屑物によって埋積が進行したと考えられる．3.6〜3.0千年前の間に海水準は低下し，岩相Aの内湾環境は岩相Bの湖沼縁辺環境へと急激に変化した.

　岩相Bの湖沼縁辺堆積物は1〜2mの古水深をしめす．この堆積物は，GS-NDA-1とGS-NDA-2において1m以上の層厚を有することから，アグラデーションを示唆する．また，この堆積物の基底の年代は，GS-ABK-1からGS-NDA-1，GS-NDA-2にかけて，3.6〜2.6千年前，3.0千年前，2.6千年前と若くなる．したがって，これらの特徴から湖沼縁辺堆積物は，海水準の上昇に伴って内湾堆積物にオンラップしたと考えられる．GS-NDA-2の岩相Bの下部から上部にかけた，珪藻群集がしめす塩分と流速の増加と植物遺体数の減少は，いずれのコアにおいても認められ，海水準の上昇に伴う内湾の水塊の拡大を示唆すると考えられる．内湾の拡大によって，湖岸がより内陸に移動すると，植物遺体の供給が減る．また，塩分の増加によって，淡水生植物が生息しづらい環境に変化したとも考えられる．なお，GS-NDA-2の岩相A・Bの比較的明瞭な境界面は，いずれのコアでも確認され，これらは湖沼の波浪によって形成された軽微なラビーンメント面とみなせる.

　岩相Cは，岩相Bと同じく湖沼堆積物と解釈されるが，いずれのコアにおいても，岩相Bと比べ，汽水生珪藻と植物遺体数が減少する．これらの要因としては，湾口の閉鎖と湾口からの浮遊性植物遺体の供給の遮断などが考えられるが，今後の更なる検討を要する．いずれにせよ，岩相Cから産出するわずかな植物遺体は，岩相Bから岩相Cにかけた，湖沼の埋立てによる上方浅海化を示唆する．岩相Cの湖沼環境は，常陸川から供給された土砂によって，0.9〜0.6千年前に岩相Dの河川環境へと急激に変化した.

　岩相Dの河川堆積物の累重様式は，湾口への前進をしめすと考えられる．利根川の東遷以前，GS-NDA-2には氾濫原が分布したのに対し，GS-NDA-1とGS-ABK-1には潮汐の影響した河道が分布した（田辺ほか，2015）．東遷以降は，利根川の急激な土砂供給によって，各コア地点の標高はおおよそ0mから4〜6mまで上昇した.

5.3. 海水準変動

岩相Bの湖沼縁辺堆積物は，古水深が1～2mと推定され，ラビーンメント面を介して岩相Aの内湾堆積物に累重する．また，本堆積物はリトログラデーショナルかつアグラデーショナルな累重様式をしめす．これらの事象は，本堆積物が海水準の上昇に伴って形成されたことを示唆する．

図6はGS-NDA-2とGS-NDA-1，GS-ABK-1の湖沼縁辺堆積物の年代と分布深度をプロットしたものである．ここで，湖沼縁辺堆積物の古水深を2mと仮定すると，3.0～1.8千年前の海水準変動曲線が描ける．現在の霞ヶ浦では，波浪による侵食地形（湖棚）が水深0.5～2.0mに認められる（平井，1987）．古鬼怒湾最奥部では，水塊が現在の霞ヶ浦よりも小さく，その場合，湖棚はより浅い水深に形成されたと考えられる．ラビーンメント面を覆う堆積物は，このような侵食地形から落下した砕屑物から構成されるため（Nummedal and Swift, 1987），植物遺体がしめす水深は1～2mであるが，岸辺の水深1m以内の水域に生育する抽水植物の産出量が少ないことから，比較的深い水深だったと考え，水深約2mを採用した．なお，湖沼縁辺堆積物が堆積した当時の内湾は，現在の霞ヶ浦と同じく，半閉鎖水塊であったため，潮差はほとんどなかったと考えられる．

利根川低地では縄文海進がいつまで継続したかは明らかにされていない．しかし，霞ヶ浦周辺では，茨城県稲敷郡美浦村の陣屋敷低湿地遺跡が，縄文海進時の海成層上に立地し，堀之内2式～加曽利B1式の土器を産出する（中村，2008）．これらの様式の土器は放射性炭素年代測定に基づくと，4.0～3.7千年前と推定される（工藤，2012）．したがって，利根川低地と霞ヶ浦を含めた一帯では，4.0～3.7千年前には縄文海進は終焉したと考えられる．

以上の推定から海水準変動を復元すると，海水準は，4.0千年前には標高2.5mから低下を開始し，3.0千年前には標高−2.2mまで低下，そして2.0千年前にはほぼ現在の水準まで上昇したことがうかがえる（図6）．また，2.6千年前の海水準は標高−1.5mであることから，海水準の上昇速度は，3.0～2.6千年前にかけて小さく（1.75mm/yr），2.6～2.0千年前にかけて大きくなった（2.50mm/yr）ことが推定できる．なお，茨城県取手市では4mの盛土を行った際に40cmの沈下が確認され（茨城県竜ケ崎工事事務所，久須見健一，2013，私信），同様の地層が分布する本調査地域でも，東遷以降に堆積した利根川の河川堆積物の上載圧によって，数十cm程度の沈下が生じた可能性がある．このような圧密の影響によって，海水準の低下レベルは若干上方修正する必要があるが，利根川の河川堆積物は全てのコア地点においてほぼ同じ層厚で分布する（図5）ので，図6で復元したような海水準変動のトレンドは，圧密の影響によって変化するものではない．また，利根川低地における後期完新世のテクトニッ

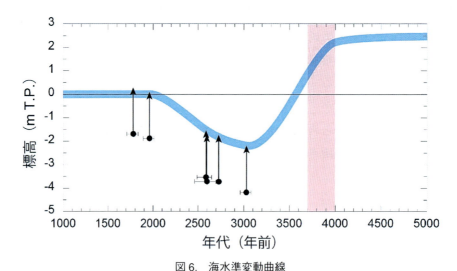

図6．海水準変動曲線

●は岩相B（湖沼縁辺堆積物）の年代・深度分布．これらの古水深は2mと仮定した．
青線は海水準変動曲線，赤線は陣屋敷低湿地遺跡の年代から推定した縄文海進の終焉時期をしめす．

クな変動量は，東京低地と中川低地と同様に，海水準変動に有意な違いをもたらすものではない．以上のことから，利根川低地における沖積層の表層部の累重様式は，東京低地と中川低地と同様に，「弥生の小海退」の存在によって，整合的に説明できると考えられる．

6. まとめ

「弥生の小海退」は，海水準インデックス・ポイントが複数個にわたって得られた研究例がほとんどないこともあって，その存在は一般的な認識とはなっていない．今回，利根川低地の最奥部において1本のボーリングコア堆積物を採取し，既存の2本のボーリングコア堆積物とあわせて，堆積環境と累重様式を復元したところ，海水準の上昇をしめす3.0〜1.8千年前の湖沼縁辺堆積物を認定することができた．この湖沼縁辺堆積物の古水深を2mと仮定すると，利根川低地と霞ヶ浦一帯の海水準は，4.0千年前には標高2.5mから低下を開始し，3.0千年前には標高−2.2mまで低下，そして2.0千年前にはほぼ現在の水準まで上昇したことが推定できる．

謝辞

貝を同定して頂いた中島礼博士と植物遺体を同定して頂いた百原新博士，珪藻の環境解釈について教示を頂いた佐藤善輝博士，本研究を助成して頂いた国土地理協会に記して謝意を表します．

引用文献

有明海研究グループ(1965) 有明・不知火海域の第四系−とくに有明軟弱粘土について−．地団研専報, no.11, 86pp.
千葉 崇・杉原重夫(2010) 古鬼怒湾最奥部における珪藻遺骸群集の変化と海進・海退について．野田市史編さん委員会(編), 野田市古環境調査地質柱状図集, 野田市, 127-155.
千葉 崇・澤井祐紀(2014) 環境指標種群の再検討と更新．Diatom, 30, 17-30.
遠藤邦彦・関本勝久・高野 司・鈴木正章・平井幸弘(1983) 関東平野の沖積層．アーバンクボタ, no.21, 26-43.
遠藤邦彦・小杉正人・松下まり子・宮地直道・菱田 量・高野 司(1989) 千葉県古流山湾周辺域における完新世の環境変遷史とその意義．第四紀研究, 28, 61-77.
江坂輝弥(1954) 海岸線の進退からみた日本の新石器時代．科学朝日, 163, 75-76.
藤井昭二(1965) 黒部川扇状地の形成と富山湾周辺部の埋没林について．地球科学, 78, 11-20.
藤井昭二(1992) 埋没林と海水準変動−富山湾周辺を中心に−．アーバンクボタ, no.31, 60-65.
春成秀爾(2003) 弥生時代の開始年代．国立歴史民俗博物館特別講演会配布資料．
　https://www.rekihaku.ac.jp/kenkyuu/0725/index.html．2015年1月5日引用．
早川唯弘(2000) 関東平野北東部−鹿島−行方隆起帯と関東平野．貝塚爽平・小池一之・遠藤邦彦・山崎晴雄・鈴木毅彦(編), 日本の地形4．関東・伊豆小笠原, 東京大学出版会, 183-191.
平井幸弘(1987) 霞ヶ浦における湖棚の構造と成因．地理評, 60, 821-834.
井関弘太郎(1963) 瓜郷遺跡の自然環境．豊橋市教育委員会(編), 瓜郷, 豊橋市, 4-15.
石橋幸子・松本栄次(1992) 茨城県南西部の利根川低地における近世以降の環境変遷．筑波大学水理実験センター報告, no.16, 93-105.
鹿島 薫・阪口 豊(2009) 陸平遺跡周辺のいくつかの小規模な谷底低地における沖積層の特徴と縄文海進に伴う海域の変遷．美浦村教育委員会(編), 陸平貝塚−調査研究報告書3・自然科学分野調査の成果−, 美浦村, 39-46.
川瀬久美子(1998) 矢作川下流低地における完新世後半の地形環境の変遷．地理評, 71, 411-435.
菊地隆男(1968) 茨城県鹿島半島北部の地形発達史．資源科学研究所彙報, no.70, 63-76.
小池一之・町田 洋編(2001) 日本の海成段丘アトラス．東京大学出版会, 122pp.
小杉正人(1988) 珪藻の環境指標種群の設定と古環境復元への応用．第四紀研究, 27, 1-20.
久保純子(2007)「常総の内海」香取平野の地形と歴史時代における環境変遷．茨城県立歴史館 (編), 霞ヶ浦・筑波山・利根川：中世東国の内海世界, 高志書院, 39-63.
久保雄介・Syvitski, J.P.M.・田辺 晋(2006) 水文学的モデルHYDROTRENDによる過去13,000年間の古利根川砕屑物供給量の推定．地質雑, 112, 719-729.
工藤雄一郎(2012) 旧石器・縄文時代の環境文化史：高精度放射性炭素年代測定と考古学, 新泉社, 373 pp.
中田正夫(1995) 最終氷期以降の海水準変動．日下雅義(編) 古代の環境と考古学．古今書院, 82-108.
中村哲也(2008) 霞ヶ浦の縄文景観・陸平貝塚．新泉社, 93pp.
Nummedal, D. and Swift, D.J.P. (1987) Transgressive stratigraphy at sequence-bounding unconformities: Some principles

derived from Holocene and Cretaceous examples. SEPM Spec. Publ., no.41, 241-260.

奥谷喬司(2000) 日本近海産貝類図鑑. 東海大学出版会, 1173p.

小野映介(2004) 濃尾平野における完新世後期の海岸線変化とその要因. 地理評, 77, 77-98.

大熊 孝(1981) 近世初頭の河川改修と浅間山噴火の影響. アーバンクボタ, no.19, 18-31.

太田陽子・海津正倫・松島義章(1990) 日本における完新世相対的海面変化とそれに関する問題－1980～1988における研究の展望－. 第四紀研究, 29, 31-48.

Reimer, P.J., Bard, E., Bayliss, A., Beck, J.W., Blackwell, P.G., Bronk Ramsey, C., Buck, C.E., Cheng, H., Edwards, R.L., Friedrich, M., Grootes, P.M., Guilderson, T.P., Haflidason, H., Hajdas, I., Hatté, C., Heaton, T.J., Hoffmann, D.L., Hogg, A.G., Hughen, K.A., Kaiser, K.F., Kromer, B., Manning, S.W., Niu, M., Reimer, R.W., Richards, D.A., Scott, E.M., Southon, J.R., Staff, R.A., Turney, C.S.M. and van der Plicht, J. (2013) IntCal13 and Marine13 radiocarbon age calibration curves 0-50,000 years cal BP. Radiocarbon, 55, 1869-1887.

斎藤文紀・井内美郎・横田節哉(1990) 霞ヶ浦の地史：海水準変動に影響された沿岸湖沼環境変遷史. 地質学論集, no.36, 103-118.

産業技術総合研究所(2015) 活断層データベース.
https://gbank.gsj.jp/activefault/index_gmap.html. 2015年1月5日引用.

佐藤裕司(2008) 瀬戸内海東部，播磨灘沿岸域における完新世海水準変動の復元. 第四紀研究, 47, 247-259.

澤井祐紀(2007) 珪藻化石群衆を用いた海水準変動の復元と千島海溝南部の古地震およびテクトニクス. 第四紀研究, 46, 363-383.

Shibata, K., and Ito, M. (2014) Relationships of bankfull channel width and discharge parameters for modern fluvial systems in the Japanese Islands. Geomorphology, 214, 97-113.

新藤静夫・前野元文(1982) 霞ヶ浦周辺低地の環境研究(1)－桜川低地と霞ヶ浦の地形，地質－. 筑波の環境研究, 6, 173-181.

Stuiver, M., Reimer, P.J. and Reimer, R.W. (2014) CALIB 7.0.
http://calib.qub.ac.uk/calib/. 2014年5月20日引用.

田辺 晋・石原与四郎(2013) 東京低地と中川低地における沖積層最上部陸成層の発達様式："弥生の小海退"への応答. 地質雑, 119, 350-367.

田辺 晋・宮田雄一郎・中島 礼・水野清秀(2015) 利根川左岸地域における沖積層ボーリングコア堆積物の解析結果. 地質分野研究企画室(編), 巨大地震による複合的地質災害に関する調査・研究最終報告書, 地質調査総合センター, 289-296.

海津正倫(1994) 沖積低地の古環境学. 古今書院, 270pp.

公益財団法人国土地理協会　第13回学術研究助成

ネパールにおける
チベット難民の生業適応に関する
文化地理学的研究

研究代表者
横山　智　名古屋大学環境学研究科

共同研究者
権田　与志道　名古屋大学環境学研究科

1. 背景

　1959年に発生したチベット動乱から半世紀以上が経過した．ダライ・ラマ14世がインドに亡命をした際，数十万人のチベット人が彼とともにインドやネパールに向けて徒歩で数週間かけてヒマラヤ山脈を越えた．2009年現在，祖国を離れ異国の地で暮らすチベット難民は127,935人と推計され，本研究の対象地域であるネパールには13,514人のチベット難民が生活しているとされる(Planning Comission 2010)．ネパールにはチベット難民が居住する難民居住地および集住地区が十数箇所設置されている．難民居住地は山間地の農村部に位置するものから，首都カトマンズの都市部に位置するものまで様々であり，異なる地理的，社会経済的な環境のもとでチベット難民が生計活動を営んでいる．難民問題の発生から50年以上が経ち，彼らは移住先であるネパールでどのように暮らしているのであろうか．

　ヒマラヤ地域の民族誌的研究では，チベット人は「農耕—牧畜—キャラバン商業」という生業パターンを構築することで，高地のチベット高原に適応してきたと論じられてきた(川喜田・高山 1968: 川喜田 1996b)．この生業パターンはチベット高原の寒冷乾燥地に高度に適応し，チベット文化の核心部を形成していると考えられている．ところで，チベット難民の移住先であるネパールは，ヒマラヤ山脈の標高帯に順じて亜熱帯性気候から寒冷帯気候までの大きく異なる生態環境を有している．この環境の違いは，移住に際してチベット難民の適応動態に大きな影響を与えたと推察される．しかしながら，このような地理的環境の違いに着目して，実際のチベット難民の生計活動を明らかにする研究は行われてこなかった．

　チベット高原で形成されたチベット文化の構造を背景に，ネパールで難民として生活してきたという歴史的な経路と，チベット難民の生計戦略との間にはどのような関係性が認められるのであろうか．どのような諸要素が，故国から離散し異国で暮らす個人や世帯の生計活動に「難民性」[※1]として埋め込まれ，それらはどのように現在のチベット難民の生計活動を左右しているのであろうか．本研究はこのような問いに対して，発展途上国農村研究で発展してきた生計アプローチを援用し，チベット難民の適応動態を彼らの生計活動の分析から明らかにする．

　生計アプローチとは個人や世帯の生計を多様な資産と経済活動，そしてそれらへのアクセスの総体として全体論的に捉え，個人や世帯の生計戦略に焦点をあてる枠組みであり，近年議論が盛んに行われている(たとえば Scoones 1998; Carney and Britain 2003)．この生計アプローチと難民を結び付けているのは脆弱性の概念である．生計研究の第一人者である Chambers は1970年代という早い時期から難民の問題に取り組んでおり，難民の貧困状態の要因として，土地へのアクセス権の乏しさや政治的，法的な脆弱性の問題を指摘する(Chambers 1979)．

　ところで，de Haan and Zoomers は，生計を営む主体にとって，生計活動における機会へのアクセスを決定する諸要素は，通常は思考の埒外にあって意識することはないため，その理解のためには，「異なる地理的，社会経済的，文化的，その他の現代的な文脈におけるアクターの生計活動上の選択を体系的に比較することが唯一の方法である」(de Haan and Zoomers 2005:44)と指摘する．つまり，生計アプローチの方法論的な課題を踏まえれば，異なる地理的環境間の生計活動の比較と，異なる法的権原のもとで行われる生計活動の比較が，チベット難民の生計活動における機会へのアクセスを決定する諸要素を捉えるためには求められる．

※1　強いられた移動 forced displacement によって難民と似たような脆弱さを抱える状態やその性質を難民研究では「難民性」と呼んでいる．

2. 研究目的

本研究は，生計アプローチを援用することで，生態的かつ社会文化的な点からネパールに難民として暮らすチベット人の適応動態を明らかにすることを目的とする．すなわち，チベット難民の生計活動について高地／低地という地理的環境の違いから検討を加え，さらに周辺民族の生計活動とチベット難民の生計活動を比較することで，生計手段へのアクセスに関わる諸要因を「難民性」の問題と関連付けて体系的に捉え，チベット難民の生計活動における脆弱性を検討し，それに対するチベット人の応答を明らかにする．具体的には，チベット難民の1）農業活動とその自給性の検討，2）農外活動の変遷とその空間的な展開の検討，および，3）世帯の生計活動と家族ライフサイクルとの関係性の検討，という三つの視座から，チベット難民の生計活動の実態解明に取り組むこととする．

3. 研究対象地域

ネパールでは，ヒマラヤ山脈の標高帯によって急激に変化する生態環境とそれに対応したヒマラヤ山地民の文化構造が次々と明らかにされてきた（南 1992; 月原 1999）．本研究ではこの「文化の垂直構造性」が明瞭に観察されるネパール西部農村を研究対象地域とする．ネパール西部農村に位置するチベット難民居住地のうち，農業を生業としている二つの居住地を調査地とした（図1）．

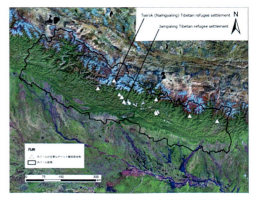

図1 対象とするチベット難民居住地

高地はネパール西部ダウラギリ県ムスタン郡マルファ行政村 West Region Dhawalagiri Zone Mustang District Marpha VDC のツェロ Tserok (Namgyaling) Tibetan Settlement を研究対象地域と設定し，比較対象に隣村のチャイロ村 Chhairo を選んだ．川喜田の分類に従えば，気候は冷温帯で，準チベット風フィルター上の準チベット地帯に位置しており，チベット仏教圏であり，主作物がムギやソバの畑作灌漑農業地域である（川喜田 1997:141-171）．

低地は，ネパール西部ガンダキ県タナフ郡ドルフィルディ行政村 West Region Gandaki Zone Tanahu District Dhor Phirdi VDC のジャンパリン Jampaling Tibetan Settlement を研究対象地域と設定し，比較対象に隣村のサウネダンダ村 Saunedanda を選んだ．川喜田の分類に従えば，気候は亜熱帯で，純ヒンドゥー風フィルター下のマラリアなどの悪疫の大きいアワリア地帯に位置している（図2）．宗教的にはヒンドゥー文化圏であり，主作物がイネやトウモロコシを主とした降雨農業地域である（川喜田 1997:141-171）．

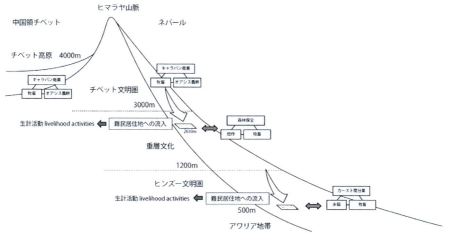

図2 ネパールの文化生態系とチベット難民居住地の位置付け
注）川喜多（1996a：36）をもとに作成．

4. 高地におけるチベット難民の生計活動

(1) ツェロの概要

チベット難民居住地のツェロは標高2550-2600m，カリ・ガンダキ川の河成段丘上の平坦地に設置された難民居住地で，西側にダウラギリ山群，東側にアンナプルナ山群が位置する（図3）．気候は冷温帯であり，当該地域における1976-2005年の間の気候データはいずれも平均値で，年間降水量402.4mm，年平均最高気温16.5℃，年平均最低気温5.5℃である（Practical Action Nepal Office 2009）．6月から8月の最高気温は20℃を超えて温暖になるが，秋から春にかけての寒さは厳しい．ムスタン郡は，雨影の影響でモンスーン季にも少雨乾燥となる．十分な灌漑設備を設けなければ農耕には向かない自然条件である．

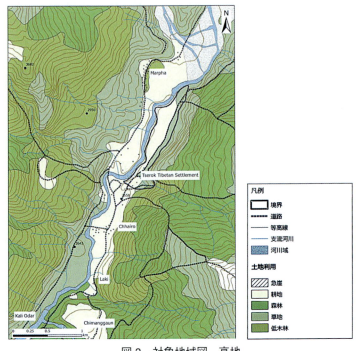

図3 対象地域図 高地
注）ネパール政府地形図「JOMSON」「KOBAN」より作成．

1959年のチベット動乱によって，多くのチベット難民がネパールに流入したが，ムスタンはその主要な流入経路であった．ムスタンはかつてムスタン王国が存在し，2008年にネパールが連邦共和制となって藩王制が廃止されるまで，上部ムスタンUpper Mustangでは高度な自治が認められていた．上部ムスタンの言語はチベット語であり，チベット仏教が栄えるチベット文化圏の地域である．1959年以降，多くのチベット難民がムスタンからカトマンズやポカラの難民居住地へ移住した．その一方で，チベットの情勢次第では，帰国を速やかに図ることを考えて，ムスタンに留まって，遊牧や農耕に従事するチベット難民も多数いた．このような，ムスタンに留まるチベット難民を対象として1970年代の初頭に開設されたのがツェロである．マネージャーからの聞き取りによると，ツェロの土地はスイスの資金援助を受けてネパール赤十字により購入され，亡命政府を中心に居住地内の施設の建設が進んだという．また，当該地域はチベット人ゲリラ軍の活動拠点の一つとして兵舎が存在していた歴史があり，1974年のゲリラの停止以降，ゲリラ軍に所属していたチベット難民の一部もツェロに流入した．

ツェロの登録人口は2009年時点で278人であるが(Snow Lion Foundation 2011)，実際には多くのチベット難民が都市部と難民居住地とを行き来しているため，常時在住人口はおおよそ100～150人程度と推察される．世帯数は筆者調査時39世帯で，このうち32世帯から有効回答を得られた．

比較対象村落チャイロ村は27世帯人口108人（男性46人，女性62人）が登録されている（Central Bureau of Statistics 2012）．村長であるB氏からの聞き取りによると，村外に出ている人も多く実際には17世帯が生活をしている．チャイロ村においても全世帯に調査を依頼し13世帯から有効回答を得られた．

両村はニルギリ山体の急崖とカリ・ガンダキ川の間のわずかな平坦地に農地を切り拓いて畑作灌漑農業を営む．両村とも農業が生業の一つであり，夏季にソバやトウモロコシ，マメを栽培し，冬季にオオムギやジャガイモの栽培を行う．マルファにはネパール政府による農業試験場があり，この試験場を

a ツェロの農地　　　　　　　　　　　　　　b チャイロの農地

写真1　対象村落の農地　注）写真aは2013年9月18日撮影．写真bは2014年9月7日撮影．

中核に乾燥するムスタン郡の農業改革が進められ，各地でリンゴの栽培が広がっている．穀物と果樹が混作されている農地も多く，夏には深紅色のソバの花とリンゴの樹がともに風に揺られる（写真1）．

（2）生計構造

農村における生業の動態は世帯生計の構成から捉えることが可能である．特に世帯の収入がどのような生計活動から構成されているのかを捉えることが重要な課題となる．そこで，聞き取り調査から両村の世帯収入の推計値を求めた．両村の世帯収入推計値の分布は図4の様に示された．世帯収入推計値の平均はツェロが116,472Rsで，チャイロ村が288,871Rsだった．

図5は，ツェロおよびチャイロ村の生計の収入構造を村落全体で示したものである．ツェロでは，農耕における収穫物からの収入が全体の15％程度，果樹販売からの収入が10％を

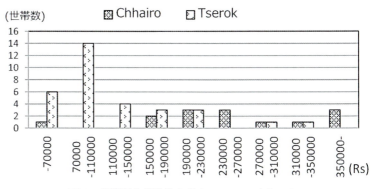

図4　世帯収入推計値の分布　ツェロ／チャイロ
注）聞き取り調査結果より作成．

超える程度であり，牧畜を合わせても農業活動からの収入は4割程度に過ぎない．それに加えて，土産販売を中心とした商業・工芸活動からの収入が3割程度，雇用からの収入が25％前後で，残りは国内外からの送金で全体が構成されている．これに対してチャイロ村は，農耕における収穫物からの収入が全体の30％，果樹販売からの収入が30％代後半に及んでいる．そのため，牧畜と合せると農業活動からの収入が全体の80％を超えている．すなわち，農外活動からの収入は全体の2割弱を占めるに過ぎないことが明らかとなった．

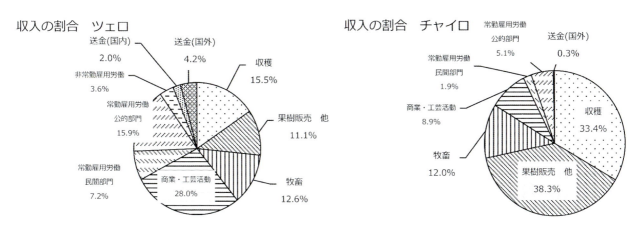

図5　生計構造　ツェロ／チャイロ
注）聞き取り調査結果より作成．

(3) 農耕適応

隣接した村落の間のどのような違いが，このような生計構造の違いを生み出しているのだろうか．ツェロでは夏にソバ，トウモロコシを中心とした農耕を行い，冬にはオオムギ，ジャガイモを中心とした農耕を営んでいる(図6)．栽培されている農作物にのみ注目すればツェロとチャイロ村の間で大きな差異は認められない．農耕の動態は，ツェロと隣村のチャイロ村で基本的に同じであり，チベット難民は高地ムスタンの農耕システムに表面上は順応している．

ネパール月	Baisakh	Jet	Asar	Shrawan	Bhadra	Aswin	Kartik	Mangsir	Paush	Magh	Falgun	Chait	
西暦月	4	5	6	7	8	9	10	11	12	1	2	3	4
最高気温 (℃)	18	19.3	21.0	21.2	21.2	19.7	16.9	13.9	11.7	10.3	11.3	14.4	17.5
最低気温 (℃)	4.8	7.9	11.4	13.2	13.0	10.6	5.2	1.4	-1.1	-2.0	-0.8	1.9	4.8
降水量 (mm)	29.5	32.9	47	67.2	63.4	49.4	34.7	7.0	13.2	7.3	15.3	31.4	29.5

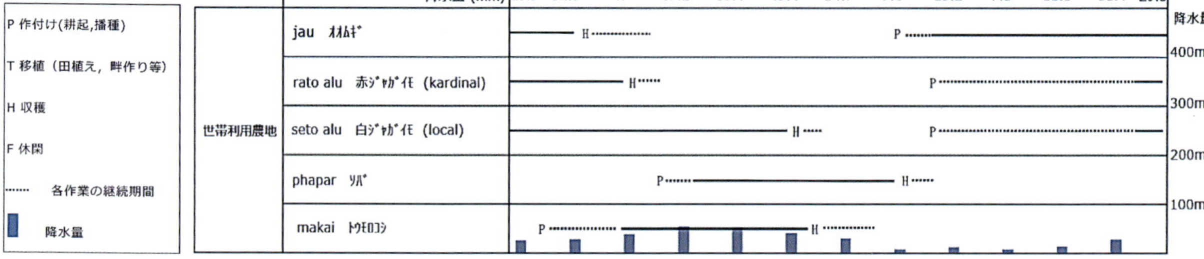

図6　ツェロの農耕カレンダー

注）現地調査および聞き取りにより作成．

しかし，その農作物の収量には大きな違いがみられる．図7は，両村の農作物からの収入と農地面積との関係を示している．ツェロでは各世帯の農地面積は40a以下が大半を占めるが，逆にチャイロ村では40a以上の農地面積を保有する世帯が大半を占める．聞き取りから求められたツェロの世帯保有農地面積の平均は17.8aであり，農業だけで1年間自給することは難しい．そのため，ツェロのチベット難民は生存のために農地を有効活用しつつ，農業以外の生計活動の道を切り拓いていく必要がある状況に置かれている．すなわち，チベット難民居住地は，隣村と比較して耕作可能な農地面積が小さく，生計活動の基盤となる土地の賦存量が小さいことが全体的に厳しい経済状況と結びついている，と言えよう．

ツェロのマネージャーのＮ氏によると，ツェロで生活し農耕を営む意思のある者には，1人当たり約4.5aの農地が支給されるという．ツェロの土地は，河岸段丘上の中～砂礫質土壌で水捌けがよく，かつ乾燥した気候の影響もあり移住後すぐに農耕が開始できるような肥沃な土地ではない．農耕から十分な収量を得るためには，牛糞や落ち葉を堆肥化させる作業を何年も繰り返すか，客土によって土壌改良を進めることが必要となる．図8にツェロの土地利用図を示す．難民居住地の南部が農地となっている．世帯に分配されている農地面積の46.9%が果樹栽培地で，29.8%が果樹栽培と畑作が同時に行われている農地，23.3%が畑作のみが行われている農地であった．現在多くの世帯でリンゴ，アプリコットの栽培を導入しており，果樹が植樹されている農地は世帯に分配されている農地の76.7%に及ぶ．ただ，畑作地の合計もの53.1%を占めており，依然として畑作は重要な位置を占めている．

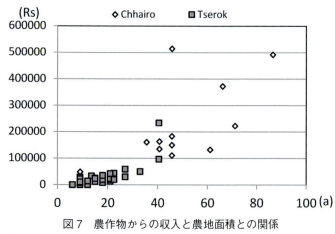

図7　農作物からの収入と農地面積との関係

注）穀物類の収量を金額換算し野菜類と果樹類の販売で得られた金額をそこに加算．

ある世帯は，ツェロ移住前には上部ムス

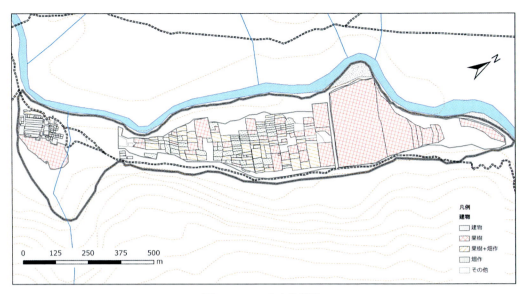

図8 ツェロの土地利用
注) GPS を用いた現地調査により作成.

タンで遊牧をしていたが子どもの教育のために遊牧をやめ，20年ほど前にツェロに移住をして農業を始めた．「ツェロに来て畑をもらえることになったが農業をする方法は全く知らなかった」という．また別の世帯は「農業はタカリ族の畑仕事を手伝いながら見よう見まねで覚えた」という．現在でもチャイロ村とツェロの間で日常的な労働力の交換や，犂耕の際の牛と労働力の提供が行われている．農耕経験がなかったチベット難民も，周辺の村落と社会関係を築くことで徐々に農耕適応を果たしていったのだろう．

現在では果樹栽培が広がっているが，現状では果樹栽培から得られる現金収入は少ない．チャイロ村で果樹栽培から現金収入を得ている世帯の，収入額の平均は143,400Rsであった．それに対し，ツェロで果樹栽培から現金収入を得ている世帯の，収入額の平均は26,712Rsと僅かな値であった．

両村間の果樹販売による現金収入の差異の大きさは複合的な要因で生じている．一つは，これまでも述べてきたように世帯当たりの農地の賦存量の小ささに起因している．十分に土壌が改良された農耕適地は少なく，リンゴを植樹し数年後に多くの収量を見込める農地はそう多くはない．

二つ目は歴史的な経緯に起因する．両村の生計手段の変遷をツェロについては図9に，チャイロ村については図10に示す．図10をみるとチャイロ村では果樹栽培は1980年代から拡大している．一方のツェロでは果樹栽培が普及したのは図9によると2000年代にかけてである．リンゴから十分な現金収入を得るには十年程度の期間が必要であり，ツェロではまだ十分にリンゴが成長していない．チャイロ村は農業主体の生計活動を長いこと続けており，農業試験場経由でムスタンに果樹栽培が広がり始めた初期の頃に，リンゴの栽培に着手している．ただ，2000年代中頃までは，リンゴは収穫しても

a ジャガイモの収穫風景

b ドライアップルを作る様子

写真2 ツェロの農耕の様子
注) 写真aは2013年9月17日撮影．写真bは2014年9月7日撮影．

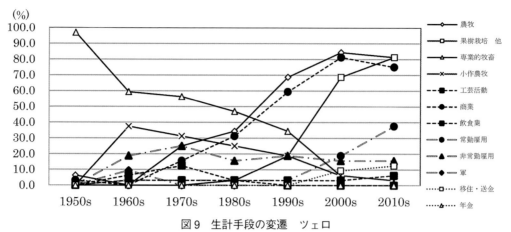

図9 生計手段の変遷 ツェロ
注）聞き取りにより作成．各生計手段にどの程度の世帯が従事していたのかを示す．母数は32世帯．

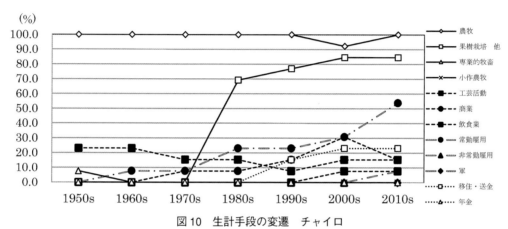

図10 生計手段の変遷 チャイロ
注）聞き取りにより作成．各生計手段にどの程度の世帯が従事していたのかを示す．母数は13世帯．

全て売り切ることができずに余らせていた．しかし，2008年にジョムソン街道に自動車道路が開通してからは，トラックなどを利用してリンゴを大量輸送することが可能となり，全量を販売に回せるようになった．価格も上昇しており，2000年代後半に1kg≒20～30Rsで販売されていたリンゴは現在では1kg≒80～100Rsで取引される．チャイロ村は以前からリンゴ栽培を行っており，都市部への近接性の向上という社会環境の変化に即時に対応し果樹販売額を増大させた．

一方のツェロは，1980年代から1990年代にかけてリンゴの栽培に消極的であった．リンゴを栽培して実際に果樹が収穫できるまで数年かかるうえ，道路の開通前は販路も限られていた．限られた農地を有効活用し生存を確保していくため，チベット難民は穀物類を栽培することを優先していた．難民としてアクセス可能な生計手段が限られ生計の脆弱性が高い状況下で，その日暮らしを続ける世帯も多く，長期的視野でリンゴ栽培を手掛ける世帯は限られていたのである．また，1990年代から2000年代の前半にかけては，多くのツーリストが徒歩でマルファの街を訪れていたため，土産販売が生計活動として優先され，リンゴ栽培という新たな生計手段を模索する必要性もそう高くなかった．それゆえ，ツェロでリンゴ栽培が拡大するのは自動車道路が延長されて後となり，他村落に比べ出遅れた形になっていると言える．

（4）農外活動

これまで見てきたように，ツェロでは農業活動による生計の自給性の低さから，農外活動により生計を維持する必要性がある．農外活動は，「生活圏外の外部経済との多様な関係網を開発する生計戦略」でもある．外部経済と世帯や個人の生計活動との関係性について，遠藤は「外的要因による世帯生計の

変化を検討する場合，世帯のライフサイクル上での生計の特徴や生計戦略について把握し，外的状況の変化が世帯生計のライフサイクルに対応したより長期的な変動にどのように変化をもたらしたのか検討する必要がある」(遠藤 2008:26)と述べる．Zoomers (1999)は生計戦略を家族ライフサイクルや地理的環境の違いによって柔軟に変動するものと捉え，世帯の目的と行動の優先順位を重視して生計戦略を分類した．世帯が採用する戦略は，各世帯の家族ライフサイクルのステージによって柔軟に変遷していくとされ，世帯が辿ってきた生計の軌跡 Livelihood trajectories の分析が重要な課題として浮かび上がってくる(de Haan and Zoomers 2005)．そこで両村の生計手段の変遷を家族ライフサイクルとの関係から捉えたい．表1にツェロ，表2にチャイロ村の典型的な世帯の生計手段の変遷を提示する．

ツェロのチベット難民の場合，その9割以上はチベットにおいて遊牧を生業としており．ヤク，ヒツジ，ヤギ，ウマを飼い，季節ごとに移動をしながら，家畜から得られる生産物を頼りに生計を維持していた．ネパールへの亡命に際して，家畜であるヤク，ヒツジ，ウマを連れてくることができた世帯もあれば，全ての家畜を失った世帯も多い．わずかばかりの食料や宝飾品類，家畜を連れて生存を図っていた．およそ6割の世帯が1960年代に上部ムスタンなどで遊牧を続け，残りの世帯はムスタン王の農地で小作として働いたり，現地の遊牧民から家畜を預かって牧畜を請け負ったりするなどの仕事に従事した．1970年代初頭にツェロが難民居住地として開設され，ムスタン上部に留まっていたチベット難民が徐々にツェロに流入した．ツェロ移住後，多くのチベット難民は農耕や土産販売業に

表1 生計手段の変遷 ツェロ

世帯No.	年齢	変遷
		~1950 / 1960 (1959 チベット動乱) / 1970 (1972 キャンプ開始) / 1980 / 1990 / 2000 / 2010 (2008 道路全通)
T1	△70 ○60	チベット→ローマンタン 小作農→1973年 キャンプへ 農業——1988年リンゴ植樹10本程度——リンゴ追加90本—— / 遊牧→牧畜(雇われ) 家畜喪失 1965年ジョムソン建設現場労働者→カーペット工場→土産販売→副マネージャー 娘：アメリカ移住
T2	△51 ○50	チベット→ローマンタン→1981年キャンプへ【キャンプの福祉を求めて】農業——1990年代中頃リンゴ植樹25本——2006年リンゴ追加200本 / 遊牧→遊牧 家畜喪失・財産を売り家畜を購入して遊牧再開→家畜売却【労働力の減少で家族単位で遊牧が困難に】→1992年土産販売(マルファ・ジョムソン店舗)
T3	△41 ○37	チベット→アッパームスタン 小作農→農業——2000年後半リンゴ植樹—— / 遊牧→牧畜→ポーター キャンプ内のイベント時の料理人→2005年土産販売(マルファ店舗) 2012年寺の料理人
T4	△54	チベット→アッパームスタン(Tepa)→1992年キャンプ【教育のため】農業——リンゴ植樹 2000年後半 親戚がカナダ移住 / 遊牧 ネパール領で遊牧を続ける→家畜売却 他の人の仕事の手伝い 土産販売(路上)

注) 聞き取りにより作成．

表2 生計手段の変遷 チャイロ

世帯No.	ジャート	年齢	変遷
			~1950 / 1960 / 1970 (1973年キャンプ開設) / 1980 / 1990 / 2000 / 2010
C1	Thaka Ii	△77	隣村で農耕——1977年41歳 チャイロ村に土地購入・移住 農耕——1988年57歳再婚 リンゴ植樹——2005年リンゴ追加10本
C2	Thaka Ii	△72 ○52	農耕——1980年代前半 リンゴ植樹 60本程度——1998年57歳 再婚 2005年リンゴ追加10本 経済的に厳しく土地を売却 / 1960年 20歳-30歳 インドでホテル従業員 1970年 31歳-34歳 行商活動 インド，ネパール 1975年34 帰村 時々家畜の売却をする商売
C3	Thaka Ii	△47	農耕——1980年代前半 リンゴ植樹——2009年 農業継ぐ 2010年リンゴ追加150本 / 17歳 電力公社勤務 26歳-31歳 ドイツ出稼ぎ 31歳 公社勤務 33歳-34歳 韓国出稼ぎ 2007年 ホテル建設(ジョムソン)
C4	Bika	△45 ○42	農耕——1980年代前半~ リンゴ植樹 20本程——2000年代前半~ リンゴ追加80本 / 金細工 1997年 29-39歳 サウジアラビア・ドバイ出稼ぎ 2008年40歳 金細工

注) 聞き取りにより作成．

| a　店舗型の土産販売 | b　路上型の土産販売 |

写真3　土産販売業の様子
注）写真aは2013年9月26日撮影．写真bは2014年5月2日撮影．

　携わった．特に，近隣のマルファ，ジョムソンにおける土産販売業は重要な現金収入源の一つである．2013年では，75％の世帯が土産販売業に従事しており，土産販売業を中心とする商業活動は収入全体の28.0％を占めている（図5）．販売形態は，写真3に示すように，路上で販売する形態やマルファやジョムソンにおいて店舗を借りて出店する形態，もしくは一定期間かけて遠方へ赴いて商売する行商形態の三つがある．土産販売業には他村落の住民は参入せず，チベット難民だけが取り組んでいることから，土産販売業はチベット難民が当該社会の中で見出したニッチな経済的機会の一つであると言えよう．「チベット難民」というラベルには，チベット文化のエキゾチックで神秘的なイメージと難民としての悲劇的なイメージが外部から付与されている（Moran 2004）．チベット難民自身このイメージを内側に取り込み，「I'm refugee」と訴えて土産品を販売することもある．他方で，この土産販売業が経済的ニッチであるということは，裏を返せば，より大きな経済活動への参入に構造的な障壁があることを意味する．マルファでは先住民のタカリはホテル業やレストラン業に従事する．ホテル業の経営には多額の初期投資資金とネパール政府からの許可が必要となる．しかし，チベット難民は資本および法的権原の欠如ゆえに当該地域でこの産業に参入することは難しい[※2]．

　この土産販売業は近年苦況に立たされている．2008年にジョムソン街道で自動車道路が全通した．上述したように，近接性の向上という変化によってチャイロ村ではリンゴ販売額が増大し生計の向上に繋がった．一方，自動車道路の開通によって，多くのツーリストがバスでマルファを通過するようになり，マルファの宿場街を歩く人は減少した．土産販売店を訪れるツーリストは減少し売上は減少しているという．ただ，土産販売業を辞めても他に有力な生計手段は見出せない．ローカルレベルでアクセス可能な他の有力な生計手段は亡命政府関係の仕事などに限られる．そのため，チベット難民若年層は，ネパールの他都市かインド等へ流出している．欧米諸国などに子どもや親戚を送ることができた世帯は，外国からの送金を頼みにすることもできるが，これは自助努力によりアクセスの可能性が開かれる性質のものではない．

　チャイロ村では，家族ライフサイクルのステージごと柔軟な生計戦略が採用されている．例えば，表2中の世帯C3，C4は，20代から40代前半という働き盛りの時期に，外国へ出稼ぎに行き，そこで蓄積した資本を元手にして帰国後にリンゴを追加で植樹したり，ホテルを建設したりして，新たな生計手段を発展的に展開している．また，世帯C1，C2はチャイロ村の土地の売買経験がある．世帯C1の場合は他村からの移住にともない土地を取得した．また，世帯C2は，経済的に厳しい時期に自身の土地を売却して経済的な危機を乗り越えた．表に掲載しなかった世帯では，公的な機関（農業試験場や教員など）に長年勤務することで生計を維持していることが多く，そこで蓄積された資本を元手

※2　具体的にはホテル／ロッジ／レストランの営業許可は，ネパール政府のツーリズム産業部局 Tourism Industry Division への申請が必要．その際に市民権証明書や土地所有証明書などが求められる．また，それ以外の産業によって起業する際にも，政府機関 DCSI（Department of Cottage and Small Industries）への登録が必要となり，ネパール市民権証明書の提出が求められる．そのため，起業する場合などは，ネパール市民権を保有しているビジネスパートナーを見つける必要がある．

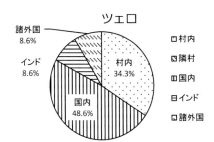
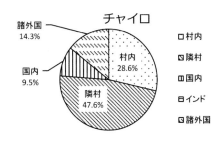

図 11　世帯主の子の滞在地　注）聞き取りにより作成．ただし，学生は除外．

にリンゴの追加植樹という投資的な戦略を採用している．このようなチャイロ村で見られる一連の生計活動は，基本的に市民権の保持者がアクセス可能なものである．家族ライフサイクルの各ステージで，外国への出稼ぎや土地の売買，公的機関への就職などの生計手段にアクセス可能なのかどうかは，資本蓄積を図り生計状態の改善，向上を図っていくうえで重要である．

図 11 に世帯主の子の世代の動向に限って滞在地を空間的に分類した図を示す．ただし学生を除外し，子の世代の生計活動の空間的展開を捉えられるようにしてある．チャイロ村の子の世代は，隣村で生活する者がツェロに比べて高い．これは，農業自給率の高さに加えて，近隣で常勤雇用の仕事を確保できていることによる．また，ツェロと比較して諸外国にいる者の割合が高いことも特色の一つである．若年層はクウェートやカタールなどの中東諸国に出稼ぎに出ているのである．市民権を保持していることによって，ローカルレベルからグローバルレベルまでの様々な生計手段へのアクセスが可能となる．このようなアクセス可能な空間的範囲の大きさは，ローカルレベルの生計活動の展開をも左右している．

5．低地におけるチベット難民の生計活動

（1）ジャンパリンの概要

ジャンパリンは標高約 450-500m で，セティ・ガンダキ川の河成段丘上に位置する難民居住地である（図 12）．1974 年に開設された難民居住地で，ムスタンでゲリラとして活動をしていたチベット軍人とその家族，子孫が生活を送っている．年間降水量は 2428㎜，年平均最高気温は 28.9℃，年平均最低気温は 16.8℃ である（Practical Action Nepal Office 2009）．日中の暑さが大変厳しい亜熱帯気候の地域であり，4 月から 9 月の間は日中の最高気温が 30℃ を超え，11 月の平均的な最高気温も 25℃ を超える．冬季は幾分涼しくなるものの，1 月の最高気温は 21.2℃，最低気温は 8℃ と温暖である．6 月から 9 月のモンスーン季の降水量が 1708.1㎜ であるのに対して，乾季である 10 月から 3 月の降水量は 169.6㎜ である．モンスーン季の夏は天水で十分に農耕が可能となるが，冬季は乾燥が著しいため農耕には灌漑が必要となる．イネやトウモロコシを主作物とした降雨農業地域である．ネパールの標高 1200m 以下はアワリア地帯と言われ，1960 年代まではマラリアが跋扈し，中山間地の民族でさえ容易に低地には近寄らなかった（Hodgson 1972；川喜田 1997；小林 2002）．特に，標高 600m 以下の河岸はマラリアの高度浸淫地という指摘もある（小林 1996）．

1960 年代以降，マラリアへの対策が進み，タライ地方や中山間地域の河川沿いが居住地として開拓されていくことになったが，ジャンパリンの土地はまさにそのような性質の土地である．1970 年代に，ネパール政府がジャンパリンのような広大な土地をチベット難民のために用意できたのも，標高 500m ほどの河川沿いの土地はそれまで悪疫の大きい居住不適地として人々に認識され，人口密度が低かったためであろう．ArcGIS のジオメトリ演算機能で計算したところその総面積は約 59ha と算出された．

ジャンパリンは旧軍人のための居住地であるため，他のチベット難民居住地とは若干異なり亡命政府から諸々の恩給が存在する．一般のチベット難民には，ジャンパリンの居住許可は下りず，軍人の

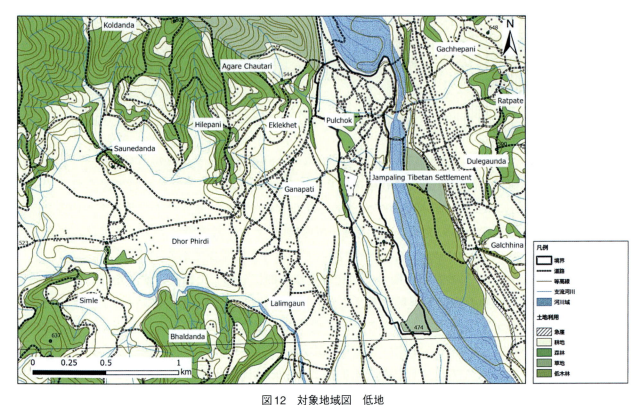

図12 対象地域図 低地
注）ネパール政府．地形図「KHAIRENITAR」より作成．

配偶者とその子孫のみジャンパリンでの居住が可能となっている．ジャンパリンの登録人口は2009年時点で615人であるが(Snow Lion Foundation 2011)，ツェロと同様に多くのチベット難民がネパール国内の都市部と難民居住地とを行き来しているため，常時定住人口は200人程度と推察される．参考までにPlannig Council (2000)から1998年の人口構成を示すと，世帯数は121で在住人口が525人，男性280人，女性245人であった．筆者調査でもおよそ100世帯を確認し49世帯から有効回答を得られた．

サウネダンダ村はドルフィルディ行政村内の第3区(Ward No.3)に属している．サウネダンダ村はジャンパリンからやや山間部に入った場所に位置し，古くから農業を生業の中心に据えている．夏季には一面が水田に覆われ，背後には里山があり，日本の農村を彷彿とさせる景観が広がる．人口は第3区全体では1243世帯，4855人(男性2110人，女性2745人)である．サウネダンダ村は第3区の集落の一つで，聞き取りはサウネダンダ村の集落を中心に25世帯に依頼し，20世帯から有効回答を得られた．

(2) 生計構造

高地の事例と同様に，聞き取り調査からジャンパリン，サウネダンダ村両村の世帯収入の推計値を求めた．両村の世帯収入推計値の分布は図13のように示された．世帯収入推計値の平均はジャンパリンが125,961Rsで，サウネダンダ村が317,848Rsだった．

ジャンパリンの生計は，主に農耕や糸紡ぎなどの手工芸，企業等への勤務，亡命政府関係の仕事，外国からの送金，年金収入などで構成されている．高齢世帯が多く，旧軍人への恩給として60歳以上の者に年金が

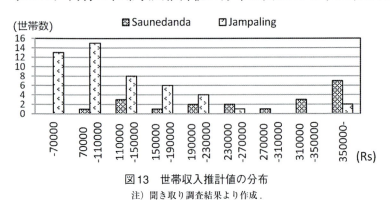

図13 世帯収入推計値の分布
注）聞き取り調査結果より作成．

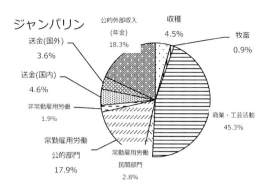 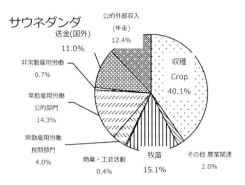

図14　生計構造　ジャンパリン／サウネダンダ
注）聞き取り調査結果より作成．

支給されているため，年金収入が世帯生計に占める割合が大きい．一方，サウネダンダ村の生計は，主に農耕や家畜飼育，民間企業・公的機関での雇用，および外国への出稼ぎで構成されている．

図14は，ジャンパリンおよびサウネダンダ村の生計の収入構造を示したものである．ジャンパリンでは，農耕における収穫物からの収入が全体の4.5%を占めるに過ぎず，農業活動収入は合計でも5%に過ぎないことが明らかとなった．商業・工芸活動からの収入の割合が大きく，全体の45%に及ぶ．雇用による収入は全体の約22.6%，国内外からの送金が8.2%，年金収入が全体の18.3%を占めていた．すなわち，農外活動が全体の収入に占める割合が9割を超える．これに対して，サウネダンダ村では農耕における収穫物からの収入が全体の40%となり，牧畜と合せると農業活動からの収入が全体の57%に及ぶ．雇用による収入は18%，外国からの送金が11%，年金収入が12%であり，農外活動収入が全体に占める割合は4割程度であった．

（3）農耕適応

当該地域の典型的な農村であるサウネダンダ村は幾世代も当該地域で農耕に従事しており，夏にイネを栽培し，冬にコムギやトウモロコシを栽培する農耕システムを構築している．他にジャガイモやマメ，葉物野菜，ダイコン，タマネギ，トマトなどの野菜類に加え，一部世帯ではマンゴーやライチ，パパイヤなどの熱帯性果実の栽培を行っている．

ジャンパリンとサウネダンダ村両村の世帯収入と農外収入率との関係を図15に示す．図15から明らかなように，サウネダンダ村では農業活動が世帯収入に占める割合が高いが，一方のジャンパリンでは農外活動に収入のほとんど全てを頼る世帯が多い．しかし，ジャンパリンの農地面積は広大である（図16）．ジャンパリンでは十分な広さの農地が存在しているにも関わらず，農耕を生計手段とする世帯は16%と少なく，農耕の収穫物から得られる収入も村落の生計に占める割合は5%弱に過ぎない．

ジャンパリンでは農地は各世帯に分配されず，24.4haの広大な農地を3つに分けてグループ単位で農耕に従事する．この農業グループへの参加は各世帯の自由意思に委ねられており，グループ1は5世帯，グループ2は4世帯，グループ3は4世帯，合計で13世帯が参加している．農業グループへの参加／不参加は1年ごと決められ，以前は

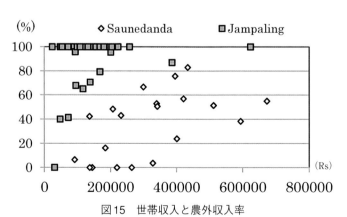

図15　世帯収入と農外収入率
注）農外収入には，商業・工芸活動，雇用，送金からの収入が含まれる．
聞き取りより作成．

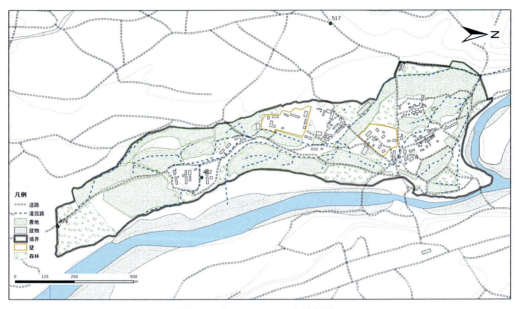

図16　ジャンパリンの土地利用
注）GPS を用いた現地調査により作成．

一グループだけで20世帯ほどが農業グループに参加していたが，現在では高齢化の影響もあり少しずつ参加世帯数は減少している．耕起や播種，灌漑，施肥，収穫などの農作業は全てグループ単位で実施され，農業グループの主任の指示のもと農耕に従事する．

調査を進めるにつれ，ジャンパリンのチベット難民は雨季作のイネ栽培には従事せず，乾季作のコムギ栽培にのみ従事していることが明らかとなった．図17にジャンパリンにおける主な農作物の農耕カレンダーを示す．ジャンパリンのチベット難民は Mangsir 月（11月-12月）頃にコムギを播種し，Chait 月（3月-4月）頃に収穫を行う．コムギ栽培については耕起から播種，施肥，灌漑，収穫，脱穀という農作業を全てチベット難民自身の手で行っている．チベット難民が本格的に農耕に従事するのは，この冬の乾季の数カ月間に限られ，イネ，トウモロコシについては近隣に住むネパール人に農地を貸して栽培を委託している．

ネパールでは地主が土地と種子を貸し与え，アディヤと呼ばれる小作農が肥料源（家畜）と労働力を負担し，収穫物を地主と折半する借地農制度が存在している．この制度のこともアディヤと呼び，一般的に1年契約で地主が大型家畜を数頭以上保有する農家に耕地の耕作と肥培管理を委ねる制度である（佐々木1978）．チベット難民は近隣に住むネパール人とこの借地農契約を結び，農地とイネ，トウモロコシの種子を貸し，ネパール人に労働力を負担してもらい収穫物を折半している．チベット難

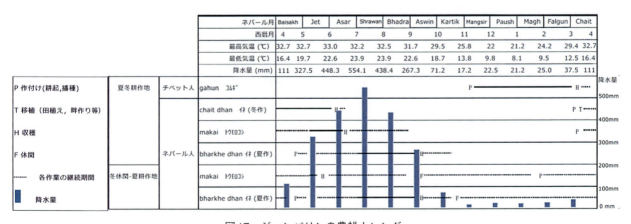

図17　ジャンパリンの農耕カレンダー
注）現地調査および聞き取りより作成．

民はネパールに古くから存在する借地農制度を取り入れてジャンパリンで農耕を行っている．

ジャンパリンの農地で農耕に従事するネパール人の小作農世帯数は21世帯で，そのうちの19世帯に聞き取り調査を行った．63％の世帯が自らの所有する土地を持たない零細農家で低カーストに位置づけられるジャートの世帯が多かった．小作農継続期間を尋ねたところ10年未満が8世帯，10年以上20年未満が5世帯，20年以上が3世帯であった．10年以上という長期間に渡って小作農を続けている世帯が半数を占め，チベット難民とローカルなネパール人が継続的な人間関係を構築していることが示唆される．

高地のツェロでは，チベット難民は夏にソバ，冬にオオムギの栽培を行い通年で農耕に従事していた．しかし，低地のジャンパリンでは冬のコムギのみ自ら栽培を手掛け，夏は農耕にはほとんど従事していない．なぜ，このような高地と低地とでは対照的な状況が生じているのであろうか．

世帯Aによると，「11歳の時に，馬に荷物を乗せて小さい弟や妹を背負って歩いて難民居住地に到達した．ジャンパリンは当初は何もないところで，竹で作られた様な家に住んでいて雨が降ると雨漏りがしていた．そこから少しずつ農地を開いていった」という．さらに「周りはジャングルで地面はほとんどが石ばかりだった．最初はジャンパリンにいるチベット人みんなで畑を造成した」（世帯B）という．土地を開墾し農地として整備していくまでには相当の苦労があったものと推察される．また土壌の性質も必ずしも農耕には適しているとは言えないものであった．

造成された農地では，当初，チベット難民はコムギとイネの栽培に取り組んだ．コムギ栽培については，「ムスタンでの経験から大した問題もなく始めることが出来た」（世帯B）という．ただし，「耕起はネパール人のウシを借りてネパール人に行ってもらっていた」（世帯D）という．犁耕用のウシを飼っていたこともあるが，「チベット高原と違い，土地が湿っていて，土地には石も多いので，訓練が足りず技術的にも難しく飼うのをやめてしまった」という．現在では，耕起にはトラクターを使っているが，トラクターの導入以前は，コムギ栽培の耕起については近隣のネパール人に犁耕を依頼していたようである．

一方，イネ栽培については，チベット難民は当初から悪戦苦闘したことが聞き取り結果から明らかとなった．チベット高原ではイネ栽培は行われておらず，チベット難民にとってイネ栽培は全く初めての経験であった．そのためネパール人に頼み，イネの栽培方法を教えてもらったという．しかし，世帯Bによると「ほんの小さい面積だけチベット人でイネ栽培に取り組んだこともあるが，うまくできないので，その後は全てネパール人に任せるようになった」という．具体的には「栽培方法がよく分からなかった．水を入れた後，何をどうしていいのかが分からなかった．足に泥がつくし，虫にもたくさん刺されて病気になるのも心配だったし，一つ一つ苗を植えるのもとても大変だった」という．また世帯Eは「イネ栽培はできなかった．田植えを上手く行う方法が分からない．上手く植えられな

a　ジャンパリンの農地

b　サウネダンダの農地

写真4　対象村落の農地

注）写真aは2014年8月2日撮影．写真bは2014年9月16日撮影．

いと苗が浮いてきてしまうし，水の管理方法も分からなかった」という．世帯Fは「とにかく夏の暑い中で農作業をするのが大変だった．チベット人は寒く，涼しい場所で農業を経験してきたので，暑い中での農作業は体が慣れず，病気になる人も多かったのでやめた」という．

　チベット難民の中には，初めからイネ栽培に取り組むことすらあきらめていた者もいる．世帯Dは「最初から水の管理，播種，田植え，草刈りなど全てをネパール人に任せてきた．犂耕用の牛も，労働力も全てネパール人が連れてくる．イネ栽培はやり方が分からないし，イネ栽培についての技術を習得しようとも考えなかった」と語った．また，世帯Hは，なぜイネ栽培をしないのか，という筆者の質問に対して「チベットでイネ栽培の経験がないのに，どうしてジャンパリンでできると思うのか（できるはずがないじゃないか）」と答え，「田植え，水の管理，イネの病気などは全く分からない．夏の暑い中で農作業をするのはとても辛く病気になってしまう」と語った．さらに，世帯Iは「イネの病気に対処する方法や予防法がわからないので，ネパール人に栽培を任せておいた方が安全で確実に収穫物を得ることができるし，慣れないイネ栽培に時間をかけるよりも，商売や他の仕事で現金収入を獲得する方が重要だ」と語った．

　イネの栽培のためには，田の一部を育苗のための苗田として整備し，そこに種もみを播種し，20日ほど育苗する必要がある．その間の水量調節，水の温度調節は小まめに行う必要があり，イネの栽培期間に入ると早朝から日暮れまで稲作労働に従事する必要がある．その後，田起こしや代かきを行い，田植えに移行する．田植え後も草刈りをこまめに行いながら，防除（病気の予防）に努めなければならない．田起こしや代かきには犂耕用の家畜が必要であり，田植えや除草には多くの人出が必要となる．すなわち，イネ栽培を実施するためには，水田の水の管理に関する知識，イネの病気に関する知識が必要であり，犂耕用の役畜（ウシ）を恒常的に飼育し，ウシを操り耕起する技術が必要となる．また，田植えや除草，収穫の際には多くの労働力が必要となるため，そのような労働力を調達する組織や社会的慣行が必要となる．また，ジャンパリンでは4月−9月の間は日中の最高気温が30℃を超え，田植えや除草などの労働は雨季の暑熱期と重なる．そのため，暑熱かつ高湿度な環境下での労働に耐えられるだけの持久力や慣れも必要である．

　聞き取り結果から明らかなように，チベット難民は，このようなイネ栽培に適応するための一連の知識や技術力，社会文化的な基盤を保持していなかった．また，現在においても技術や知識の習得は進んでおらず，イネ栽培を可能とする社会文化的な基盤は形成されていない．親世代からの知識・技術移転が皆無であるため，ジャンパリンで生まれた若年層のチベット難民もイネ栽培に従事する者は1人もいない．イネ栽培に適応するためには，親族，友人を中心とした大規模な労働力調達の仕組みが必要であり，サウネダンダ村の「結い」の一種である労働交換 *parma* に見られるような社会文化的な基盤が必要である．しかし，「文化の垂直構造性」の最上部に位置するチベット文化圏においては，

a　チベット人（左）とネパール人小作農（中央・右）

b　長年農作業に従事する男性

写真5　ジャンパリンの農地で農作業を行うネパール人小作農
注）写真aは2014年5月16日筆者撮影．写真bは2014年5月13日筆者撮影．

麦作を中心とした世帯レベル程度の小さな社会単位で実施される農耕システムが築かれている（高山 1960）．また，チベット人の労働の特性として川喜田（1997）は個人主義的で，相互扶助や共同労働も見出されるが，それ以上に雇用労働制が普及していることを指摘している．このような指摘を踏まえれば，隣村のネパール人村落と比較して，チベット難民の社会ではイネ栽培のための大規模な労働力調達を容易にさせる社会文化的な基盤が整っていなかったと考えられる．つまり，ジャンパリンのチベット難民は，イネ栽培という農耕にはチベット人単独では不適応に至ったのであり，現在でもネパール人小作農に雨季作のイネの栽培を委託し，冬の乾季作のコムギの栽培のみチベット難民が自らの手で行っているのである．

ここにはネパールの「文化の垂直構造性」とチベット文化の特徴が表れている．川喜田はチベット文化の性格について「強靭な文化パターンをもつがゆえに，それに適合した環境の地理的範囲を超えられない」（川喜田 1996b：572）と指摘し，気候が温暖ないし暑熱な地域では，チベット人は生活ができなくなると述べている．チベット文化の核心部には「農耕─牧畜─キャラバン商業」という生業パターンが認められ，この生業パターンはチベット人の社会組織や精神文化などの生活全般と深い関連を持っている．寒冷高地のチベット高原で生活してきたチベット難民にとって，ジャンパリンの湿潤で暑熱な環境は，移住後の適応に際して非常に大きな抵抗要因となったのである．

日本の人類生態学の第一人者である鈴木継美は，移住者が過去の居住地でつくり上げた生活の様式を「環境のメモリー」と呼ぶ（鈴木 1977）．鈴木によると，この「環境のメモリー」は，通常はあまり意識されることはないが移住によって異なる生態環境や文化環境と接触することで顕在化するという．移住者は様々な属性を移住先にもちこむものの，移住先には既存の社会・文化体系があるため，移住先での暮らしの調節は複雑なものとなる．ときには，移住者が持ち込むものと移住先で移住者が遭遇する新しい環境との葛藤を生む（鈴木ほか 1990：176）．移住者が曝される新しい環境はストレスが多く，疾病や死に直面するリスクが高まることも多い．そのようなリスクが生まれる要因は幾重にも重なったものであるが，根底には新しい環境に対する移住者の適応の欠落がある（Little and Baker 1988：167）．鈴木はこのような社会文化的，生態的なストレスの総体を「環境抵抗」と呼び，それはローカルな要因，ナショナルな要因，グローバルな要因の3つが絡みあうことで作り出されていると指摘する（鈴木 1977）．

川喜田（1977）はチベット人の衛生観念では低地の暑熱で湿潤な環境に対応できないことを指摘している．チベット人が「気温も湿度も高い雨期のインドに下りてくると，その不潔さがたたって，バタバタとやられる．そのため昔からチベット人は，夏の雨季にインド側に旅することを，非常に恐れて避けてきた」（川喜田 1977：19）としている．ジャンパリンの土地は，1960年代までマラリアの高度浸淫地と言われていた標高600m以下の河岸沿いにあり，アワリア低地の中でも殊更過酷な環境であったと推察される．実際に，ジャンパリンのチベット難民のある世帯は「ジャンパリンとムスタンを比べると，とても暑く，ジャンパリンの水は身体に合わない．最初の頃は何を食べても元気にならなかった．病気になる人がたくさんいて，自分の2人の姉もキャンプに移住してから1年程度で体調を大きく崩して下痢が激しくなり亡くなってしまった．周囲でも移住後の1,2年の間にたくさんのチベット人が死んでいった．チベットやムスタンでは病気にかかったことがなかったのに，ジャンパリンでは病気になることも多く病院に行くことが増えた」と述べる．また別の世帯は「ジャンパリンはとても暑くて移住の当初は悲しい気持ちになった．本当に慣れるのが大変だった．最初の頃は食事の食べ方が分からず困った．例えば，チベットやムスタンでは朝作った食事は夜まで保存ができたが，ジャンパリンではすぐに腐ってしまった．下痢になる人が多くしばらくして多くの人が死んでいった．お肉やお米，豆などに食事が変わってしまい，急な変化で食事が美味しく感じられなかったことを今でも

覚えている」と語る．このような衛生上の問題はインドの熱帯低地に移住せざるを得なかったチベット難民の場合でも指摘されている(落合 1995, 1996)[※3]．

　すなわちチベット高原という寒冷高地で生活してきたチベット難民は，ジャンパリンの湿潤で暑熱な環境に直面することで大きな「環境抵抗」に直面したのである．この「環境抵抗」の大きさは農耕におけるイネ栽培の不適応の要因となったのである．そして，この「環境抵抗」も「難民性」の一つである．チベット人のエミックな環境認識は，低地のヒンドゥー系諸民族とは大きく異なっていたのであり，チベット人の民族性は，低地のジャンパリンでの適応に際して「環境抵抗」として顕在化した．環境の大きく異なる場所へ移住をすることは，難民として新たな土地へ適応するうえでの障害となり，生計の脆弱性を生み出していた．

　このような状況下で，チベット難民はむしろイネ栽培を諦めることで生存を図った．つまり，イネの栽培を技術力のあるネパール人小作農に委託することで，イネの栽培に失敗し収穫物がゼロになってしまうというリスクを低下させ，不慣れな熱帯環境下で病気にかかるリスクをも減少させた．また，イネの栽培を委託すれば，それによって生まれた余剰時間を現金獲得のための労働や商業活動に配分することも可能となる．ネパール人小作農へのイネ栽培の委託は，不適応の結果であると同時に，ローカルなネパール人との間の社会関係を利用した生計活動上のリスク回避戦略であり，同時に，余剰時間を別の生計活動に振り向けて収入源の多様化を図る生計の多角化戦略であると解釈することができる．ただし，隣村のサウネダンダ村と比較すれば，「環境抵抗」に由来するチベット難民の稲作への不適応は，農業活動による生計の自給性の低さへと結びついていることに変わりはない．

　これとは別に，チベット仏教の「宗教上の禁忌」も低地での牧畜の在り方を規定し，生計の自給性を左右する．ヒンドゥー村落のサウネダンダ村では多くの世帯でヤギやニワトリを食用販売目的で飼育している．収穫物を市場で販売する余裕のない中小の農村世帯にとって，この牧畜から得られる現金収入は重要である．農耕に従事する傍ら，日帰り放牧を続けてヤギを育て販売することで，農耕に従事しながら現金収入を得ることができる．また，販売目的でニワトリを700匹ほど飼育する世帯もある．このような，ヤギやニワトリ，スイギュウの牧畜は，現金獲得手段であると同時に，その糞は堆肥として農耕に欠かせない要素となっている．サウネダンダ村は，川喜田が示したように「水稲―牧畜―カースト間分業」という生業パターンを構築することで，低地での農業活動による高い自給性を達している．

　これに対して，ジャンパリンでは食用販売目的の牧畜が宗教上の禁忌とされている．チベット仏教では全ての生き物は神聖なものとされ，チベット人は生き物の殺生を罪深いこととして恐れている．食肉はチベット人の好物の一つであるが，食用販売目的で家畜を飼育して販売したり，自ら屠殺したりすることは常は行われない．許されているのは，糞，牛乳，卵などの利用や自然死した家畜の利用に限られる．このような宗教上の禁忌はチベット難民社会で共有されており，マディヤ・プラデーシュ州（インド）のチベット難民居住地でも，国際難民レジームによる養鶏場や養豚場の援助計画が頓挫している（落合 1996）．

(4) 農外活動

　ジャンパリンでは農業活動による生計の自給性の低さから農外活動に生計の重心が置かれており，農外活動は収入全体の94.5%を構成している．図18にジャンパリンの，図19にサウネダンダ村の生計手段の変遷を示す．ジャンパリンでは生計手段の変遷が著しい．これは高地のツェロと似たような

※3　インドの熱帯地方のチベット難民居住地では灼熱の暑さと，食事の変化などから赤痢や結核に罹るものが続出し，連日何十の難民が倒れその遺骸を荼毘に付す火葬場の煙は連日キャンプを覆っていたという．

傾向である．1974年のゲリラの軍事活動の終焉に伴いジャンパリンへ移住したチベット難民は，その多くが工芸活動に従事した．ここでの工芸活動とは，カーペット製造に関係する仕事を意味しており，カーペット用の羊毛の生産（洗浄や乾燥，染色など），羊毛の糸紡ぎ，カーペット工場での織物業などを指す．1980年代，1990年代には90%の世帯が工芸活動に従事しており，このことから，1990年代までは多くの世帯がカーペット関係の仕事に従事し，その傍ら居住地での農耕が展開されていたとみることができる．2010年代では，亡命政府関係の雇用や茶店の経営などの飲食業に生計活動の中心が移行している．写真6にジャンパリンの農外活動の様子を示す．一方のチャイロ村では，農業が生計活動の中心であり，農外活動の展開はゆるやかに進んだ．2010年代では，およそ50%の世帯で常勤的な雇用に従事し，40%程度の世帯で外国への出稼ぎが生計手段として選択されている．常勤雇用の仕事は学校教員や銀行などでの勤務である．

両村の生計手段の変遷を家族ライフサイクルとの関係から捉えるため，表3にジャンパリン，表4にサウネダンダ村の典型的な世帯の生計手段の変遷を提示する．

ジャンパリンのチベット難民の場合，9割以上の世帯がチベットでは遊牧を生業としていたが，一部世帯では農耕の経験もある．高地のツェロのチベット難民と同じように，多くの世帯が亡命に際

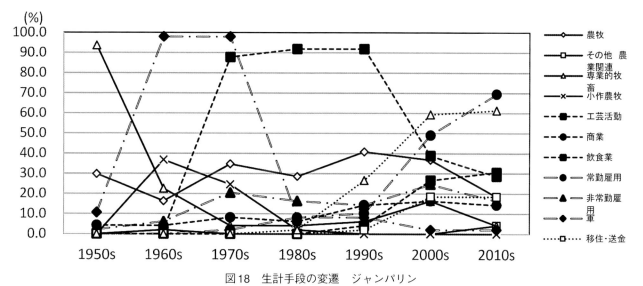

図18　生計手段の変遷　ジャンパリン
注）聞き取りにより作成．各生計手段にどの程度の世帯が従事していたのかを示す．母数は49世帯．

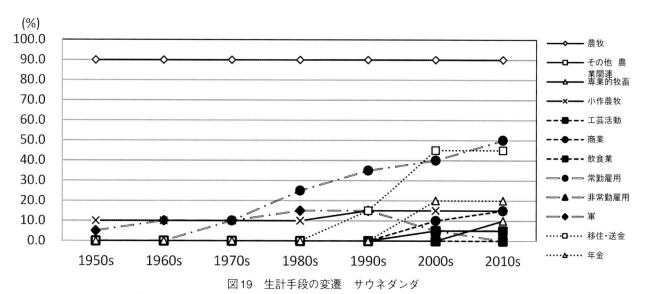

図19　生計手段の変遷　サウネダンダ
注）聞き取りにより作成．各生計手段にどの程度の世帯が従事していたのかを示す．母数は20世帯．

a　羊毛の糸紡ぎ　　　　　　　b　茶店の経営

写真6　ジャンパリンの農外活動

注）写真aは2014年8月18日筆者撮影．写真bは2014年8月17日筆者撮影．

して家畜であるヤクやヒツジなどを失い，わずかばかりの所持品をもってネパール領内へと亡命した．また，世帯J1のようにチベット動乱の前に，既にチベット軍人として活動し，ダライ・ラマのインド亡命時に防衛部隊として従軍した者も多い．その後，ムスタンでのチベット人ゲリラの活動が始まると，多くのチベット難民の男性が軍に入隊し，1974年まで10年以上にわたり軍事活動が展開された．ゲリラはアメリカCIAの支援により軍事的訓練や軍需物資の提供がなされていた（Van de Wijer 2010）．軍人数は1800人に及んでいたとされ大規模な活動であった．

表3　生計手段の変遷　ジャンパリン

注）聞き取りにより作成．

表4　生計手段の変遷　サウネダンダ

注）聞き取りにより作成．

冷戦下の反共目的でゲリラを支援していたアメリカであったが，1972年，アメリカのニクソン大統領は突如中国を訪問し毛沢東と会談した．これにより米中関係は改善し，CIAによるゲリラへの支援は中止されることになった．その後も，チベット難民側は独自にゲリラを継続したが，1974年，ネパール政府は軍事活動の停止を命令し，ダライ・ラマ14世がこれを受入れたことでゲリラは中止された．ネパール軍の管理下で多くのチベット人が難民居住地へ移住しジャンパリンが設立された．

ジャンパリン移住後，多くのチベット難民は，カーペット用の羊毛生産やカーペット工場でのカーペット織物業に従事した．カーペット産業は，スイスを始めとする援助団体がチベット難民の自活プロジェクトとして導入した産業であった．カトマンズのジャワラケル・チベット難民居住地から始まったカーペット製造は，ネパール中のチベット難民居住地で行われるようになっていた．カーペットのデザインにはチベットの伝統的仏教絵画（タンカ Thangka）が頻繁に用いられ，カーペット産業はチベット難民社会にとってのアイデンティティにもなっていた（O'neill 2005）．その後，カーペット産業は，欧米への販路の確保に成功したことで1980-1990年代にかけて大きく成長し，ネパール有数の外貨獲得産業に成長していった（岡本2000）．その産業規模は大きく，1990年の初めにはカーペット産業に関わる労働者はネパール全体で300,000人に及んでいたとされる（Pradhāna 1993）．この頃になると，カーペット製造はチベット難民だけの産業ではなく，ネパール全土を巻き込んだ産業となっていた．チベットカーペットと名付けられた商品の多くが，実際にはチベット難民居住地外のネパール人民間資本によって製造された製品に変質していた．2000年には，ネパールの輸出全体において，毛織カーペットと既製服の二製品が，インド以外の国への輸出の80％以上を占めるほどの重要な輸出品に成長し，なかでもアメリカとドイツ向けに集中的にカーペットが輸出されていた（アジア経済研究所2000）．

ジャンパリンでも積極的にカーペット生産が行われ，世帯J3, J4のようにカーペット工場のインストラクターとして働き，工場経営の指導的立場にいた者も多い．インストラクターは高給で月1500Rs程度の給与を1980年代末に得ていたという．これは当時かなか良い賃金で1980-1990年代は夫婦でカーペット関係の仕事に従事していれば，農村地域の平均に近い収入を確保することが可能であった．

しかし，チベット難民の生計を支えてきたカーペット産業は，ネパール国内およびグローバルな政治経済の影響を受け次第に苦況に立たされていく．チベットカーペットはグローバル商品へと成長し外部環境の影響を強く受ける商品と化していた．既に1990年代中頃から，縫製工場における児童労働に関する批判が高まり，ドイツやアメリカへのカーペット製品の輸出に打撃を与えていた（McGuckin 1997; Bernstorff and von Welck 2004）．ネパールの児童労働問題を監督するNGO, CWIN (Child Workers In Nepal Concerned Center) は，カーペット工場労働者の大部分が5歳から16歳の児童で構成されており，児童労働問題の温床となっていることを強く批判した（Pradhāna 1993）．また，同時期にはカーペット工場による環境汚染の深刻化も指摘されており，カーペット産業のイメージは悪化していた．さらに，ネパール国内の政治的状況の変化がカーペット産業の凋落を決定づけた．ネパールでは1996年にマオイストが立憲君主制の廃止および共和制国家の樹立を目指して武装闘争を開始し，2002年には「ネパール内戦」が始まっていた．マオイストは縫製品やカーペット工場を対象とした寄付金の強要や脅迫などの攻撃を始め，工場の中には操業停止や閉鎖に追い込まれるものが出てきた（アジア経済研究所2001）．これに追い打ちをかけるように，

写真7 閉鎖されたカーペット工場
注）2014年9月25日筆者撮影．

中国製品との間で価格競争が激しくなり,「縫製業では,ここ数年毛派(マオイスト)の攻撃や寄付金強要のターゲットになったことにより閉鎖や部分操業に追い込まれる企業が増加し,生産が低下した結果,輸出も落ち込んでいる.また,内陸国ゆえに輸送費を考慮すると近隣諸国に比べコスト面でも不利な状況」(アジア経済研究所 2003:513)に追い込まれ,カーペットの生産量および輸出量は急激に低下していった.

　結果として,2013/14年のネパールのカーペット輸出量は,1999/00年比18%の水準に落ち込んでいる(Central Carpets Industries Association 2014).金額ベースでは,1999/00年に142,365,151ドルあったカーペットの輸出額は,2013/14年には64,743,570ドルと45%程度の水準に落ち込んでいる.このような社会環境の大変動の中で,ジャンパリンのカーペット工場も2000年前後に閉鎖され,ジャンパリンのチベット難民の大部分が生計手段を失う結果となった.

　カーペット製造という重要な生計手段を失い,ジャンパリンの多くの世帯では生計戦略として,補償戦略が採用され生計の多角化が進んだ.図18から明らかなように2000年代,2010年代のジャンパリンの生計手段の変化は著しい.亡命政府関係の仕事を得られた者は難民居住地内に残ったが,若年層の多くはカトマンズやインドに仕事を求めて流出した.60歳以上の高齢者の多くは,旧軍人の恩給としてわずかな年金収入を受け取りながら,糸紡ぎにより月1000Rs程度の現金収入を得ながら生活することとなった.

　このように,ジャンパリンで見られる生計の多角化の進展は,チベット難民の生計の状態が厳しいことの裏返しである.外部経済への依存率の高いジャンパリンの生計構造は,グローバルな政治経済変動の影響を直接的に被った.カーペット工場閉鎖後はそれに代わる有力な生計手段を見出せずにいる.各世帯は,生計の多角化を進めてはいるが,法的権原に由来する構造的制約のために,家族ライフサイクルに応じた生計手段を選択する余地が少ない.そのため,若年層の多くは外部へ流出するか,常勤的な仕事に付けないままジャンパリンで過ごしている.結果として,サウネダンダ村と比較して世帯収入の少ない世帯が多く,全般的に厳しい経済状況に置かれている.

　一方のサウネダンダ村では,家族ライフサイクルのステージごとに柔軟な生計戦略が採用されている.例えば,世帯S2,S3の場合は,世帯主の男性が家族ライフサイクルの子育て期にあたる40代に外国への出稼ぎを選択し,現在はサウネダンダ村に帰村し農業を基盤として生計を立てている.また,単純な出稼ぎ労働だけではなく,アメリカ合衆国に公認会計士や医師として渡る者や,ビジネスのためにオーストラリアに滞在する者もいる.サウネダンダ村で調査した20世帯のうち,70%にあたる14世帯で,家族のいずれかに外国での労働経験がある.さらに,調査した20世帯のうち,50%にあたる10世帯で,家族のいずれかに,(世帯S1,S3,S4のように)ネパール軍や教員,警察官などの公的な職業への就業経験がある点も重要である.

　図20に世帯主の子の世代の動向に限って滞在地を空間的に分類し,その割合を示した図を示す.サウネダンダ村の子の世代は,村内にはあまり留まらず,国内もしくは諸外国における就業機会を求めて活発に移動を果たしていることが示唆される.サウネダンダ村では,自給性の高い農業活動と,農外活動へのアクセス可能性の潜在的な大きさが,ジャンパリンと比べて安定

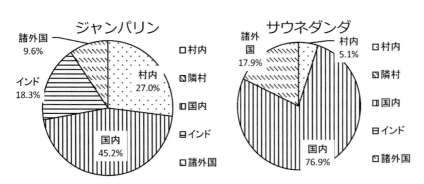

図20　世帯主の子の滞在地
注)聞き取りにより作成.ただし,学生は除外.

性の高い生計構造を生み出していると言えよう．一方の，ジャンパリンでは，自給性の低い村内に留まる子の世代も多い．亡命政府関係の仕事を得ている者もいるが，仕事の当てがないまま無職でジャンパリンに滞在している者も多く，仕事の見つからないチベット難民の若者の失望感は強い．市民／難民という法的権原の差異はローカルレベルからグローバルレベルまでの様々な生計手段へのアクセスの可能性を左右しているのである．

6．考察

　以上のように，ネパールのチベット難民の適応動態を明らかにしてきた．難民居住地の位置する地理的な環境の違いや，外部環境の変化に応じて，多様な適応の動態が観察された．生計アプローチによる生計比較からは，ツェロおよびチャイロ村，ジャンパリンおよびサウネダンダ村の全ての村落で生計の多角化が進んでいた．しかし，生計の多角化を進めるメカニズムやその構成要素は各村落の間で違いがあった．

　生計の多角化とは，農村世帯が生き残り，生活を向上させていくために，活動のポートフォリオの多様化を推し進めて行くプロセスであり(Ellis 2000:15)，農村世帯にとっての生計戦略の表れである．重要なことは，単にその多様化した生計の構成要素を捉えることではなく，それぞれの生計活動の関係性を理解することであり，生計活動全体としてどのようなメカニズムのもとで生計の多角化が進められているのかを明らかにすることであろう．その点について，タンザニアの農村における生計の多角化と資本蓄積について論じたSeppäläは，生計の多角化を，複数の生計活動のそれぞれに部分的に専門化し，労働力や資源を，ある活動から別の活動へと循環させることによって，全体として生計を維持していくことと捉える(Seppälä 1998:21)．Seppäläの指摘を本研究の問題意識に敷衍すれば，労働力や資源の循環を家族ライフサイクルの変遷に伴って適切に進めることで，生計の基盤は強化され，生計の脆弱性は低くなっていくものと考えられる．

　高地のツェロでは，チベット難民は農耕適応に際して多くの苦労はしたものの，ムスタンの農耕システムそれ自体への「環境抵抗」は小さく，様々な困難を乗り越えて適応することができた．ここにはネパール・ヒマラヤの「文化の垂直構造性」や高地文化としてのチベット文化の特色が表れている．チベット高原と類似した自然環境はチベット難民の農耕適応に有利に働いていた．しかし，耕作可能な農地の賦存量は少なく生計の自給性は低いため，農外活動を中心に，生計の多角化を推し進める必要があった．そこで，多くのチベット難民は土産販売業を中心に生計の多角化を進めてきた．土産販売業は，当該社会の中で見出したニッチな経済的機会の一つであり，「チベット難民」というイメージを商品化するプロセスであった．土産販売業を中心とした生計の多角化は，当該社会で先住の人々と協力的な関係を維持しながら，生計の多角化を最大限進め，生存を図ろうとするチベット難民の独自な生計戦略の表れだった．

　2008年に全通した自動車道路は高地にとって大きな社会経済的変化となった．都市部への近接性の向上は，ツェロとチャイロ村に異なる影響を及ぼすこととなった．チャイロ村ではそれまで大量輸送することが不可能であったリンゴを自動車によって市場にまで大量に出荷できるようになった．そのため，農業から得られる収入は増大し生計の自給性が向上した．一方，自動車道路の開通はトレッキングルートを徒歩で移動するツーリストの減少をもたらした．そのためチベット難民が土産販売業から得られる収入は減少し生計の脆弱性が高まる結果となった．都市部への近接性の向上という社会変化は，「難民性」を抱えるツェロのチベット難民にとっては生計の脆弱性を増大させる結果となったのである．ツェロにおいても，リンゴ栽培は急速に拡大しているが，現状では果樹販売から得られる収入は少なく，今後も生計の脆弱性が高い状況は継続するものと推察される．

低地のジャンパリンでは，低地の農耕システムに対する「環境抵抗」が大きく農耕適応は容易に進展しなかった．現在では，コムギ栽培のみチベット難民自身で取り組み，イネ栽培は近隣のネパール人小作農に栽培を委託している．ここにも，ネパール・ヒマラヤの「文化の垂直構造性」や高地文化としてのチベット文化の特色が表れている．イネ栽培に適応するための社会文化的基盤がチベット難民には欠如していたのである．彼らは「環境抵抗」の大きさから，自らはイネ栽培を行わず，近隣のネパール人小作農との間で借地農契約を結び，収穫物の半分を得ていた．チベット難民は，イネ栽培は技術力のあるネパール人に委託し，イネ栽培の失敗によって収穫物がゼロになるリスクを低下させ，さらに，不慣れな熱帯環境下での労働を避けて，病気にかかるリスクを減少させていた．これによって生まれた余剰時間を，カーペット産業に代表される農外活動に配分してきた．つまり，ジャンパリンのチベット難民にとって，ネパール人へのイネ栽培の委託は，熱帯低地農耕への不適応の結果であると同時に，ローカルなネパール人との間の社会関係を利用した生計活動上のリスク回避戦略であり，同時に，余剰時間を別の生計活動に振り向けて収入源の多様化を図る生計の多角化戦略でもあった．

　ジャンパリンの農外活動の中心となったのはカーペット産業であった．チベットカーペットは，チベット文化が商品化された一つの形であり，カーペット産業はチベット難民にとってのアイデンティティでもあった．カーペット産業の利益率は高く，ジャンパリンでは多くのチベット難民がカーペット産業に従事して生計を立ててきた．ネパールのカーペット産業はグローバル産業へと成長していったが，これはジャンパリンの生計が，グローバルな社会経済変動の影響を受けやすくなることを意味していた．

　低地における社会経済的な大きな変化はカーペット工場の閉鎖である．1990年代以降のカーペット産業を取り巻く様々な社会環境の変化によりカーペットの輸出が急減し，ネパール国内の多くのカーペット工場が閉鎖していった．ジャンパリンも例外ではなく，2000年前後にジャンパリンのカーペット工場も閉鎖された．ジャンパリンでは9割近い世帯がカーペット製造に従事していたため，多くの世帯が別の生計手段を模索せざるを得なかった．しかしながら，法的権原の問題によりネパール国内での就業先が限られており，生計の脆弱性は現在でも高いままである．カーペット工場の閉鎖という社会変化は，「難民性」を抱えるジャンパリンのチベット難民にとって，生計の脆弱性を増大させる極めて大きな要因となった．自給性の低い生計構造は，外部環境の変動に対して極めて脆弱であった．

　ネパール人村落であるチャイロ村およびサウネダンダ村では農業活動による生計の自給性が高く，農業が生計活動の中核にある．そして，家族ライフサイクルの各ステージに応じた生計の多角化が進められていた．特に，Zoomers（1999）における蓄積戦略のサブ戦略とされる出稼ぎや土地取得，土地の売却，土地の改良などの土地に関わる種々の生計戦略は，資源や労働力を循環させ，生計の多角化を進めていく際に重要であった．特に，ネパール人村落では，外国への出稼ぎが，家族ライフサイクルのステージに応じて多くの世帯で採用されていた．チャイロ村およびサウネダンダ村では，年齢の若い時期に外国への出稼ぎや安定的な就業先を見つけることで資本を蓄積し，子の独立に合わせて生まれる余剰資本やそれまで蓄積してきた資本を次の生計活動へと循環させている．余剰資本は，チャイロ村では，リンゴ栽培の拡大やホテル経営という投資志向の生計戦略に用いられ，世帯の福祉の安定や生活の質の向上に繋がっていた．つまり，ネパール人村落では，家族ライフサイクルのステージにあわせて，複数の活動のそれぞれについて部分的に専門化し，そこで得られた資源を別の生計活動へと循環させている．これを可能にしているのは，高い自給性を維持できる土地の賦存量とそこでの農耕であり，市民権が必要となる種々の生計活動に対し潜在的にアクセスを可能とさせる法的権原である．

　Seppäläは生計の多角化について，活動の内容と個々の生計活動の関係性によって，生計の多角

化は貧困層にとっては危険回避手段として，富裕層にとっては蓄積手段として働くとする(Seppälä 1998：22)．ツェロおよびジャンパリンのチベット難民居住地では，生計の多角化は危険回避手段としての意味合いが強まる．それは，チベット難民の「難民性」ゆえにアクセス可能な生計手段の選択肢が少なく，アクセス可能な空間的な範囲が限られているからである．チベット難民はローカルレベルの生計活動の展開に制限を抱えつつ，それに加えてグローバルレベルでの生計活動においても「難民性」に起因する困難を抱えている．そして，それゆえに今後もチベット難民の生計の脆弱性が高い状況は続いていくものと考えられる．

7．まとめ

本研究は，チベット難民の長期の生計の軌跡を捉えたうえで，現在のチベット難民の生計戦略を，高地／低地という地理的環境の違いから比較した．さらに市民／難民という社会的地位の違いという視点から，生計活動の構造的制約の問題にアプローチしてきた．また，生計活動の展開をスケールの重層性に着目して比較し，ローカルレベルで行われる生計活動の動態とグローバルレベルで起こる政治経済の変化との関連を捉えてきた．このような体系的な比較によって，チベット難民がもつチベット文化の特色や難民としての歴史的な経緯，ネパールにおける構造的制約が，現在のチベット難民の生計戦略を規定する要因であることを示してきた．このような点に生計研究における本研究の意義が見出されよう．

参考文献

アジア経済研究所 2000．アジア動向年報．アジア経済研究所．
アジア経済研究所 2001．アジア動向年報．アジア経済研究所．
アジア経済研究所 2003．アジア動向年報．アジア経済研究所．
遠藤尚 2008．西ジャワ農村における農業経営と世帯生計に関する地理学的研究．東北大学大学院理学研究科地学専攻博士論文．
岡本真理子 2000．民主化後のネパール経済 加速する経済成長．日本ネパール協会編『ネパールを知るための60章』66-70．明石書店．
落合淳隆 1995．インドのチベット難民への対応1．立正法学論集 28(1)：25-48．
落合淳隆 1996．インドのチベット難民への対応2．立正法学論集 29(1)：17-45．
川喜田二郎・高山龍三 1968．アジアを見直す：可能性の発掘．日本経済新聞社．
川喜田二郎 1977．『ヒマラヤ』朝日新聞社．
川喜田二郎 1996a．『アジア文明論』中央公論社．
川喜田二郎 1996b．『地域の生態史』中央公論社．
川喜田二郎 1997．『チベット文明研究』中央公論社．
小林茂 1996．ネパールにおけるマラリアに対する文化的・生物学的適応．比較社会文化：九州大学大学院比較社会文化研究科紀要2：59-73．
小林茂 2002．マラリアと環境．柳沢悠編『開発と環境 現代南アジア4』203-216．東京大学出版会．
佐々木高明 1978．モラウニの慣行とその背景．加藤泰安・中尾佐助・梅棹忠夫編『探検地理民族誌』351-408．中央公論社．
鈴木継美 1977．移住者の生態学—ボリビア日本人移住者について．自然 32(2)：54-63．
鈴木継美・大塚柳太郎・柏崎浩 1990．『人類生態学』東京大学出版会．
高山竜三 1960．トルボ地域の農牧チベット人経済：Torbo民族誌その2．季刊民族學研究 24(3)：197-233．
月原敏博 1999．ヒマラヤ地域研究の動向と課題：その人間地生態の把握と地域論の構築に向けて．人文地理 51(6)．
南真木人 1992．ネパールにおける「文化の垂直構造論」展望．民博通信 57：47-62．
Bernstorff, D., and H. von Welck. 2004. *Exile as Challenge: The Tibetan Diaspora*. Orient Longman.
Carney, D., and G. Britain. 2003. *Sustainable livelihoods approaches: progress and possibilities for change*. Department for International Development London.
Central Bureau of Statistics. 2012. *National Population Census 2011 Household and Population by sex Ward Level Mustang*. Government of Nepal.
Central Carpets Industries Association. 2014. Carpet exports from Nepal. http://nepalcarpet.org/index.php?page=export (last accessed 16 January 2015)
Chambers, R. 1979. Rural refugees in Africa: what the eye does not see. *Disasters* 3(4)：381-92.
Ellis, F. 2000. *Rural livelihoods and diversity in developing countries*. Oxford University Press.

de Haan, L., and A. Zoomers. 2005. Exploring the Frontier of Livelihoods Research. *Development and Change* 36 (1) : 27-47.

Hodgson, B. H. (Brian H). 1972. *Essays on the languages, literature, and religion of Nepal and Tibet: together with further papers on the geography, ethnology, and commerce of those countries.* Philo Press.

Little, M., and P. Baker. 1988. Migration and adaptation. In *Biological aspects of human migration,* eds. C. G. N. Mascie-Taylor and G. W. Lasker, 167-215. Cambridge University Press.

McGuckin, E. 1997. Tibetan Carpets: From Folk Art to Global Commodity. *Journal of Material Culture* 2 (3) : 291-310.

Moran, P. 2004. *Buddhism observed: travellers, exiles and Tibetan Dharma in Kathmandu.* RoutledgeCurzon.

O'neill, T. 2005. Ethnic identity and instrumentality in Tibeto-Nepalese carpet production. *Asian Studies Review* 29 (3) : 275-286.

Planning Comission 2010. *Demographic survey of Tibetans in exile-2009.* Central Tibetan Administration.

Planning Council 2000. *Tibetan demographic survey 1998.* Planning Council, Central Tibetan Administration.

Practical Action Nepal Office. 2009. *Temporal and Spatial Variability of Climate Change over Nepal (1976-2005).*

Pradhāna, G. 1993. *Misery behind the looms: child labourers in the carpet factories of Nepal* ed. Child Workers in Nepal Concerned Center. Child Workers in Nepal Concerned Center.

Scoones, I. 1998. Sustainable Rural Livelihoods: A Framework for Analysis. *IDS Working Paper* 72 : 1-22.

Seppälä, P. 1998. *Diversification and accumulation in rural Tanzania: anthropological perspectives on village economics.* Nordiska Afrikainstitutet (The Nordic Africa Institute).

Snow Lion Foundation. 2011. *Annual Reports to the 39th General Assembly Fiscal Year 2010/2011.* Snow Lion Foundation.

Van de Wijer, B. 2010. *Tibet's Forgotten Heroes: The Story of Tibet's Armed Resistance Against China.* Amberley Publishing.

Zoomers, A. 1999. *Linking livelihood strategies to development : experiences from the Bolivian Andes.*

公益財団法人国土地理協会　第13回学術研究助成

空中写真判読による中部山岳の越年性雪渓の分布と動態

研究代表者
朝日　克彦　信州大学山岳科学研究所

1. はじめに

　地球温暖化のもと，気温変動に脆弱な山岳地の環境動態の研究は植物生態学や気象学をはじめとする自然科学の諸科学で試みられ，領域気象モデルによる将来予測も始まっている．一方で，山岳域では気象観測が稀有なため実際の環境動態は未知のままでもある．中部山岳は世界でも稀な多雪地であり，そのため単に気候変化の実態が分かっていないだけでなく，温暖化によって山岳地の降雪量が増えているのか減っているのかというごく単純な疑問にすら答えられていない．気候変動を示す指標は様々にあるが，水が固体として存在している雪・氷は，その存在が熱環境に明確に規定されている．そのため気候変動の指標として相応しく，世界各地の氷河変動が明らかにされている．わが国の高山帯にはいわゆる「万年雪」が分布し，世界の高山帯の中でも特有の景観を形成している．地球温暖化による気候変化が顕在化する今日，氷河や積雪域の変化はIPCCにおいても気候変動の重要な指標として位置づけられている．このように重要な今日的テーマでありながら，積雪被覆域の動態は比較時期を統一する困難さもあり，一向に進んでいない．そこで新雪が覆う直前，晩秋期の積雪，なかんずく越年する積雪の変化であれば経年変化を明らかにする対象として相応しい．「万年雪＝雪渓」を研究対象としているのは山岳氷河が存在しないイギリス，オーストラリアに限られ，それも毎年の越年性雪渓について記載的な報告がされているにすぎない．それらの個体数も10に満たず，中長期的な動態については検討対象にもなっていない．北アルプスでは広範囲に越年性雪渓が分布することが知られており，世界的にも越年性雪渓の分布が卓越しており，雪渓の動態変化を明らかにするに相応しい山域といえる．またヒマラヤからシベリアへと続く積雪域・氷河域を繋ぐ点でも地理的に価値がある．雪渓の動態は研究テーマとして必ずしも画期的とはいえないが，世界的にもこれまで見落とされていた重要な研究テーマである．

2. 研究方法

　中部山岳における越年雪渓の分布を詳細に明らかにするため，セスナ機をチャーターして雪渓の分布が知られている北アルプス全域および南アルプス北部山域を飛行，手持ちカメラにより斜め取り空中写真を撮影する．撮影は2013年10月7日および14日である．翌10月15日に降雪がありこのまま根雪になったので，越年性雪渓の分布を撮影したといえる．飛行高度は概ね3000mである．この写真を判読し，1:25000地形図上に越年性雪渓の分布を描画する．次に，越年性雪渓の分布データを目録化する．目録化にあたっては，氷河目録の作成指針であるWorld Glacier Monitoring Service(WGMS)のガイドラインにしたがい，世界的な基準を満たすものとした．即ち，集水域ごとに識別番号を与え，目録には雪渓名称，緯度経度座標，斜面方位，上端高度，末端高度，比高，長さ，である．

　ついで，1963年以降2009年までの国土地理院，林野庁撮影の空中写真のうち，1:20000以上の大縮尺の空中写真を実体視判読し，過去50年間の雪渓分布を剱岳山域について明らかにした．実体視判読することにより，オルソ画像では判定が不可能な，崩壊地，地すべり地，土石流跡，などの類似地物と明確に区分けでき，正確な雪渓分布図を作成することができる．末章ではここで明らかになる過去50年間の動態について考察する．

3. 研究対象地域

　本研究では中部山岳，なかんずく日本アルプスを研究対象とする．北アルプスは北部の白馬岳，雪倉岳から乗鞍岳までの広範囲で分布が知られている．一方，南アルプスでは北岳北面の大樺沢に雪渓（大樺沢雪渓）が知られている程度である．そこで南アルプスは北部山域のみを対象とする．なおこの

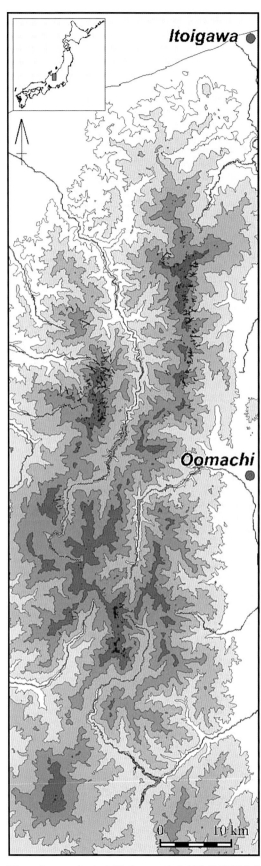

図1 北アルプスにおける2013年の越年性雪渓分布

他の山域，中央アルプス，南アルプス，御嶽山については1977年国土地理院撮影の空中写真判読によっても分布が確認できなかった．

1963年以降の雪渓の動態については剱岳周辺の山域とした．対象範囲は北部は大窓谷，仙人谷，南は剱沢の源頭部の範囲で，面積は31.7km²の広さがあり，剱岳を端緒とする雪渓は網羅できている．

4. 結果

4-1 2013年の越年性雪渓分布

2013年10月にチャーターセスナ機から手持ちカメラにより斜め取り空中写真を撮影した．撮影枚数はおおよそ6000枚である．飛行のログはハンディGPSに記録し，判読の際の位置同定に利用した．北アルプスおよび南アルプス北部全域の撮影ができ，判読を困難にさせるような死視界は生じなかった．そこで判読結果は実際の雪渓分布を網羅したと考えている．

分布図を図1および図2に示す．図1は北アルプス全域，図2は南アルプス北部山域のうち，実際に雪渓が分布していた北岳周辺である．分布していた雪渓は北アルプスで598ヶ所，南アルプスで3ヶ所，計601ヶ所である．面積は合計で3.61km²にも及ぶ(表2)．個々の雪渓の情報を目録化して，2013

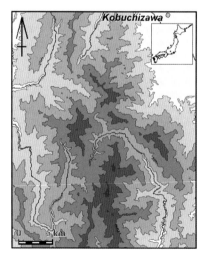

図2 南アルプス北部における2013年の越年性雪渓分布
図1と図2のスケールは同じである．図中，青で塗りつぶしたのが雪渓

年中部山岳雪渓目録を作成した．膨大なデータになるので本稿では割愛するが，剱岳東面の雪渓目録を例として提示する(表1，図3)．また流域ごとの雪渓目録を表2にまとめた．後立山連峰を源流とする松川流域(ID：104)や剱岳を源流とする剱沢流域(ID：302)で数，面積ともに大きい．

表1 雪渓目録の例：剱岳東面　添付される雪渓分布図は図3に示す．

River system	Drainage	ID	Name	Latitude °	′	″	Longitude °	′	″	Direction	Elevation (m) Max.	Min.	Δ	Area ha	Length m	Area total in drainage ha
3:Kurobe R.																
	302:Tsurugi-sawa R.															55.56
		30201		36	37	51.0	137	38	32.9	SW	1820	1720	100	3.25	700	
		30202	Komado	36	38	00.4	137	37	51.3	E	2320	1980	340	13.00	1410	
		30203		36	38	04.8	137	37	20.8	E	2440	2405	35	0.00	50	
		30204		36	37	53.1	137	37	48.6	NE	2250	2175	75	0.44	130	
		30205		36	37	55.2	137	37	42.8	E	2375	2245	130	0.25	190	
		30206		36	37	54.6	137	37	36.7	E	2435	2410	25	0.00	30	
		30207		36	37	54.1	137	37	34.3	E	2500	2480	20	0.00	20	
		30208		36	37	48.2	137	37	40.6	E	2445	2400	45	0.31	80	
		30209		36	37	47.2	137	37	34.4	E	2530	2520	10	0.00	10	
		30210		36	37	46.2	137	37	26.6	E	2650	2610	40	0.50	130	
		30211	San'nomada	36	37	36.2	137	38	02.9	E	2490	1720	770	7.25	1570	
		30212		36	37	42.0	137	37	25.4	NE	2700	2655	45	0.06	40	
		30213		36	37	29.4	137	37	43.0	NE	2480	2450	30	0.00	30	
		30214		36	37	25.4	137	38	11.5	N	2215	2160	55	0.31	120	
		30215		36	36	36.5	137	38	10.5	E	1820	1770	50	0.69	180	
		30216		36	36	38.9	137	38	03.7	E	1865	1820	45	0.50	190	
		30217	Tsurgi-sawa	36	36	51.3	137	37	28.2	E	2670	1880	790	14.44	1450	
		30218		36	37	20.9	137	37	29.0	SE	2740	2330	410	3.94	860	
		30219		36	37	23.0	137	37	27.4	SE	2580	2555	25	0.25	40	
		30220		36	37	27.5	137	37	24.0	E	2650	2640	10	0.00	10	
		30221		36	37	26.1	137	37	23.9	E	2650	2630	20	0.00	20	
		30222		36	37	25.1	137	37	10.6	E	2830	2730	100	0.56	120	
		30223		36	37	12.8	137	37	01.9	SE	2740	2660	80	0.13	100	
		30224		36	36	45.7	137	37	03.1	E	2410	2335	75	0.13	120	
		30225		36	36	47.8	137	36	59.0	E	2460	2430	30	0.00	50	
		30226		36	36	48.4	137	36	56.0	E	2510	2470	40	0.00	50	
		30227		36	36	16.8	137	36	40.0	E	2640	2600	40	0.06	70	
		30228		36	36	11.2	137	36	34.8	E	2710	2680	30	0.13	60	
		30229		36	36	10.7	137	36	43.9	N	2620	2595	25	0.00	60	
		30230		36	36	12.0	137	36	53.7	N	2505	2480	25	0.25	120	
		30231		36	36	08.9	137	36	48.2	NE	2580	2550	30	0.00	50	
		30232		36	36	05.3	137	36	52.9	N	2540	2520	20	0.13	60	
		30233	Hamaguri-yuki	36	35	49.0	137	36	39.4	NE	2740	2690	50	0.44	110	
		30234		36	35	47.0	137	36	58.9	N	2790	2750	40	0.13	70	
		30235		36	35	44.7	137	37	00.4	NW	2840	2810	30	0.00	40	
		30236		36	36	33.8	137	37	57.5	NE	1930	1890	40	0.13	120	
		30237	Bessan-zawa	36	36	21.2	137	37	35.9	NE	2370	2030	340	1.94	720	
		30238		36	36	02.8	137	38	04.6	NE	2120	2055	65	0.63	240	
		30239		36	35	56.5	137	38	00.1	NE	2155	2140	15	0.00	40	
		30240		36	35	56.3	137	37	52.4	E	2260	2200	60	0.13	110	
		30241		36	35	53.8	137	37	36.1	NE	2575	2330	245	0.50	430	
		30242		36	35	47.1	137	37	24.7	E	2700	2660	40	0.00	60	
		30243		36	35	37.5	137	37	36.3	E	2490	2280	210	3.88	650	
		30244	Masago-sawa	36	35	35.2	137	37	23.0	E	2530	2510	20	0.00	40	
		30245		36	35	40.4	137	37	17.0	SE	2680	2660	20	0.00	20	
		30246		36	35	31.5	137	37	19.6	E	2570	2525	45	0.19	130	
		30247		36	35	32.2	137	37	05.5	E	2700	2690	10	0.00	20	
		30248		36	35	28.3	137	37	10.1	E	2650	2610	40	0.88	180	
		30249		36	35	22.2	137	37	07.5	N	2740	2720	20	0.00	20	
		30250		36	35	20.0	137	37	11.2	N	2780	2760	20	0.00	30	
		30251		36	35	18.7	137	37	13.9	N	2850	2800	50	0.19	70	
		30252		36	35	28.4	137	37	30.8	N	2530	2510	20	0.00	40	
		30253		36	35	25.0	137	37	28.7	N	2595	2575	20	0.00	40	
		30254		36	35	52.0	137	38	00.4	NW	2190	2180	10	0.00	30	
	303:Kuranosuke-dan R.															6.44
		30301		36	35	35.2	137	38	22.0	NE	2095	1975	120	0.19	150	
		30302		36	35	15.2	137	38	00.1	E	2490	2090	400	1.69	730	
		30303		36	35	15.2	137	37	49.0	E	2500	2430	70	0.13	100	
		30304		36	35	17.8	137	37	42.5	E	2600	2580	20	0.00	40	
		30305		36	35	18.2	137	37	39.7	E	2650	2635	15	0.00	20	
		30306		36	35	09.8	137	37	22.7	E	2720	2710	10	0.00	10	
		30307		36	35	13.3	137	37	14.5	E	2845	2830	15	0.00	20	
		30308	Kuranosuke	36	34	57.2	137	37	16.7	E	2880	2660	220	4.44	610	
		30309		36	34	59.1	137	37	09.7	E	2790	2780	10	0.00	20	
		30310		36	34	57.9	137	37	10.0	E	2790	2780	10	0.00	20	

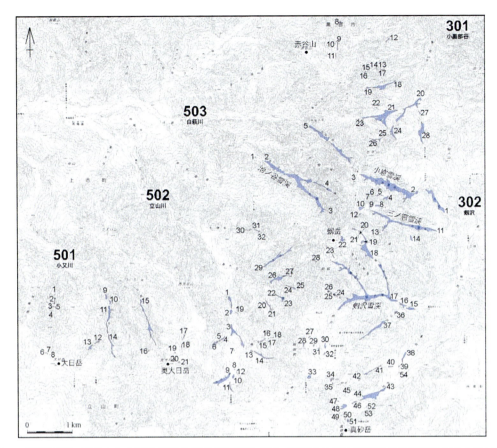

図3　雪渓目録に添付される剱岳周辺の越年性雪渓分布図．雪渓には個体識別番号が割り当てられている．

　雪渓目録から代表的な雪渓の事例を挙げる．最も北端の雪渓は犬ヶ岳の雪渓（ID：10101）で北緯36°53′56.4″に位置し，同時に末端高度が最も低い（1070m）雪渓でもある．標高1000m程度で本州内で残雪が越年した事例は報告がない．北アルプスで最も南の雪渓は乗鞍岳（ID：20703）で北緯36°6′29.2″にある．南アルプスでは北岳北面（ID：100103）が北緯35°40′31.3″にある．末端高度が最も高い雪渓は槍・穂高連峰（ID：20606）で3020m．比高が最も大きい雪渓は，剱岳西面の池ノ谷雪渓（ID：50302）で810m，面積が最も大きい雪渓，長さが最も長い雪渓ともに後立山連峰の不帰沢雪渓（ID：10456）で18.38ha，1990mもある．これはヒマラヤの小型氷河と遜色ない規模である．

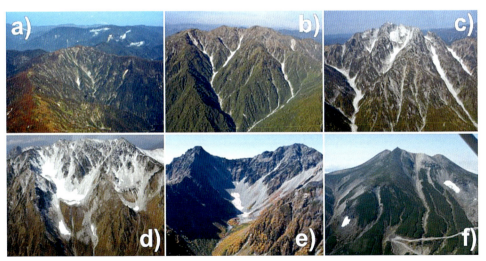

図4　代表的な雪渓．写真は2013年10月．北アルプスをa）からf）へ北から南へと移る．
　　a）犬ヶ岳の雪渓．末端高度が最も低い，b）毛勝山の雪渓群，c）剱岳の雪渓群，
　　d）立山東面の御前沢雪渓，e）穂高岳，涸沢雪渓，f）乗鞍岳，大雪渓（右）

表2 集水域ごとの雪渓目録のまとめ

River system	Drainage	Number of perennial snow patch	Total area of perennial sonw patch (ha)
1：姫川水系			
	101：小滝川	4	1.56
	102：大所川	37	5.66
	103：楠川	3	6.00
	104：松川	66	81.21
	105：平川	14	21.38
2：信濃川水系			
	201：鹿島川	43	38.81
	202：篭川	22	3.03
	203：北葛川	3	0.38
	204：高瀬川	22	4.82
	205：中房川	4	0.37
	206：梓川	39	11.50
	207：前川	3	0.94
3：黒部川水系			
	301：小黒部谷	28	28.69
	302：剱沢	54	55.56
	303：内臓助谷	10	6.44
	304：御前谷	16	12.25
	305：タンボ沢	3	0.50
	306：御山谷	8	0.75
	307：中谷	1	0.05
	308：ヌクイ谷	2	0.08
	309：黒部川源流	20	8.56
	310：東沢谷	2	0.10
	311：東谷	8	1.25
	312：飢鬼谷	9	1.31
	313：祖父谷	10	2.00
	314：祖母谷	14	4.94
	315：黒薙川	44	12.94
4：片貝川水系			
	401：東又川	5	5.06
5：早月川水系			
	501：小又川	21	5.88
	502：立山川	32	12.69
	503：白萩川	5	17.00
6：常願寺川水系			
	601：称名川	26	3.63
7：神通川水系			
	701：蒲田川	20	5.81
10：富士川水系			
	1001：野呂川	3	0.27
	Total Area	601	361.39

4－2 剱岳周辺における過去50年間の雪渓動態

　2013年に越年性雪渓の分布が特に顕著にみられた剱岳周辺について，国土地理院および林野庁が撮影した空中写真を実体視判読し，過去の雪渓範囲を復元するとともに，過去50年間の動態を明らかにした．

　判読に用いた空中写真の撮影年月日は次の通りである．1963年10月4日，1969年9月1日，1977年10月1日，1985年10月15日，1994年9月30日，2009年10月2日．1969年が9月1日撮影と多少時期が早い．これ以外は10月の撮影であり，越年性雪渓の広がりを表していると断定して構わない．したがって，1969年

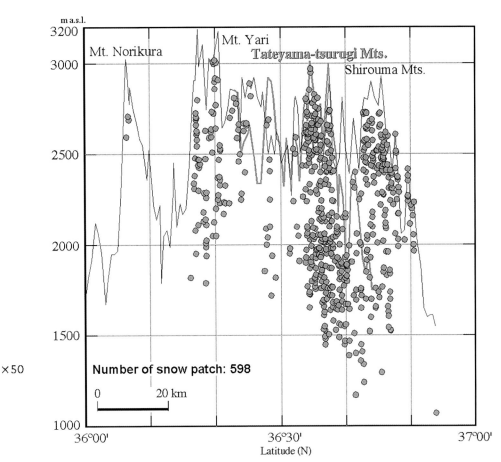

図8 北アルプスにおける2013年の越年性雪渓の末端高度の緯度ごとの分布．総数は598

　北アルプスの冬季降雪を俯瞰すると，西高東低の冬型の気圧配置の際，大陸からの寒冷で乾燥した大気が対馬海流の日本海上を吹き抜ける際，大量の水蒸気を吸収し日本海沿岸に多量の降雪をもたらす．このため北アルプスでは北西の季節風によって降雪がもたらされる．したがって西斜面は風衝斜面，東斜面は風背斜面となり，東斜面に吹きだまってより多量の降雪が生じる．このことと雪渓分布の斜面方位による著しい偏りとは整合性が高い．また日本海沿岸ほど降雪が多くもたらされうることと，北ほど分布高度が低いこともまたよく整合する．このことから，晩秋期の残雪＝越年性雪渓の分布にあっても，その分布要因はまず第1に冬季降雪量の多寡があるといえよう．後立山連峰南部，爺ヶ岳，針ノ木岳，蓮華岳は稜線標高が2500m以上あり，後立山連峰主部と遜色ないにもかかわらず，分布する雪渓の数・面積ともにきわめて限られる．これは，同山域が剱・立山連峰の風下に位置しているため，降雪の多くが剱・立山連峰にもたらされ，降雪量が限定されうるという地理的特性ともよく合致する．

　このように，越年性雪渓の分布は斜面方位に著しい偏りが，緯度方向で明瞭な北下がりの傾向があり，これらは日本海起源の冬季降雪量の多くなる場所とよく合致する．したがって，越年性雪渓成立の第一義的な原因は冬季降雪量の多さにある，といえる．

5－2　剱岳周辺における過去50年間の雪渓動態

　年々の面積変化をグラフにまとめる（図9）．各年次の越年性雪渓の総面積は年々変化がある．これは雪渓の涵養における多雪年・寡雪年，消耗における多雨年・寡雨年を反映して変化していると推測できる．このため経年変化を単純に気候変動と読み替えることはできない．一方，50年間の総観として変化を見た場合，漸増傾向にあるように見える．とりわけ雪渓面積が大きかった年について比較した

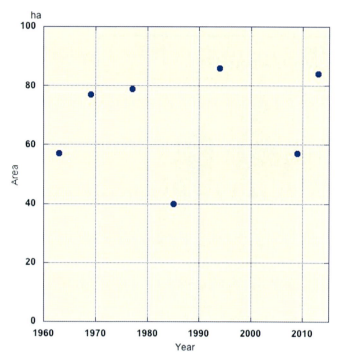

図9 劔岳周辺における越年性雪渓面積の推移.

場合,この傾向がより明確になる.雪渓の涵養過程,消耗過程について高山域での気象データを援用した考察が必須ではあるが,越年性雪渓は微増しつつある様に見える.

図5において赤で示した,7年次いずれにおいても消失しなかった残雪箇所,小窓雪渓,三ノ窓雪渓,池ノ谷雪渓でいずれも大きい.これらは福井・飯田(2012)が「氷河である」とした雪渓である.氷体が残存するための要件として多年次にわたって雪渓が維持されることが前提であるが,その前提条件がここで明らかになった.劔沢雪渓も消失しなかった箇所が多くあるが,この雪渓は上端より上流部に集水域を他の雪渓より広くもち,流水が雪渓下を流れている.すなわち水の流出によるトンネルが雪渓下面に空いており,ここを大気が移流することで顕熱による底面からの融解を生じさせる.そのため雪渓は残存しても,氷体が長期間にわたって維持される環境になく,氷河とはなり得ない.他の消失しなかった雪渓箇所は規模が小さく氷河を形成する大きさがない.したがって,劔岳周辺では福井・飯田(2012)が指摘した以外には氷河は存在しないであろう.

6. 結論

2013年の越年性雪渓分布を明らかにしたうえで,特に雪渓分布が集中する劔岳周辺について過去50年間の動態を明らかにした.この結果,

1. 秋季の越年雪渓であっても,その成立要因は第一義的には冬季降雪量の多さ,と考えられる.
2. 2013年の越年性雪渓の個体数は601,総面積は3.61km^{2}あり,世界的にも越年性雪渓の分布が卓越した山域といえる.
3. 劔岳周辺の越年性雪渓の過去50年間の動態について,7年次での面積を比較すると,±25%程度の誤差レンジの中で年々変化しており,最大規模の雪渓越年年である1994年では86.56haの規模があった.また越年性雪渓の総面積のうち19.9haの広がりはいずれの年次においても消失することなく残存した雪渓部分であり,少なくない面積において複数の年次にわたって積雪が残存する.
4. 劔岳周辺の越年性雪渓の過去50年間の動態について,過去7年次の面積の変化は,年々変動があるものの総観的には微増傾向にあると推察される.

以上のことがらがわかった.

引用文献

福井幸太郎・飯田肇(2012):飛騨山脈,立山・剣山域の3つの多年性雪渓の氷厚と流動－日本に現存する氷河の可能性について－雪氷, Vol.74, 213-222.

公益財団法人国土地理協会　第13回学術研究助成

アナトリア高原中部における後期完新世の考古環境マッピング
－ 大規模災害リスク評価に向けて －

研究代表者

早川　裕弌　東京大学空間情報科学研究センター

1. はじめに

　気候変動など自然環境の変化が人類の文化活動に与えた影響は，古くからその関係性が報告されている(小泉，2007)。たとえば8.2ka頃の西アジアにおける広域的な移牧から遊牧または定住農耕への変化は，北半球における気候の乾燥化・寒冷化に依存すると指摘されている(安田，1993; 藤井，2012)。単成火山の噴火がその周辺域の都市に多大な影響を及ぼしたことなども，イタリアのヴェスヴィオ火山とポンペイ，ヘルクラネウムの著名な事例をはじめ広く知られている(前野ほか，2009)。しかしながら，地域レベルの空間スケールにおいて，人類活動に対する気候以外の古環境変動，とくに地震・断層変位など突発的な変化の直接的な影響や，それに伴う間接的で比較的緩やかな環境変化が及ぼす影響については，それが時空間的に明示された事例はこれまでに少ない。

　アナトリア半島はプレート境界に位置し，地震や火山に代表される突発的な自然現象が多発する地域であるにもかかわらず，前述のような古代における自然現象と人間活動との相関関係が論じられたことはこれまでに僅かであった。その中心部とも言える場所に，古代都市キュルテペ(古代名カネシュ)は位置する(図1)。前期青銅器時代(BC3000年頃)からローマ時代(AD100年頃)までアナトリア～メソポタミア間の交易の中心地として栄えた巨大都市であるこのキュルテペ遺跡においては，60年以上も続く長年の発掘調査の成果から，その詳細な歴史記録が明らかにされてきている。とくに多数発見された粘土板文書はアナトリアで最古の文書記録であり，前3000年紀から数千年間に生じた様々な文化的事象が明らかにされている。ところが，中近東地方においても最大級のひとつとなるキュルテペ遺跡は，当地域の中心都市として機能していたものの，後期青銅器時代に相当するBC1700年頃以降の800年という長い期間，この土地が放棄されたことが考古学調査から明らかになっている。同時期には周辺地域でヒッタイト帝国が繁栄しているにもかかわらず，放棄された期間が長過ぎることから，戦争など文化の衝突からもたらされた空白期間ではないことが考古学的知見からは想定されている。

図1　キュルテペ遺跡

すなわち，この文化層の空白の原因が何らかの突発的な自然環境変化によるものである可能性が高い。そこで，地震を含めたあらゆる可能性について，自然地理学的視点から総合的に調査することが望まれている。そこで，活断層・古地震，およびそれにともなう河川地形と堆積環境の変化を主軸に，火山災害，気候変化の可能性も含めて，総合的・多角的な視点でのアプローチを行い，考古学調査チームとの協働から考古・歴史記録との整合性を検証すること，換言すれば，カイセリ盆地における後期青銅器時代前後の古地震，古環境変化と歴史記録の整合性の検証のため，考古学調査から明らかになっている文化層の変容に対応する自然現象を解明するための古環境マップを作成することが，本研究における目標である。

さらに，当該地域における後期完新世の災害履歴を明らかにすることで，現代の都市計画における防災・減災策に提言を行うこと，すなわち，開発途上地域における古代の災害復元と現代の都市計画への提言を，本研究の発展的な目標とする。キュルテペ遺跡が立地するカイセリ市に限らず，トルコの多くの地方都市においては，近年の人口増加により，都市中心部から郊外へと急速に高層建築物の建設が広がりつつあるが，耐震性の低さ等から都市全体の災害に対するレジリエンス低下が懸念されている。同じ土地において過去数千年間に実際に生じた自然災害の実態を明示することで，現代におけるハザードリスクの適切な評価，および発展途上にある都市のレジリエンス向上へ提言を行うことが可能となり，本研究の結果が学術的に重要であることに加え，現代社会の構築に高く貢献すると考えられる。

なお，断層や火山が多数分布し地震も多発する当地域において，高速道路の新設に伴い，断層露頭

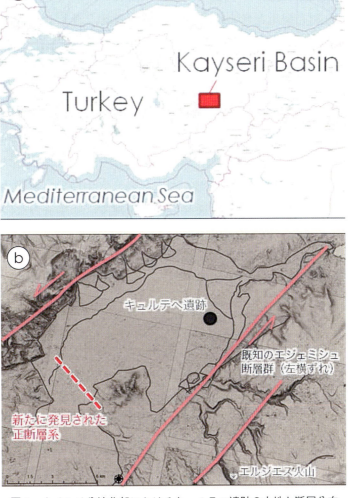

図2　カイセリ盆地北部におけるキュルテペ遺跡の立地と断層分布

が2011年に発見された(図2)。これはプルアパートベースンであるカイセリ盆地を区切る正断層群のものとみられ，この活動により断層を横切る河川が影響を受け，上流の盆地内の堆積環境が大きく変化(湖沼化または湿地化)した可能性が示唆される。2010年の発掘調査中には，周辺のトレンチ調査により，地表から4～5mの厚い泥質堆積物の下に河川堆積物と遺構が発見され，この可能性を支持している。断層変位は何十年もかけて上流に影響し得るため(Hayakawa et al., 2009；早川ほか，2013)，断層変位に伴う古環境変化を明らかにすることが必要である。

一方，古環境変化を引き起こした原因は地震以外にも可能性がある。対象地域には標高3916mのエルジエス火山があり，歴史時代における活動は明らかにはなっていないが，少なくとも8万年より新しい時代には地震を誘因とする山体崩壊を起こしている(Sen et al., 2003)。また山頂氷河の変動から過去数千年間の気候変動が調査され，湿潤であった前期完新世から前2000年紀にかけて乾燥化が進んだことが報告されている(Sarikaya et al., 2009)。したがって，エルジエス火山に関する自然環境調査と考古資料との対応も，重要な課題の一つである。

2. 方法

本研究は，カイセリ盆地における青銅器時代からローマ時代にかけて生じた自然環境変化を明らかにするため，以下の3ステップで研究を実施する。

1. 【GIS/RS分析】高解像度衛星画像や空中写真を用いて，対象地域の地形区分図を作成し，現地調査および古環境マッピングの基図とする。
2. 【現地フィールド調査】古地震およびそれに伴う断層変位，堆積環境変化を解明するための簡易ボーリング掘削調査，地形調査，年代測定，また火山災害，気候変動の履歴を調査する。
3. 【古環境マッピング】調査結果と考古学資料とを突き合せ，カイセリ盆地の青銅器時代からローマ時代における都市および古環境変遷を時空間データとして整備し，公開する。

まず，第一段階として，現地調査の準備およびその後の古環境マッピングの基図として，GIS(地理情報システム)およびRS(リモートセンシング)の手法で衛星画像，空中写真および地形データの解析から対象地域の地形分類図を作成する。第二段階としての現地調査は，研究代表者を含めた自然地理学研究者(とくに地形学，表層地質および古環境学専門)で夏期(8-9月)のキュルテペ遺跡発掘隊(アンカラ大学)に帯同することで宿泊施設，自動車斡旋など支援を受けつつ実施する。現地調査ではボーリングコア掘削，断層露頭，考古隊からの文献・歴史記録，火山地形，河川地形，地形分類それぞれの調査を実施する。得られたサンプル等は可能なものは現地で，一部許可を得られたものに関しては日本に持ち帰り，分析を実施する。第三段階として，得られた現地調査データと分析結果を取りまとめ，古環境地図を作成する。さらに現代の都市開発に関する情報収集も行い，過去の歴史的事実から将来の都市計画に対する提言を行うための基礎情報とする。

2.1. 調査対象地

本研究の対象地はトルコ共和国中部，カイセリを中心とするカイセリ盆地とその周辺域である(図2)。この盆地は，東アナトリア断層系の一部である左横ずれのエジェミシュ断層群に区切られるプルアパートベースンであり，南部には標高3916mのエルジエス火山が位置する。山地を挟んで西にカッパドキア，北にクズルウルマック(赤い川)があり，またエルジエス火山を超えた先の南側にはラムサール条約にも登録されたスルタンサズルの湿地が位置している(Erol, 1999)。

前期青銅器からローマ時代にかけての大都市遺跡であるキュルテペ(古代名カネシュ)は，カイセリ盆地北部の扇状地末端に位置している。ここは，中央アナトリアとメソポタミアとの文化の交流地点

として交易が盛んであった。貴重な歴史記録としての粘土板が多数発掘されており，2014年には世界文化遺産暫定リストに登録された。

2.2. 既存データ収集

本研究の準備段階として，既存データの収集と整備をまず実施した。既存データに含まれるものとしては，主に以下のものが挙げられる。
・高解像度衛星画像
・オルソ補正済み空中写真
・1:100,000 地形図

高解像度衛星画像については，光学衛星画像としてALOS AVNIR-2, 3次元地形情報を抽出可能なALOS PRISMを入手した。PRISM 画像からは，10m解像度のDEM(digital elevation model, デジタル標高モデル)を生成し，地形解析の基盤図とした。加えて，対象地域において利用可能なその他の高解像度衛星画像の情報収集を行い，一覧表にまとめた(表1)。いずれも高価であり限られた予算では入手困難なものも多いが，これらの一覧にある衛星画像データについては，今後の継続調査において必要となった段階で，本研究の関連課題においても利用していく可能性がある。

現地調査範囲の空中写真と地形図については，トルコ側研究者の協力のもと，研究目的に限り特別にアクセス可能な情報提供を受けた。

なお，これらの地図データを整備，解析するための環境として，GIS・リモートセンシングソフトウェア (ESRI ArcGIS, Quantum GIS (QGIS)，ERDAS Imagine 等) を使用した。QGIS などオープンソース・フリーソフトウェアを除いて，有償のソフトウェアに関しては，大学設備として既に導入されたライセンスを利用した。

表1 当該地域で利用可能な高解像度衛星画像の一覧

衛星	対象地域	分解能	撮影日時	価格 面積(km²)	価格 単価(円/km²)	価格 合計(円)	運営企業	備考
World View-1	全域	パンクロ 0.61	2010/12/9	838	5,600	4,692,800	Digital Globe	ステレオペア
	1			334	5,600	1,870,400		
World View-2	1	パンクロ 0.48 マルチ 1.94	2010/12/5		5,600		Digital Globe	ステレオペア
	2							
	3							
SPOT5	1	2.5	2012/7/23	最小で 20km×20km	380,000	380,000	AIRBUS	
	2							
	3							
	1	5.0			201,000	201,000	AIRBUS	
	2							
	3							
Quick Bird	1	パンクロ 0.64 マルチ 2.55	2009/8/30	334	2,800	935,200	Digital Globe	
Geo Eye-1	1	(パンクロ 0.41 マルチ 1.64)	2005/7/4	334	6,000	2,004,000	Digital Globe	
Rapid Eye	1	6.5	2014/4/24	334	220	73,480	Black Bridge	
	2			237	220	52,140		
	1		2014/4/24	501	220	110,220	Black Bridge	
	3							
Pleiades	1	0.5	−	−	−		AIRBUS	価格不明
	2		2014/4/24					
	3		2013/8/9					
IKONOS	1	0.82	2011/11/1	334	3,000	1,002,000	Digital Globe	

2.3. 現地調査

本研究における現地調査は，トルコ国内における調査許可の関係から，現地の考古発掘隊に帯同して行うことが必要である。そのため，現地共同研究者の協力を得て，両国の研究者間でスケジュール調整を行った結果，2014年8月下旬～9月上旬に現地調査を実施することとなった。調査体制は，トルコ側がアンカラ大学言語地理歴史学部・Fikri Kulakoglu教授，日本側がノートルダム清心女子大学文学部・紺谷亮一教授をはじめとした考古学調査隊に，自然地理学調査隊として広島大学文学部・奥村晃史教授，明治大学文学部吉田英嗣講師，千葉大学環境リモートセンシング研究センター・小花和宏之特任助教，東京大学地震研究所・鳴橋竜太郎特任研究員および早川が参加した。自然地理学調査隊では，遺跡および周辺域の古環境調査として，後述のように，古地震およびそれに伴う断層変位，堆積環境変化を解明するための簡易ボーリング掘削調査，表層地形計測，年代測定試料収集，また火山災害，気候変動の履歴の調査を実施した。

2.4. データ解析・考古環境マッピング

現地調査の結果に基づき，自然環境情報と考古学資料とを照合し，カイセリ盆地の青銅器時代からローマ時代における都市および古環境変遷を時空間データとして整備することを目的に，遺跡分布図，地形分類図といった地図をベースとして，考古環境マッピングを行った。

3. 結果と考察

3.1. 遺跡地図

主要な遺跡の立地環境を明らかにするため，キュルテペをはじめとするいくつかの遺跡において地形計測を行い，詳細な地形図を生成した。地形計測手法としては，レーザ距離計(LRF: laser range finder)やGNSS (global navigation satellite system)，地上写真によるSfM多視点ステレオ写真測量(structure-from-motion multi-view stereo photogrammetry)，小型UAV(unmanned aerial vehicle)を用いたSfM多視点ステレオ写真測量といった手法を用いた(早川・津村，2008;Hayakawa and Tsumura, 2009；早川ほか，2012；小花和ほか，2014a,b；早川，2015)。なおここでは，小型UAVを用いたSfM多視点ステレオ写真測量のことをUAS (unmanned aerial system)-SfM，地上写真によるSfM多視点ステレオ写真測量のことを地上SfMとする。UAS-SfMに使用した機材およびその特徴は以下の通りである。

・小型UAV：DJI Phantom2

回転翼が4つ(クアッドコプター)の小型機であり，機体内のGPS受信機，気圧高度計，電子コンパスにより姿勢が自動制御されるため，安定性が高く操縦が容易で安全性が高い。固定翼機に比べて，離着陸の滑走路が不要，空中静止(ホバリング)できるために対象物に接近した高解像度の写真撮影が可能，費用が低い，等の優位性がある。

・デジタルカメラ：NIKON COOLPIX A および RICOH GR

いずれもコンパクトデジタルカメラの中ではトップクラスのセンササイズ(APS-C)であり，また高性能な単焦点レンズで構成されるため，高品質な写真撮影が可能である。また空撮に必須の条件である短間隔（1秒）のインターバル撮影機能を有している。さらに，COOLPIX AにはGPS受信機ユニット(NIKON GP-1A)を接続可能であり，写真データに位置情報を直接付与することが可能であるため，後処理の時間短縮および精度向上を図ることができる。

・SfM多視点ステレオ写真測量ソフトウェア：Agisoft PhotoScan Professional Edition

汎用的なSfM多視点ステレオ写真測量ソフトウェアとして，近年，地球科学分野での利用実績が

多く，使用方法や精度検証に関する情報も豊富である。従来の写真測量ソフトウェアに比べて操作が容易であり，計算速度も高く，費用も低い。

UAS-SfMおよび地上SfMのいずれにおいても，撮影する画像の数は数10枚から数100枚(広範囲に及ぶ場合は1000枚を超える)および，これらの画像データをPhotoScanに投入して，画像中の特徴点の自動抽出，撮影画像の相対位置の復元(以上SfM)，対象物の3次元形状を示す対応点の形状取得(多視点ステレオ写真測量)，および生成された3次元点群からの3D-TINモデル・DEM・オルソ補正画像の生成を行う。また，SfM多視点写真測量で得られる3Dモデルの座標は相対的なものであるが，

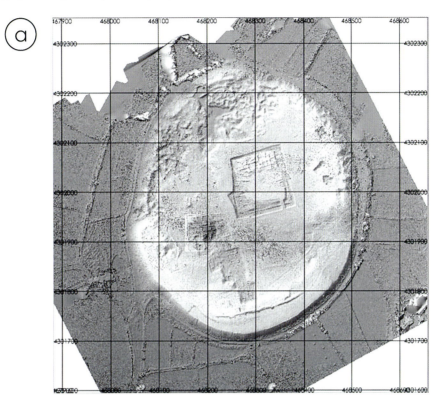

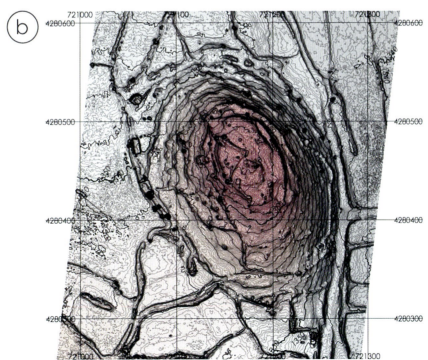

図3 (a)キュルテペ遺跡の測量図(5-cm DEM). (b) テクネカヤ遺跡の測量図(10-cm DEM).
XY座標はいずれもUTM Zone 36N (WGS-86)

カメラ位置の地理座標やGCP(ground control points)の地理座標を入力することにより，生成されるデータのジオリファレンス(地理座標系上への投影)が可能となる。ここではGCPの地理座標の取得に高精度GNSS(VRS-RTKによるリアルタイム補正，もしくはディファレンシャル・PPKによる後処理補正)を用いた。

　UAS-SfMおよび地上SfMによる結果の一部を図3に示す。対象としたのはキュルテペ遺跡とテクネカヤ遺跡である。いずれも，旧来の測量図は存在するものの，それらをはるかに凌駕する解像度で遺跡およびその周辺の地形情報がUAS-SfMにより取得できた。さらに，地上SfMにより部分的にさらに高解像度な3Dデータを，発掘される遺構を中心として取得した。これらのマルチスケールな地形情報は，古環境調査の基図となるとともに，GISによる水系解析，地形解析から，たとえば人工改変前の流路の復元といった，ミクロスケールでの古環境の復元と遺跡情報との関連付けのために使用する。

3.2. 岩屑なだれ堆積物

　エルジエス火山北麓には，山体崩壊による岩屑なだれ堆積物(DAD; debris avalanche deposits)が存在する。岩屑なだれ堆積物の表層には，流れ山といった典型的な地形も観察され，一部は既存の空中写真からも判別可能であった。しかしこの詳細な調査はこれまでにほとんど行われておらず，また空中写真のカバー範囲は限られており，すべての流れ山を把握することができなかった。そこで，本研究ではまずその地形の精密な現地計測，および露頭観察・堆積物調査を実施した。

　この山体崩壊と岩屑なだれ堆積物の年代については，Sen et al. (2003)がおよそ80kaより若いものであると報告している。一方，Sarikaya et al.(2009)は，この山体崩壊により形成されたエルジエス山北東面の谷であるÜçker谷の内部に位置するモレーン堆積物について，LGMの氷河拡大期に形成されたものであると報告している。したがって，この山体崩壊およびそれにともなう岩屑なだれは，20-80kaの間に発生した可能性がある。

　岩屑なだれ堆積物の露頭が，主要道路沿いの切り通しにおいて観察することができる。このうち典型的な流れ山の露頭において，堆積物の観察と，地上SfMによる立面図の作成を行った(図4)。この露頭では，ジグソークラックや破砕されたマトリックスに包まれた巨礫といった，岩屑なだれ堆積物に特有の構造が発見され，これらの流れ山がエルジエス山の山体崩壊による岩屑なだれ堆積物の一部であることがまず確認された。これらの岩屑なだれ堆積物の正確な厚さは，限られた露頭からは確定が困難であるが，周辺域の地質構造等からも推定して，それほど厚くはない(10～30 m?)と考えられる。しかし分布範囲は広く，またエルジエス山に残る崩壊跡の形状から推察すると，この山体崩壊の規模は北アメリカのセントヘレンズ山，あるいは日本の磐梯山といった大規模なクラスのものに匹敵する可能性がある。山体崩壊直後は岩屑なだれ堆積物がさらに広がっていたと推測されるが，その後に泥流や土石流として流出し，多くの部分は消失したものと考えられる。その際の堆積物とみられる層の露頭も，調査した流れ山のすぐ横の谷壁斜面上に観察された。開析谷の内部には数段の段丘面も存在し，それぞれの形成時期の推定も今後の課題のひとつである。

　さらに，流れ山の多く分布する岩屑なだれ堆積物上において，UAS-SfMによる地形計測を行った。小型UAVから撮影した649枚の写真画像を用いて(図5)，SfM多視点ステレオ写真測量から解像度10cmのDEM，および解像度4cmのオルソ補正画像を生成した(図6)。6点のGCPにはGNSSによる地理座標(UTM Zone 36N / WGS84，後処理補正による位置精度：40cm)を与え，SfM多視点ステレオ写真測量による地形データに入力し，データのジオリファレンスを行った。この詳細な地形データと，PRISMによる10mDEM，既存空中写真データを統合的に用いて，流れ山の正確な抽出が可能となる。

　加えて，岩屑なだれ堆積物の分布する谷の上流側における湖において，その湖底堆積物の簡易ボー

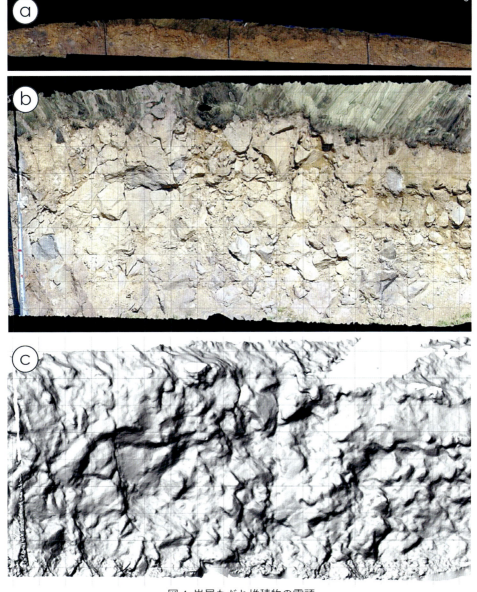

図4. 岩屑なだれ堆積物の露頭
(a) SfM多視点ステレオ写真測量により生成した露頭の立面オルソ画像(高解像度パノラマ画像)の全体図.
(b) 同・オルソ画像の部分拡大．画像解像度は2mm．(c) 立面DEM．解像度は1cm.

図5. UASにより撮影した流れ山の画像の一例

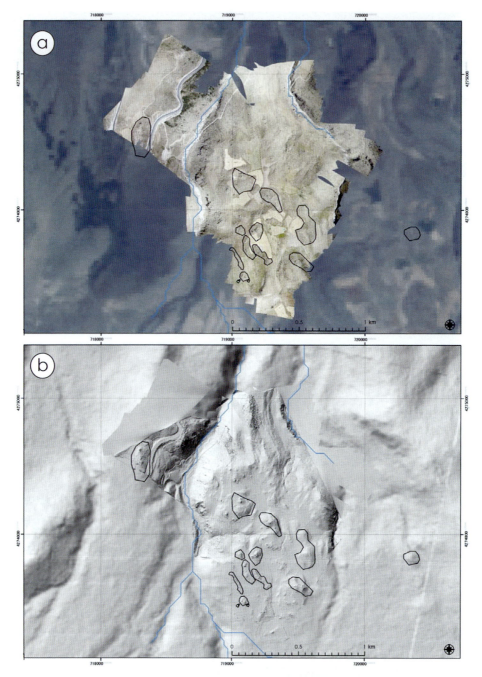

図 6. UAS（sUAV ベースノ SfM 多視点ステレオ写真測量）による地形測量結果
(a) オルソ補正画像．背景は ALOS AVNIR-2 光学衛星画像．
(b) DEM による陰影図．背景は ALOS PRISM 衛星画像から生成した 10 m DEM

リング調査を実施した。ハンドオーガによる掘削のため，得られる情報は表層2m程度に限られるが，その間の堆積環境の変化を明らかにすることで，山体崩壊発生後の谷からの土砂流出プロセスの推定を行うことが可能となる。

3.3. 活断層

トルコ MTA（General Directorate of Mineral Research and Exploration）による活断層分布図に基づき，カイセリ盆地北部における断層の露頭調査を実施した。地図上に示されたエジェミシュ断層群は，カイセリ盆地の東部を南西 - 北東方向に走り，断層崖を形成している（図7）。この近辺を中心に調査を行った。また，カイセリ盆地西縁に位置する断層についても，未発見の断層がある可能性もあることから，あわせて調査を行った。

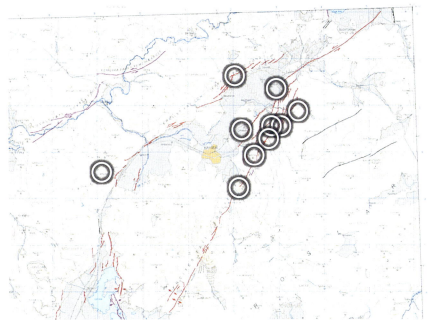

図7　トルコ MTA(General Directorate of Mineral Research and Exploration)による
カイセリ盆地周辺の断層分布(赤線)と主な調査地点(白円)

図8　調査を行った断層露頭のひとつ

　調査した地点は，主に主要道路沿いの切り通しにみられる，断層部分の露頭である(図8)。断層崖およびその近辺の精密な断面測量を，RTK-GNSS (real-time kinematic global navigation satellite system)を用いて行った。また，断層が含まれる露頭の地質について，既存地質図，文献との対応を調査し，岩石の同定とその大まかな年代の確認を行った。

　一例を挙げると，断層と考えられる斜面の両側には，2.7-2.8 Maとされる溶結凝灰岩 (Incesu Ignimbrite または Valibaba Tepe Ignimbrite)の層が地表面部にみられ，その下位には風化した土壌の層がある(図8)。Incesu Ignimbrite の厚さは薄く，約2mであるが，溶結は強固であり，その堆積面が広く平坦面として残存している。Incesu ignimbrite の層厚は断層の両側で不変であり，また断層と考えられる斜面上にはそれを覆う Incesu Ignimbrite が認められないことから，この断層の活動は Incesu Ignimbrite の堆積後であることが推定される。最大変位量は100mほどであり，下盤側の断層崖へ向かう傾動や，逆向き低断層崖の地形がみられることから，正断層運動が考えられる。加えて，中新世の火砕流堆積物と，Incesu Ignimbrite を覆う断層面に向かい傾斜した崖錐堆積物とが断層で接している部分があり，この部分は中新世の断層面が第四紀(比較的新鮮な崖錐堆積物であるため後期更新世の可能性も考えられる)に再活動した断層運動があったことが示される。

　このように調査した断層のいくつかは，層序から判断して数百万年スケールで活動していない可能性が示唆されたが，一方，一部の断層については，後期更新世に活動があった可能性も示された。こ

れらの断層については，最適な模式露頭の探索を行い，今後もいくつかの地点で追加調査を実施する必要もあると考えられる。一方，カイセリ盆地西縁の断層においては，地図上に示されたものの他にも，横ずれ成分をもつ断層が存在する可能性が，現地研究者(アンカラ大学)との議論から，既存の比較的高解像度な DEM データの分析に基づき示唆されている。1 シーズンの現地調査ではその発見に至るのは困難であったが，今後も継続して調査を進めていく必要がある。

3.4. 氷河

　エルジエス火山の山頂付近，北西に面する谷壁(Upper Aksu valley)には，氷河が縮小しつつも現存することが報告されている (Sarikaya et al., 2009)。この氷河とそれに関連する氷河性堆積物は，過去数百年から数千年間の気候変動を記録する貴重なものである(Sarikaya et al., 2009)。一方，1900年代初頭に初めて報告されてから氷河は後退を続けており，最新の論文も数年前の報告であるため，2014 年現在で氷河が残存しているかどうかの情報は得られておらず，本調査において確認を行った。

　現地調査は現地自治体（ハジュラル市役所）の協力を得て行った。当地に詳しいレンジャーに案内され，標高 2800m を超える地点まで到達し，エルジエス山頂直下にわずかながらも氷河が現存することを目視で確認した(図9)。氷河より下流にはモレーンやアウトウォッシュプレーンなど氷河性の堆

図 9 （a）エルジエス火山山頂付近の氷河とアウトウォッシュ（早川，2014）
　　 （b）山頂直下にわずかに現存する氷河

積物が分布しているのが観察できる。しかし，氷河の減少速度からすると，数年後か遅くとも数十年後には，この氷河は消失している可能性が高いと考えられる。今回の調査では氷河に直接接触できる地点まで到達することができなかったが，氷河堆積物による古気候の記録調査は今後も実施する必要があると考えられる。

一方，同じくエルジエス火山の高標高部に位置する旧火口の凹地に形成された湖（Sarı Göl）においても，その堆積物調査から古気候変動の記録を抽出することができる可能性も示唆された。そのため，粗い堆積物の掘削など課題はあるが，今後の調査計画の検討を要するであろう。

3.5. 古環境地図

現地調査における調査結果のとりまとめを行い，古環境地図の作成を進めた。新たに得られた詳細な地形情報も活用し，地形区分図の作成から，断層に関する情報集約，遺跡の分布図などGISデータベースへの投入を行った。今後，これらのデータの表現方法の検討を進め，さらに見やすい地図として，現地自治体等の機関にも配布できるかたちに整備する予定である。

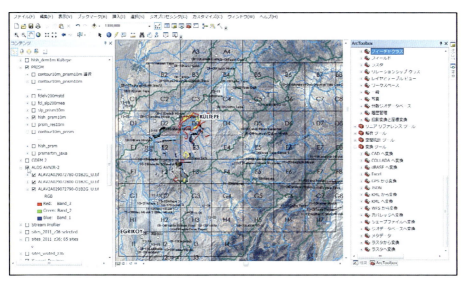

図10　古環境地図のGISデータベース表示画面

4. まとめと展望

本研究では，断層・火山に囲まれそれにともなう自然災害が発生し得るカイセリ盆地およびその周辺域において，過去の自然災害や環境変化と人間の文化活動との関係の実態を自然地理学的アプローチで解明することを目的に，各種調査を実施し，古環境地図の作成を進めた。今後，本研究の成果を公表するためのウェブサイトを設置し，収集したGISデータベースから，閲覧者にとってわかりやすいWebGISを構築したうえで，研究内容や成果としての古環境マップを一般に公開する予定である。これにより，現地への防災計画提言を行う基礎情報を提供できることになる。さらに，人と自然との関係の明確化という点で地考古学的に重要な成果となり，同地域における現代社会のハザードリスク評価，都市計画に貢献することができると考えられる。これは，トルコ国内及び周辺の西アジア地域において，古災害の痕跡調査，古環境変動と人間活動（文化変容）とのマッチング，および現代社会への提言を行うといった総合的研究の先駆的なケースとなるであろう。

謝辞

本研究は，公益財団法人国土地理協会助成金「アナトリア高原中部における後期完新世の考古環境マッピング-大規模災害リ

スク評価に向けて-」(研究代表者：早川裕弌)，および科学研究費補助金・挑戦的萌芽研究「過去から未来へ-古代トルコにおける自然災害の痕跡と現代の都市開発リスクの評価」(研究代表者：早川裕弌，研究課題番号：26560153)を使用した．記して謝意を表します．

文献

Erol, O. (1999)：A geomorphological study of the Sultansazliği lake, central Anatolia. *Quaternary Science Reviews*, 18, 647-657, doi：10.1016/S0277-3791(98)00102-4.

藤井純夫 (2012)：新石器時代移牧民のダムとシスターン-西アジア周辺乾燥域の水利史から見た遊牧化の経緯 -. 早稲田大学高等研究所フォーラム　文明の形成にみる環境と文化, 4-8.

早川裕弌 (2014)：トルコ共和国中部、エルジエス火山の山頂とその直下に現存する氷河. 地形, 35, 表紙.

早川裕弌 (2015)：鳥の眼から虫の眼へ -地形・地物情報の高解像度化革命(イノヴェーション)-. *GIS NEXT*, 50, 91.

早川裕一 and 津村宏臣 (2008)：LRF と DGPS を用いた野外調査における地形測量：トルコ、ハジトゥール・テペ遺跡における適用事例. 地形, 29, 421-434.

Hayakawa, Y.S. and Tsumura, H. (2009)：Utilization of laser range finder and differential GPS for high-resolution topographic measurement at Hacıtugrul Tepe, Turkey. *Geoarchaeology*, 24, 176-190, doi：10.1002/gea.20261.

Hayakawa, Y.S., Matsuta, N. and Matsukura, Y. (2009)：Rapid recession of fault-scarp waterfalls: Six-year changes following the 921 Chi-Chi earthquake in Taiwan. *Transactions, Japanese Geomorphological Union*, 30, 1-13.

早川裕弌, 紺谷亮一, クラックオウルフィクリ, エゼルサバハッティン and オズトゥルクギュゼル (2012)：レーザ距離計と自動パノラマ撮影装置を組み合わせた簡易レーザスキャンシステムの構築. *CSIS Discussion Paper*, Vol. 113 available at: http://www.csis.u-tokyo.ac.jp/dp/113.pdf.

早川裕弌, 松多信尚, 前門晃 and 松倉公憲 (2013)：集集地震により生じた台湾中西部における滝の地震後10年間の後退速度とその変化. 地形, 34, 21-36.

小泉格 (2007)：気候変動と文明の盛衰. 地学雑誌, 116, 62-78.

前野深, 新堀賢志, 金子隆之, 藤井敏嗣, 中田節也, 鎌田桂子, 安田敦 and 青柳正規 (2009)：ヴェスヴィオ火山北麓で発見されたローマ時代の遺跡の埋没過程：2006～2008年に新たに発見された472年噴火による土石流堆積物にもとづく再構築. 地震研究所彙報, 84, 271-289.

小花和宏之, 早川裕弌, 齋藤仁 and ゴメスクリストファー (2014)：UAV-SfM手法と地上レーザ測量により得られた DSM の比較. 写真測量とリモートセンシング, 53, 67-74.

小花和宏之, 早川裕弌 and ゴメスクリストファー (2014)：UAV空撮とSfMを用いたアクセス困難地の3Dモデリング. 地形, 35, 283-294.

Sarikaya, M.A., Zreda, M. and Çiner, A. (2009)：Glaciations and paleoclimate of Mount Erciyes, central Turkey, since the Last Glacial Maximum, inferred from 36Cl cosmogenic dating and glacier modeling. *Quaternary Science Reviews*, 28, 2326-2341, doi：10.1016/j.quascirev.2009.04.015.

Şen E., Kürkcüoglu, B., Aydar, E., Gourgaud, A. and Vincent, P.M. (2003)：Volcanological evolution of Mount Erciyes stratovolcano and origin of the Valibaba Tepe ignimbrite (Central Anatolia, Turkey). *Journal of Volcanology and Geothermal Research*, 125, 225-246, doi：10.1016/S0377-0273(03)00110-0.

安田喜憲 (1993)：気候が文明を変える. 岩波書店

成果発表

早川裕弌・小花和宏之・吉田英嗣・鳴橋竜太郎・奥村晃史・財城真寿美 (2015) 遺跡周辺における高精細地形情報の取得と解析-トルコ中部カイセリ県を対象として-. 日本地理学会2015年春季学術大会, 日本大学.

早川裕弌・小花和宏之・吉田英嗣・鳴橋竜太郎・奥村晃史・財城真寿美 (2015) トルコ・カイセリ県における遺跡周辺の地形情報の取得と解析. 日本地球惑星科学連合2015年大会, 幕張メッセ.

Hayakawa, Y.S., Obanawa, H., Yoshida, H., Naruhashi, R., Okumura, K., Zaiki, M., Kontani, R. (2015) Mapping surface morphology and outcrop structures of hummocks in debris avalanche deposits using structure-from-motion multi-view stereo photogrammetry. INQUA XIX, Nagoya, Japan

Hayakawa, Y.S., Obanawa, H., Yoshida, H., Naruhashi, R., Okumura, K., Zaiki, M. (2015) Geomorphology and archaeology: mapping landforms around archaeological sites in Kayseri region using high-definition data. IGU Moscow 2015, Moscow, Russia.

公益財団法人国土地理協会　第13回学術研究助成

郊外住宅地における空き家発生の実態とその対策に関する基礎的研究

研究代表者
久保　倫子　岐阜大学教育学部

共同研究者
由井　義通　広島大学教育学研究科

1. 研究課題

1）研究目的

　わが国における郊外住宅団地の開発は、大都市における住宅難を解消するという喫緊の課題への対処の必要性からおこなわれたものが多い。大都市圏郊外地域では、短期間に大量の住宅が供給されたにもかかわらず、都市計画で検討されるべき、将来における住民の年齢構成への配慮はほとんどなかった。その結果として、開発当初においては働きざかりの30～40歳代の夫婦と彼らのこどもからなる世帯を中心に入居者が偏り、入居者の年齢階層に著しい偏りがみられた。しかし、開発から30～40年を経過した住宅団地では、偏った年齢層の世帯主夫婦は高齢化し、彼らの子どもたちは独立したことにより高齢者夫婦のみと高齢の単独世帯が中心の住宅地へと変容している。

　本研究では、郊外での空き家発生の実態を把握し、東京大都市圏において空き家等の適正管理に関する条例を設けている自治体による空き家への対応を明らかにすることを目的とする。さらに、広島県における郊外住宅地の実態調査から、郊外住宅地において空き家が発生するメカニズムを検討する。

2）研究方法

　空き家発生の実態や空き家の利活用に関しては、主に建築や都市住宅学の分野において成果がみられる。大谷ほか（2007）は、空き家化しやすい条件として、建替えのしやすさに影響する接道の幅員、少子高齢化の程度や世代交代の進み具合、延べ床面積を挙げている。また、友枝ほか（2003）は、GISを活用して郊外戸建住宅地における空き家・空画地を把握し、空き家・空画地の規模のばらつきがそれらの利活用を阻んでいること、また住宅の建設年次、規模（延べ床面積）および世帯主の年齢により転居しやすさに差異があることからひとつの住宅団地の中で空き家化が同じように進むわけではないことが示された。さらに、斜面住宅地における単身高齢者の居住動向を扱った富永ほか（2005）によると、単身高齢者は斜面傾斜地のような立地条件が悪く社会的サービスの需給にも支障がでる住宅に居住していても居住継続する傾向があり、入院などにより転居しても住宅を保持するために空き家化したり、住宅継承が進みにくくなったりすることが示されている。

　つまり、空き家の発生には地形的条件（丘陵地や斜面など）、地域の社会経済的条件（居住者の年齢構成など）、住宅の条件（住宅形態、占有面積など）と、世代交代の進捗具合（住宅継承や売却の可否）などの諸条件が影響を与えており、極めて地理的な現象ととらえることができる。既存研究においては、特定の住宅地における空き家化の実態を把握しようとしたものが主であり、大都市圏郊外で空き家が増加する過程や要因、また空き家化に対する自治体の対応を分析したものは少ない。そこで、本研究は東京圏郊外における空き家発生の実態とその対策を分析する。

2．日本の郊外住宅地における空き家化の実態

　総務省統計局「住宅・土地統計調査」によると、日本における空き家は、別荘などの二次的住宅、賃貸や売却の空き家、その他の空き家に大別される。それらの別に推移を示した図1によると、空き家の戸数は増加し続けており、特にその他の空き家の増加が著しい。同様に住宅に占める空き家の割合をみると（図2）、空き家全体では人口減少の顕著な山陰地方や大都市圏の縁辺部に位置する県での割合が高い。また、空き家の類型別にみると、大都市圏の郊外では賃貸や売却用に保持されている空き家の割合が高く、一方で人口減少地域ではその他の空き家が多い傾向にある。つまり、人口減の地域では中古住宅としての需要が少ないために、単に空き家のまま保持されたり放置されたりする住宅が多いが、大都市圏の郊外では比較的中古や賃貸住宅の需要がある。

しかし、郊外の空き家の多くは賃貸や売却されずに居住実態のない空き家として長期間放置されることも多い。つまり、このような所有者はいるものの居住実態はなく、賃貸や売買もされない「その他」の空き家が全国的に大都市圏の郊外を中心に増加しているのである。本研究の対象とする空き家は「その他」に分類される、居住実態がなく賃貸や売買もされていない空き家である。こうした空き家は、近年郊外住宅地での高齢化および所有者の死亡に伴って増加を続けており、今後郊外地域の居住環境の悪化や、地域社会の衰退を招くことが懸念される。団塊世代の加齢にともない、数年〜十数年の後には深刻な都市問題となりかねない状況にあるのである。

　先行研究でも触れられているように、空き家の増加と居住者の高齢化は切り離せない。東京大都市圏における戸建住宅の分布と高齢者の割合をみると(図3)、郊外住宅団地の開発が多く行われた30km圏以遠で戸建住宅の割合が高いが、高齢者の割合も同様に高く、戸建住宅の卓越する地域で高齢化が進行していることは明らかで、これらが世代交代をへて空き家化しつつある。

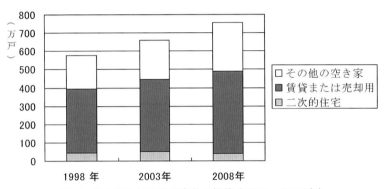

図1　日本における空き家数の推移（1997〜2008年）
出典：総務省統計局「平成20年度 住宅・土地統計調査」

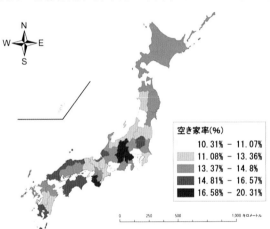

図2　日本における空き家の割合（2008年）
出典：総務省統計局「平成20年度 住宅・土地統計調査」

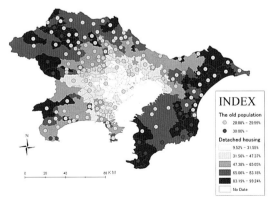

図3　東京大都市圏における高齢人口と戸建住宅の割合（2010年）
出典：総務省統計局「国勢調査」

3. 空き家増加に対する自治体の取り組み

1）政府の対応と空き家条例化の動き

　元来、空き家問題は人口減少の著しい過疎地域の課題として扱われており、国土交通省によって空き家の再生や利活用に関する事業が行われたり、空き家を有する自治体やNPOが中心となって空き家バンクを運営したりする例が確認されている。しかし、大都市圏内での空き家増加に伴い、国土交通省による空き家対策事業の対象も都市部に拡大される動きがみられるようになってきた。たとえば、平成25年度予算案の「空き家再生等推進事業・除去事業タイプ」では、過疎地域以外でも不良住宅や空き家撤去の推進地区等が対象とされている。また、新成長戦略（平成22年6月18日閣議決定）の「中古住宅・リフォーム市場の倍増」に基づいて、新築住宅を中心とした住宅市場から中古住宅の利活用へ方針を変更すべく「中古住宅・リフォームトータルプラン（平成24年3月）」を検討することとなった。これは、2020年までに中古住宅流通・リフォーム市場規模の倍増（20兆円）を提案するものである。つまり、「スクラップ・アンド・ビルド」型で新築の所有住宅供給を重視してきた第二次世界大戦後の日本の住宅市場および住宅政策を、より持続的で多様性をもったものへと変換させようとするものである。

　一方で、大都市圏の郊外地域における空き家増加の問題に対応すべく、空き家等の適正管理に関する条例を設けて対策にあたる自治体が大都市圏の郊外で増加している。埼玉県所沢市が「所沢市空き家等の適正管理に関する条例」を制定（2010年10月）し、増加する管理不全な空き家の対応にあたるようになったのをきっかけに大都市圏郊外での空き家条例制定の動きが強まった。また、東京特別区部においては、足立区が老朽家屋物の適正管理に関する条例（2011年11月施行）を設けている。これらの条例に追従する形で、茨城県牛久市、つくば市、千葉県千葉市、市川市、神奈川県横須賀市、東京都八王子市などが空き家等の適正管理に関する条例を制定している（表1）。

表1 東京大都市圏における空き家条例制定の動向

空き家条例名称	条例制定年月	担当部署
所沢市空き家等の適正管理に関する条例	2010年10月1日	危機管理課（警察と連携）
松戸市空き家等の適正管理に関する条例	2012年4月1日	生活安全課
牛久市空き家等の適正管理及び有効活用に関する条例	2012年7月1日	交通防災課（適正管理）都市計画課（有効活用）
横須賀市空き家等の適正管理に関する条例	2012年10月1日	都市計画課（調査・利活用）建築指導課（指導）
さいたま市空き家等の適正管理に関する条例	2013年1月1日	環境総務課（区政推進課、交通防犯課、消防局と連携）
市川市空き家等の適正管理に関する条例	2013年1月1日	住環境整備課
小平市空き家等の適正な管理に関する条例	2013年1月1日	防災安全課（2010年6月まで環境保全課）
八王子市空き家の適正管理に関する条例	2013年4月1日	暮らしの安全安心課
千葉市空き家等の適正管理に関する条例	2013年4月1日	市民サービス課
大田区空き家の適正管理に関する条例	2013年4月1日	建築調整課
柏市空き家等適正管理条例	2013年9月1日	防犯安全課

注）自治体資料およびインタビュー調査により作成

本研究では、これらの自治体の空き家条例担当部署に対し、2013年3～9月にインタビュー調査を実施した。以下では、各自治体による空き家等の適正管理に関する条例を制定するに至った経緯、条例制定後の取り組みや相談内容、空き家化の実態について比較検討する。次に、広島県の郊外住宅地において実施した現地調査をもとに、郊外住宅地で空き家が増加する要因を明らかにする。

2) 空き家条例制定の経緯

　空き家条例を制定するに至った経緯は、1) 役所内の環境整備や防犯、建築にかかわる部署などに集まってきた空き家に関する相談を取りまとめる窓口を設ける必要に迫られたもの、2) 議会が先導して条例を制定したもの、3) それまでに空地管理の条例や建築基準法に則って行政指導を行っていたが、それらでは空き家問題に対応しきれなかったことなどの理由により条例制定にいたっているものが多い。

　空き家制定にいたる経緯の差異を反映して、空き家条例の担当部署も多岐にわたっている（表1）。国の空き家対策は国土交通省（建築、土木分野）が担っているが、これに倣っているのは大田区、市川市、横須賀市である[1]。大都市圏における空き家条例の先駆者である所沢市は交通・防災・防犯系の部署が担当しており、牛久市、松戸市、柏市、小平市など比較的早い時期に条例を制定した自治体がこれに続いている。また、複合的な部門が担当している八王子市では、空き家に関する相談を内容に応じて法律相談や宅地建物取引協会らへの不動産相談などへつなぎ、空き家化を未然に防ぐ取り組みを進めている。空き家問題は、建物そのものの脅威（建物倒壊や飛散）、環境衛生上の脅威（雑草・草木繁茂、害虫）、治安上の脅威（不審者、放火）などを含む複雑な問題である。そのため、多くの自治体は市庁舎内で複数の関係部署と協力して問題解決にあたっている（表3も参照）。

3) 空き家条例制定後の取り組み

　空き家条例の内容を比較すると、行政代執行の有無で分類することができる（表2）。所沢市をはじめ多くの自治体では、調査や助言、指導、勧告、命令、氏名公表を行う。一方横須賀市や市川市、つくば市などはこれらに加えて行政代執行も行う。インタビュー調査によると、行政代執行を含まない自治体では、行政代執行を明記することによって周辺住民から空き家をすぐに撤去して解決するべきだという声が強まることを懸念していた。これらの自治体では、空き家という個人の所有財産を巡る民事の問題に対して公的立場が強く介入することは避けたいと考えており、できる限り所有者による解決を望んでいるためである。また、行政代執行が可能な自治体であっても、調査時点で行政代執行を行ったものはなく、あくまで最終手段であるとの声が聞かれた。

　空き家の相談に関しては、個人および自治会から寄せられるが、条例制定の際に広報などで周知した効果もあり制定後に件数が増加したとする自治体が多い。ただし、市庁舎内では空き家対策の特別部署を設けているわけではないため、2～4名程度の職員が通常の業務（建築指導や防犯、環境整備など）に加えて空き家相談に対応している。表3は、空き家条例制定後の相談内容をまとめたものであるが、相談の大半は雑草・樹木の繁茂であり、住宅の一部損壊・飛散は東日本大震災後に増加している。害虫やごみの放置など環境衛生上の問題に対する相談もみられる。

表2 インタビュー調査対象自治体による空き家条例の概要

調査・助言	○	○
指導	○	○
勧告	○	○
命令	○	○
公表	○	○
行政代執行	×	○
該当する自治体	所沢市 牛久市 さいたま市 小平市 八王子市 大田区 柏市	松戸市 横須賀市 市川市 千葉市 つくば市

注) 自治体資料およびインタビュー調査により作成

4）空き家利活用に向けた動き

次に、空き家の利活用に関する取り組みを検討する。横須賀市は、空き家問題の深刻な谷戸地区を中心として、多様な事業を展開している。具体的には、老朽危険家屋解体費用助成事業、県立保健福祉大学の学生による空き家居住事業[2]、近隣スーパーとの連携による買い物宅配サービスの提供、高齢者転居支援事業（谷戸地区から他地区への転居促進）などがある。また、老朽家屋を取得し建替えを行う45歳未満の方に対しては、住宅建替費用助成事業を実施する。最後に、住宅リフォーム助成事業は、65歳以上もしくは障害者のいる世帯、義務教育を受けている子のいる世帯と空き家がその対象となっている。

また、八王子市では、空き家問題の担当部署が市民法律相談なども受け付けるものであることを活かして、空き家に関する相談内容に応じて相続問題などであれば法律相談へ、不動産流通関係の相談であれば宅地建物取引業組合の相談窓口へつなぎ、住宅が管理不全な空き家として放置されないよう食い止めようとしている。このようにして、空き家を生まない街づくりを目指している。このほか、市川市は、一般社団法人・移住・住みかえ支援機構（JTI）による「マイホーム借り上げ制度」の情報を提供するなどの具体案を検討している。

ただし、こうした空き家の利活用に向けた動きには自治体間でかなりの温度差がある。これは、各

表3　空き家条例制定後の相談件数および内容（2013年）

自治体	調査日（2013年）	相談件数[1][2]	対応件数[1]	相談内容（相談の多いものから順位付）
所沢市	3月22日	266（条例施行前の案件含む）	解決186、勧告14、命令3、更地49	①樹木・雑草の繁茂　②屋根やアンテナ、雨どいの一部破損や飛散
松戸市	3月22日	201（条例対象は142件）	文書指導68、口頭指導39、調査中46	①雑草・樹木繁茂（環境衛生部門へ）②家屋の相談震災以降増加37件程度　③防犯関係は少ない
牛久市	3月21日	106（個人から相談約50件）	88（所有者と連絡とれたもの61）	①樹木・雑草繁茂　②住宅の一部損壊や飛散
横須賀市	8月21日	113件	134回（同じ建物への相談は重複している）	①建築指導48件　②環境管理45件　③生活衛生15件など
さいたま市	8月23日	82件（2013年度）	41件	受付件数　①雑草・樹木の繁茂　②家屋の倒壊　③ごみなど
市川市	8月22日	273件（2012年8月～翌年7月）	384件（解決98件、指導中286件、対象外45件）	①雑草・樹木繁茂　②老朽家屋の一部破損や飛散　③害虫　④道路占拠など
小平市	8月19日	2012年度66件、2013年度22件	雑草・害虫59件、建物劣化19件、防犯問題10件	①雑草・害虫59件　②建物劣化19件　③防犯問題10件
八王子市	8月22日	28件（条例の対象外4件含む）	解決3件、相談6件、指導中7件、調査中8件	①雑草・樹木繁茂　②住宅の一部損壊・飛散など
千葉市	8月9日	193件（2013年度）	105件に指導	①雑草・樹木繁茂が大半　②建物の一部損壊・飛散など
大田区	8月19日	55件（空き家43件）	43件（管理不全14件）	①ごみの放置や不法投棄　②防犯上問題な老朽化家屋　③害虫や動物の侵入など
柏市	3月21日	196件	179件（51件改善）	①樹木・雑草繁茂（58%）　②瓦やアンテナ破損等（26%）　③危険家屋（6%）　④その他害虫など（10%）

注1）調査実施日現在で自治体が集計しているものをまとめた。
注2）相談件数には、条例対象外の物件（適正に管理されている空き家や居住実態のある住宅など）も含まれる。
注3）自治体へのインタビュー調査により作成。

都市のおかれた条件によるものが大きい。たとえば、牛久市の条例には空き家の利活用が明記されているものの、利活用事業の例はまだ報告されていない。これは、牛久市が東京通勤圏の限界地に位置していること、1970～80年代に開発された住宅地によって人口が急増した地域でありそれ以前からある集落や地域産業があまり発達していなかったこと、また当時入居した人々が高齢化し住宅地内で急速に虫食い上に空き家が増えていることなどの地域的条件が影響している。近隣に就業先がないため若い世代が就業時に転出しやすく、第一世代が住宅に居住できなくなった際に住宅の管理を行うことができないで放置されるケースが多くなる。空き家の利活用に際しては、耐震基準や防火設備の設置などの基準に満たすための設備および費用の問題がある。また、空き家の所有者が特定でき市への寄付を申し出ても住宅を取り壊さなければ再利用は難しい。

　一方で、東京都心部に近接し、市内や近隣市町村にも就業先がある市町村（柏市、松戸市、市川市、八王子市、さいたま市など）では、住宅需要があり新規の住宅開発（マンション開発など含む）が継続的に行われるため、中古住宅や賃貸住宅として流通する可能性が高い。そのため、市が空き家の利活用に積極的に動かなくても不動産業者と所有者間で解決可能な物件も多い。各自治体の地域的条件によって、空き家問題をどのように解決すべきかは異なっているのである。

5) 東京圏郊外の自治体へのインタビューによる空き家化の実態

　各自治体の空き家条例対策部署の担当者へのインタビュー調査をもとに、空き家が放置される要因をまとめたのが表4である。空き家化が進む要因は、(1) 高齢化や相続に関係する要因、(2) 経済的要因、(3) 制度上の問題、(4) 地域的課題、(5) その他に分類される。高齢化や相続に関係する要因は、高齢になった両親が子の住宅や施設・病院へ入所・入院するために転出し、その後管理がなされないで放置される場合や、相続した子が売却時期を見計らって放置している場合、当初の所有者が死亡した後に相続がまとまらないために住宅の管理もなされないという場合などが含まれる。次に、経済的要因であるが、これには所有者が他所に転出した後に管理がなされず廃墟化しているものの、所有者に資力がなく対応できなかったり、所有者が遠方で管理できなかったりする例が含まれる。

　多くの自治体で聞かれたのは、制度上の問題である。つまり、空き家という個人の財産に関する問題（民事）に行政が介入し、さらにその調査や撤去に関する時間や費用をかけることが適切なのかという根本的な課題がある。また、相続放棄された空き家を市などに寄付する方法が明示されていないこ

表4　東京大都市圏の郊外地域において空き家が放置される要因

高齢化・相続要因	①高齢になった両親が子の住宅や施設・病院へ ②相続した子が売却時期を見計らって放置している ③所有者死亡後相続がまとまらない
経済的要因	①所有者に資力がなく対応できず ②所有者が遠方で対応できず
制度上の問題	①民事に行政が介入することは問題 ②相続放棄された空き家を市などに寄付する方法が明示されていない（国庫没収／市に寄付が可能でも取り壊し費用の問題） ③更地化を進める税制上の枠組みがない（更地にすると固定資産税の免除廃止で負担増となるため廃墟を残してしまう）
地域的課題	①横須賀市谷戸地区：地形的制約により住宅へのアプローチが困難で放棄される ②1960～70年代に開発された狭小住宅地や既存不適格住宅の密集地など
その他	①元々問題のあった住宅（家庭問題、火災など） ②入居しないままの空き家

注）東京大都市圏郊外の自治体への空き家条例担当部署へのインタビュー調査により作成

とも市町村のジレンマである。空き家と土地を寄付したいと所有者が申し出た場合に、その調査や取り壊しにかかる費用を市が負担すべきか、また市の負担で更地化したものの最終的に国庫没収となる可能性も残されているため、市町村はなかなか決断できない。これに加えて、更地化を進める税制上の枠組みがないことも問題視されている。つまり、更地にすると固定資産税の免除が廃止されることから納税額が増加するため、廃墟であっても住宅を残してしまうのである。

地域的な条件も空き家化の過程に影響している。たとえば、横須賀市谷戸地区では、地形的制約により住宅へのアプローチが困難であるため、坂の上の住宅が放棄される傾向が確認された。また、他地域であっても、1960～70年代に開発された狭小住宅地や既存不適格住宅の密集地などで空き家が集中的にみられる例があった。

これらの要因に加えて、個別の家庭事情（離婚、離散など）や火災にあったものが放置される例、住宅に入居しないまま数十年に渡って放置されているものなどもある。しかし、これらは先述した四つの要因に比べれば少数であり、行政が介入して解決できる類の問題ではない。全ての自治体に共通しているのは、高齢化と相続に関する要因および制度上の問題である。これらは自治体単独で対応可能な範囲を超えた問題であるといえる。また、自治体によって個別の条件、つまり地域的課題が存在しており、横須賀市の谷戸地区のように地形的な制約により空き家が放置されやすい事例もある。また、家庭問題や経済的困窮など個別の要因も空き家化に大きく影響するため、空き家問題をより複雑にしている。

同様に空き家の集中する地区についてまとめると、全域的に点在している自治体もあるが、旧来の住宅密集地や、ミニ開発の地区、東京通勤者のベッドタウンとして1960～70年代頃に造成された住宅団地で空き家が発生しやすい傾向があるという。横須賀市では、道路が狭く斜面に設けた階段によって住宅に辿りつくような谷戸地区で空き家問題が深刻であった（写真1）。具体的には、法改正前の駆け込み開発のために接道がないなど、建替えに不適で売却しにくいものが空き家として放置される例が聞かれた。また、バブル経済期における土地価格高騰の影響で、通勤圏の限界に狭小な住宅地が大量に造成されたものの、近隣に工場や企業などの就業地がない場合、第二世代は他地域へ転出するしかなく、第一世代が他界したのちにも第二世代が戻ることを困難にしている。このような地域では、相続後に空き家が放置されやすい。

写真1　横須賀市の谷戸地区における住宅前の階段および道路（2013年）
注）久保撮影（2013年8月）

4. 郊外住宅地における空き家化の実態①：茨城県牛久市の事例

1) 牛久市における空き家の実態

　事例地域となる茨城県牛久市は、人口約4万人を擁し、JR常磐線により東京都内への通勤が可能であることから(50km圏)、1970年頃から住宅団地の開発が盛んに行われた。第一世代の高齢化と、第二世代の離家による転出が顕著であり、空き家の増加にともなって空き家等の適正管理に関する条例を制定していることから研究対象地域として選定した。牛久市では、古くから街道沿いに小集落を有する農村地帯であったが、1970年代頃から住宅地の開発が市内の広範囲で進められ現在に至る。このような住宅地の住宅は、40～50坪程度の敷地にある。JR牛久駅の周辺に開発されたみどり野、東みどり野地区や、つつじヶ丘、第二つつじヶ丘などの地区を除くと、駅まではバス利用となる。

　牛久市における町丁別の戸建住宅率を示したのが図4である。1970年代頃に建設された戸建住宅を中心とする地区が多いことから、市内全域で戸建住宅の割合は高い。近年、ひたち野うしく駅周辺での戸建住宅やマンションの新規供給が進んでいることから、そのエリアでは戸建住宅率が低くなっている。同様に老年人口率を示したのが図5であり、戸建住宅率の高い地域で高齢化が進んでいることが明らかである。国道408号線沿線の町丁など駅から8km程度離れた地区(旧村落だけではなく住宅地を含む地区)のほか、牛久駅に近接している住宅地の地区でも老年人口率の高い町丁がある。

　本研究の事例地区としたのは、これらの戸建住宅を主とし、高齢化の著しい町丁にある住宅地である。行政区(自治会)の協力を得て、市内4地区の空き家戸数を把握した。最もJR牛久駅に近接した駅東側のA地区は全1,606戸の行政区であるが、空き家は59件(3.7%)である。駅からバス利用となるB地区は全925戸に対し空き家が76件(8.2%)、同様の立地条件であるC地区は全360戸に対し32件(8.9%)の空き家がある。最後にB・C地区よりは駅に近接しているものの駅へ向かう過程で急勾配の坂を経由するD地区(牛久駅西側)では、全475戸に対し35件(7.3%)の空き家が確認されている。A地区行政区によると、これまで地区内の空き家は45件程度で推移していたものの、東日本大震災の影響や地域住民の高齢化にともなって近年急増している。

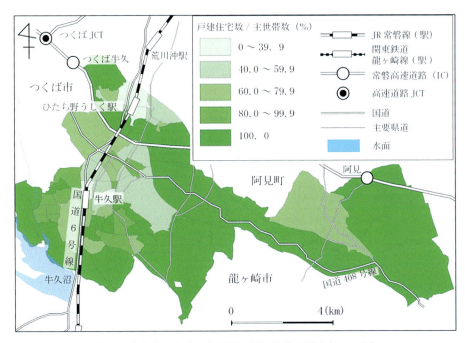

図4　牛久市における町丁別の戸建住宅の割合(2010年)
注)国勢調査により作成

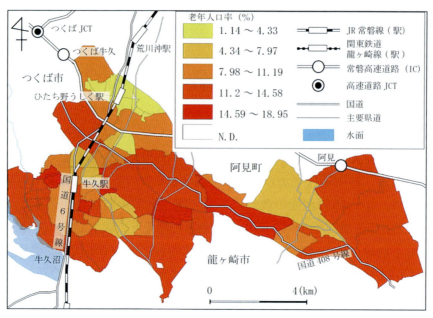

図5　牛久市における町丁別の老年人口の割合（2010年）
注）国勢調査により作成

2）牛久市における空き家への対応

　牛久市空き家等の適正管理および利活用に関する条例（2012年7月1日制定）の特性を表5に示した。2013年度末で106件の相談が市に寄せられ、自治会や所有者との連携を図りながら空き家の適正管理を進めている。相談の多くは、雑草や樹木の繁茂、屋根など家屋の一部損壊・飛散である。空き家の利活用の例は調査時点で報告されていない。

　空き家の増加に対する各行政区の対応を検討する。A地区では、前区長が空き家や空き地を駐車場にするよう所有者に呼びかけてきた経緯がある。これを受けて、現区長は管理の行き届かない空き家

表5　牛久市空き家等の適正管理および有効活用に関する条例の特性

自治体名	牛久市
条例制定年月	2012年7月1日
担当部署	交通防災課（適正管理）　　都市計画課（有効活用）
調査実施日	2013年3月21日
条例制定の経緯	①住民からの相談を受けて議会で質問（2010年頃） ②2010年に適正管理のみで条例化するも有効活用も入れるべきとの意見で頓挫 ③2011年3月議会で条例制定が決定（市庁舎内で対策プロジェクト立ち上げ）
参考にした自治体	条文は他の自治体を参考にしたが、市庁舎内の連携などは牛久市独自で検討した
相談件数*）	106（個人からの要請50件程度、他は自治会からの要請）
対応件数*）	88（所有者と連絡とれたもの61）
相談内容	①樹木・雑草繁茂 ②住宅の一部損壊や飛散
空き家の発生する地域の特性	①地価が安く敷地は50坪程度、駅から遠い戸建住宅地区 ②駅には近いものの敷地が50坪に満たず狭い戸建住宅地区 ③駅までのアプローチに急な坂のある低地の埋め立てによる戸建住宅地区
空き家化の要因と問題点	①民事に行政が介入することが問題 ②相続放棄された空き家の場合、寄付の道もある（国庫没収か、市への寄付の際には取り壊し必要だが費用は誰が負担すべきか等） ③更地化を進める税制上の枠組みがない
住宅開発の特徴	集落はあったものの、1960年代頃から開発された住宅団地が大半（40～50坪程度）、近年はJRひたち野うしく駅周辺にマンションや戸建て地区もある
その他の意見	有効利用の実施例はまだない

注）調査時点での数値である

を増加させないよう、できる限り所有者に連絡を取り更地にするように呼びかけている。しかし、行政区からの文書等での連絡に応じない例や、元の所有者が他界した後に相続した現所有者の連絡先がつかめない例も多く、行政区が対応できる範囲は限られている。B地区では、行政区の安全部が空き家の実態把握を行っており、定期的に空き家の戸数と現状を調査している。また、C地区では、民生委員と自治会の連携を図って空き家の実態把握に努めていた。

3）事例地区において空き家が放置される地域的な背景

事例地区の自治会、住民らへのインタビュー調査から、空き家が放置される地域的な背景が明らかとなった。まず、住宅・敷地の条件の悪さが挙げられる。これは、1960年代以降に東京大都市圏において地価が高騰し住宅購入が困難になる中で通勤圏に取り込まれた地域であることが影響している。東京都心部への通勤には自宅からでは1時間半程度が必要となる立地であるにもかかわらず、多くの住宅は敷地が40～50坪であり、二世帯住宅への建替えは困難だと語る住民が多い。また、駅に近接するA地区では、元の所有者が転出し賃貸住宅として数家族に利用された後に入居希望者が途切れ、空き家化する事例が多々確認された。しかしながら、こうした住宅の所有者は、市内など近隣に居住している例も多い。より条件の良い住宅や敷地が供給されたときにそれを購入し、以前の住宅を売却もしくは賃貸としている。こうした場合では、空き家となっても近隣に居住する所有者が管理をするため問題化することは少ない。

次に、居住者の高齢化と相続に関する理由が挙げられる。牛久市の住宅地に居住する世帯の就業先は、東京圏内の公務員や教員、会社員などであるが比較的裕福で職業的技能にも恵まれている。子世代も同様に比較的良好な職についているものが多いために、独立後に親世代に頼らずに世帯形成が可能な収入を得ているものが多い。一方で、ブルーカラー職の居住者が卓越する戸建住宅地区や、狭小な住宅地区などでは、住宅価格の安価さや建替えが進行することもあり、空き家率や老年人口率が比較的低い傾向にあることが示されている（Kubo et. al 2010; 西山 2010）。しかしながら、娘世帯の近居による転入は各地区とも数例確認されており、空き家や空き地を購入して若年世帯が転入してくる要因の一つとなっている。このほか、自然環境の豊かさや子育て環境を重視して転入する若年世帯もいる。成熟した住宅地であり現在の住宅価格が安価となったことにより、より安価に広く設備の充実した住宅を購入したい若年世帯に評価されている。

より詳細に地区による差異を検証すると、コミュニティセンターの活用状況に大きな差異があった。これは、自治会活動の活発さや、自治会による空き家問題への対策がとられるか否かに大きく影響を与えていた。たとえば、自治会のリーダーシップが強いA地区では、自治会で空き家所有者へ連絡し問題解決を促している。一方、C地区では、コミュニティセンターで行われる活動に地域の男性高齢者の参加があまりなく、これらの住民が孤立してしまうことが危惧されていた。民生委員などが見守り活動をしているものの、地域住民間の交流がない状態では孤独死などの問題が起こりかねない。空き家問題は、このような地域社会の問題に、制度上の問題や高齢化、相続などの家庭の問題などが重層的に重なって起こっているのである。

5．郊外住宅地における空き家の実態調査②：広島県呉市の事例

（1）広島県における空き家実態調査の実施方法と地域の概要

次に、地方都市の郊外における空き家発生の実態を明らかにするため、広島県呉市の昭和地区において行った空き家実態調査をもとに、郊外住宅地において空き家が発生する要因を考察する。昭和地区内の17団地のうち12で空き家実態調査を実施した。呉市においては、1960年代～70年代にかけて

市内湾岸部の工業地帯や広島市での就業者に向けた住宅開発が行われ、人口が急増した。平坦地が極端に少ない地形条件により、住宅団地の多くは急斜面上に開発された。

現地調査は、自治会の協力のもとで行われ、自治会役員や空き家の周辺に居住する住民へのインタビュー調査により団地内の空き家が空き家となった時期、空き家となる前の居住者の世帯構成や年齢、空き家になった理由などを訊ねた。ここでは、「居住実態のない住宅」を空き家と定義して調査を行った。

(2) 広島県呉市における郊外住宅地での空き家化の実態

呉市昭和地区で実施したインタビュー調査によると、対象となった143戸のうち34戸（23.8％）は1年未満に空き家化しており、さらに全体の約40％は3年未満という短期間のうちに空き家化していた（表6）。別荘などの二次的利用の住宅は、8戸（5.6％）に過ぎないことから、開発当初から居住目的で購入された住宅が近年空き家となっていることがわかる。

また、空き家になる直前の世帯構成をみると（表7）、高齢の単独世帯が53戸（37.1％）、高齢夫婦が18戸（12.6％）であるのに対して、若年の夫婦（6戸）や核家族世帯（11戸）は少ない。同様に高齢者とその親族は5戸（3.5％）に過ぎないことから、開発当初に転入した夫婦や核家族世帯が数十年後の現在、子の離

表6　広島県呉市昭和地区の住宅が空き家化した時期

地区	1年未満	3年未満	5年未満	10年未満	10年以上	二次的利用	不明	その他	計
A	7	4	1	1	3	0	5	1	22
B	4	2	1	0	0	4	9	0	20
C	11	2	4	6	1	0	10	0	34
D	10	10	2	4	3	4	2	3	38
E	0	3	1	2	0	0	7	0	13
F	2	4	2	3	1	0	4	0	16
計(%)	34(23.8)	25(17.5)	11(7.7)	16(11.2)	8(5.6)	8(5.6)	37(25.9)	4(2.8)	143(100)

表7　広島県呉市昭和地区の住宅が空き家になる以前の世帯構成

地区	高齢世帯とその家族	高齢者単独	高齢夫婦	若年夫婦	若年家族	その他	不明	計
A	1	14	1	0	0	0	6	22
B	1	6	1	1	1	0	10	20
C	2	13	3	1	3	2	10	34
D	0	13	7	2	7	3	6	38
E	1	4	0	0	0	1	7	13
F	0	3	6	2	0	1	4	16
計(%)	5(3.5)	53(37.1)	18(12.6)	6(4.2)	11(7.7)	7(4.9)	43(30.1)	143(100)

表8　広島県呉市昭和地区の住宅が空き家となった主な理由

地区	転勤による一時的転出	病院や介護施設等への転出	他の住宅を購入して転出	所有者の死亡	親族との同居のため転出	賃貸や売却用	不明	その他	計
A	0	1	1	12	0	1	4	3	22
B	0	4	5	1	1	1	8	0	20
C	2	5	3	9	1	5	8	1	34
D	1	3	13	8	6	1	3	3	38
E	1	4	0	1	0	0	7	0	13
F	0	3	4	2	3	0	4	0	16
計(%)	4(2.8)	20(14.0)	26(18.2)	33(23.1)	11(7.7)	8(5.6)	34(23.8)	7(4.9)	143(100)

家と親世帯の加齢によって高齢者のみの世帯となり、その後に空き家化している傾向がよみとれる。

さらに、空き家となった主な理由（表8）をみると、所有者の死亡（33戸、23.1%）、病院や介護施設等への転出（20戸、14.0%）という居住者の高齢化に付随する要因が上位である。続いて、他の住宅を購入して転出が26戸（18.2%）、親族との同居のため転出が11戸（7.7%）、賃貸や売却用のものが8戸（5.6%）、転勤による一時的転出が4戸（2.8%）である。親族と同居のため転出も、居住者の加齢にともなって子世帯と同居している場合や、親世帯の介護等のために同居している場合が含まれるため、広義の高齢化付随要因である。つまり、高度経済成長期やその後の郊外住宅開発ブームの時期に開発された郊外住宅団地で進行している居住者の加齢と子世代の離家による地区全体の高齢化が、空き家を増加させている。

日本においては、世帯構成や世帯のライフサイクル、世帯の所得などの居住特性が似通った世帯が同様の居住地選択行動をとるため、画一的住宅の集合体に等質的居住者集団が形成される傾向が強い。また、住宅購入後に転居率が低下することなどから、供給された時期に入居した居住特性は継続して残存し、年齢構成上の高齢化がおこりやすいことが指摘されている（由井1999）。木材を主たる建材とすることや住宅と家督継承などが密接に結びつく住宅・家族慣習などにより、数十年に一度住宅を建替えたり新築住宅への選好が強かったりする傾向があり、日本においては欧米諸外国と比較して中古住宅市場が脆弱である（Kubo and Yui 2011）。このような日本の住宅市場の特性が、郊外住宅地の空き家化にも少なからず影響を与えている。

6. 結論

大都市圏の郊外住宅地における空き家問題は、1960～70年代頃に開発された戸建住宅地で深刻である。第一世代の高齢化と第二世代の離家が進行し、世代交代や相続を機に空き家が放置されることで、問題化している。さらに、地域的条件（地形、住宅開発の経緯、就業環境および通勤距離、住民の社会経済的属性）や、郊外住宅地の地域性も空き家増加に影響している。つまり、第一世代の多くは、消極的理由で居住している他地域出身者であり、「根無し草」のような感覚を有している居住者が多い[3]。彼らの居住する住宅地は、居住機能に特化した地域であり、就業や文化など他の都市機能はより高次な都市に依存しているため、居住者を地域につなぎとめる要素が乏しいと考えられる。つまり、住宅地の物質的な条件と社会的、心理的な条件とが複雑にからみあい、空き家化の進展過程に影響を与えている。

世代交代時に空き家化することを防ぐためには、まずは①居住者が長期入院や子との同居、他界などによって家を空ける前に住宅の処理や相続に関して子世代などと取り決めをするように促すこと、次に②自治会と子世代が連携するなどして、空き家や空き地を管理不全なまま放置しないような体制を作ること、③更地化を進めるための税制上、および助成金などの仕組みを構築すること、④相続人から空き家のある市町村へ土地・住宅を寄付したいとする申し出があった際に、寄付を容易にする手続きを明確にすることなどが重要となる。①②に関しては、住民およびその子世代と地域社会との連携によって実現が可能なものである。ただし、個人情報保護の観点から、子世代と自治会が緊急時に連絡をとりあうことも現状では大変困難な状態にある。

また、③④に関しては、国が指針や具体的な手順を示したり、新たな制度を設けたりしなければ、空き家を多数有する自治体は独自の対策を打ち出す前に八方ふさがりになる現状を改善できない。つまり、空き家に関するすべてのしわ寄せ（空き家の周辺住民からの苦情、空き家の調査や所有者への連絡等の負担、将来的な税収減など）は自治体に寄せられるものの、法律や税制を前にして自治体は身動きが取れない状況に陥っているのである。固定資産税の制度上の問題があり更地化が進まないな

どの実情や、空き家等を市町村へ寄付するための具体的な方法が提示されないなか、予算の限られた自治体が独自に空き家問題への抜本的な対策を打ち出すのは大変困難な状態にある。

今後、1960～70年代に開発された郊外住宅地の多くで、居住者の高齢化と世代交代が急速に進行することが予想される。これらの地域で管理不全な空き家が急増することは想像に難くない。国と自治体、不動産業界、地域住民とが一体となって、早急に空き家化を防ぐための仕組みを構築する必要がある。そのためにも、大都市圏における空き家発生メカニズムについて地理的な実態調査を継続するとともに、国内外でのモデルとなる事例や仕組みを収集し、日本の大都市圏郊外地域に応用できるように検証していくことが求められよう。これらは、今後の課題としていきたい。

注

1) 空き家の利活用に関しては、牛久市も都市計画課が担当となっている。
2) 県立保健福祉大学の学生による空き家居住事業は、周辺地域に居住する高齢者の見守りもかねて安い家賃で大学生に空き家を貸し出すもので、インタビュー調査時に2軒の空き家が活用されていた。
3) 郊外の新開発地である幕張ベイタウンを事例に居住者の居住選好と居住地選択の意思決定過程を分析した久保(2010)などを参照のこと。

付記

本研究では、公益財団法人国土地理協会助成金(「郊外住宅地における空き家発生の実態とその対策に関する基礎的研究」、研究代表者：久保倫子)を使用した。本報告書は、報告書提出時に投稿中であった以下の論文をまとめたものである(研究代表者、研究分担者)。

①久保倫子・由井義通・阪上弘彬 2014.「大都市圏郊外における空き家増加の実態とその対策」日本都市学会年報 47：182-190.
②Kubo, T., Yui, Y., Sakaue, H. Aging suburbs and increasing vacant house in Japan. In Hino, M., Tsutsumi, J. eds. *Urban Geography of Posy-Growth Society'*. p.123-145. Tohoku University Press.
③由井義通・阪上弘彬・杉谷真理子・森 玲薫・久保倫子 2014.「地方都市の郊外住宅団地における空き家の発生：呉市昭和地区の事例」都市地理学 9：69-76.

また、以下の学会において本研究の成果を発表した。

①Kubo, T., Yui, Y., Sakaue, H., Sugitani, M., and Mori, R. 2013. Aging suburbs and increasing housing vacancies: The case of Kure city in Hiroshima prefecture. IGU Kyoto Regional Conference, Kyoto, Japan（8月7日）
②Kubo, T., Yui, Y., and Sakaue, H. 2013. Aging problems in suburban neighborhoods in the Tokyo metropolitan area. Global Suburbanism: Governance, Land and Infrastructure in 21st Century, York University, Canada（9月26日）
③久保倫子・由井義通・阪上弘彬 2013. 大都市圏郊外における空き家増加の実態とその対策.「日本都市学会第60回大会」(高松市、サンポート高松；10月27日)
④久保倫子・由井義通・阪上弘彬・益田理広・石坂 愛・神 文也・川村一希・矢ケ崎太洋 2013. 大都市圏郊外における空き家発生の実態と地域の対応.「人文地理学会大会」(大阪市立大学；11月9日)

引用文献

大谷哲士・森田孝夫・阪田弘一・高木真人「京都の旧市街における空家の実態とそのメカニズムに関する研究－東山区六原学区を対象に－」『平成19年度日本建築学会近畿支部研究報告集』pp. 97-100、2007年

富永裕美・竹下輝和・志賀 勉・尾形基貴「斜面住宅地における高齢世帯の不在住化と住宅継承に関する研究 その1. 高齢単身世帯の不在住化と住宅継承の実態」『日本建築学会九州支部研究報告第44号』pp. 89-92、2005年

友枝竜一・竹下輝和・志賀 勉「統合型公簿資料GISデータベースを用いた郊外戸建住宅地における空家・空画地情報の把握」『都市住宅学43号』pp. 30-35、2003年

樋野公宏「空き家問題をめぐる状況を概括する」『住宅2013年1号』pp. 4-14、2013年

久保倫子「幕張ベイタウンにおけるマンション購入世帯の現住地選択に関する意思決定過程」『人文地理62号』pp.1-19、2010年

西山弘泰「住民の転出入からみた首都圏郊外小規模開発住宅地の特性－埼玉県富士見市関沢地区を事例に－」『地理学評論第83号』pp. 384-401、2010年

由井義通『地理学におけるハウジング研究』大明堂、1999年

Kubo, T., Onozawa Y., Hashimoto M.,Hishinuma Y., and Matsui K. 2010. Mixed development in sustainability of suburban neighborhoods: The case of Narita New Town. Geographical Review of Japan 83: 47-63.

Kubo, T. and Yui, Y. 2011. Transformation of the Housing Market in Tokyo since the Late 1990s: Housing Purchases by Single-person Households. Asian and African Studies 15(3): 3-20.

公益財団法人国土地理協会　第13回学術研究助成

山形県置賜地方における中山間地の土地利用の変遷に関する歴史地理学的研究

研究代表者
岩鼻　通明　山形大学農学部

共同研究者
渡辺　理絵　山形大学農学部
原　淳一郎　山形県立米沢女子短期大学
加藤　和徳　岩手大学農学研究科
関口　健　岩手大学農学研究科

Ⅰ　調査日程

2013年8月29～30日　研究に参加した5人全員で、まず米沢市の上杉博物館において、当館所蔵の上杉文庫所収の置賜地方の絵図調査を実施した。そして、飯豊町の宿舎に宿泊し、これからの調査研究の進め方について打ち合わせを行った。翌日は西置賜盆地に展開する散村景観の眺望に関する現地見学を実施した。

2013年9月27日　山形市の山形県立博物館において、岩鼻および関口の2名で、当館所蔵の旧長井政太郎氏所蔵の村絵図の調査を実施した。

2013年10月3日　調査研究対象に選定した米沢市の綱木集落において、岩鼻および加藤の2名で、現地調査を実施した。

2013年10月4日　調査研究対象に選定した西村山郡小国町の白子沢集落において、岩鼻および加藤の2名で、現地調査を実施し、さらに南陽市立結城豊太郎記念館において、絵図調査を実施した。

2013年11月14日　南陽市立結城豊太郎記念館において、当館所蔵の置賜地方の絵図調査を、岩鼻および加藤の2名で実施した。

2013年11月15日　南陽市立夕鶴の里において、当館所蔵の養蚕関係資料に関する調査を、岩鼻および加藤の2名で実施し、さらに南陽市金沢集落において、現地調査を実施した。

2013年12月6日　南陽市立結城豊太郎記念館において、当館所蔵の置賜地方の絵図調査を、岩鼻および加藤の2名で実施し、さらに南陽市金沢集落において現地調査を実施した。

2013年12月13～15日　東京都の明治大学博物館および国文学研究資料館において、置賜地方の絵図調査を岩鼻および関口の2名で実施した。

2014年1月17日　上山市中山公民館において、当館所蔵の置賜地方の絵図調査を、南陽市ハイジアパークにおいて、当館所蔵のイザベラ・バードに関する資料調査を、岩鼻および加藤の2名で実施した。

2014年1月25～26日　東京都の国文学研究資料館において、置賜地方の絵図調査を、岩鼻・原・関口の3名で実施した。

2013年12月～2014年2月　山形大学農学部の学生を渡辺・岩鼻が指導して、地形図から土地利用をパソコンにより図化する作業を実施した。

Ⅱ　調査研究対象集落の選定

米沢市上杉博物館および南陽市結城記念館における絵図調査の成果を踏まえて、以下の4集落を調査研究対象に選定した。

1. 米沢市綱木集落

上杉博物館所蔵の「綱木絵図」（年不詳）に綱木村の集落が詳細に描かれており、番所の文字記載と門および建物も描かれている。集落の中に円照寺が描かれ、上の畑および板小屋畑の文字注記が畑らしき絵画表現とともにみられるため、山村の農業的土地利用を描いた典型的な絵図であることから、研究対象に選定した。

2. 小国町白子沢集落

上杉博物館所蔵の「沼沢辺之図」（享和2年）に白子沢村の集落が詳細に描かれている。集落の周辺には水田が描かれ、赤い鳥居が描かれ、白山の文字注記のみられる神社や、善性院の文字注記のある修験、そして清安寺の文字注記のある寺院が描かれている。

とりわけ、この清安寺の入り口に２体の石造物が描かれ、さらに集落の入り口にも同様の石造物が描かれている。村絵図に石造物が描かれる事例は多くはなく、珍しい表現であるといえ、石造物研究者である共同研究者の加藤による現地調査が期待されることから、研究対象に選定した。

3. 上山市中山集落

結城豊太郎記念館所蔵の「享保の絵図」の中に中山村の集落が詳細に描かれている。図中には百カ所近い膨大な文字注記が存在し、多くの情報が内包された貴重な絵図である。中山集落は、共同研究者である加藤が詳しい民俗調査を行った地であり、現在の行政区画上は上山市に属するが、かつては米沢藩領の最北端に位置し、境界を守る城が置かれた場所でもあることから、研究対象に選定した。

4. 南陽市金沢集落

中山集落と同じく、結城豊太郎記念館所蔵の「享保の絵図」の中に金沢集落を含む温泉集落である赤湯の町並みや盆地底の低湿地である白竜湖などを詳細に描く絵図が存在する。この絵図もまた、豊富な文字注記を含む貴重な絵図である。さらに、絵図の中に中世の板碑が描かれており、この絵図表現もまた稀なことから、石造物研究者である共同研究者の加藤による現地調査が期待される。白竜湖は近現代の農業改良事業の一環で、農地化が進められ、また赤湯の北側の村山盆地に通じる烏上坂の斜面には、一面にブドウが栽培されている。このような近代化以前の姿を描いた絵図として評価できることから、研究対象に選定した。

Ⅲ 研究対象地域の概要

研究対象地域については、上記のように絵図に描かれた情報などを勘案して、米沢市綱木集落、西置賜郡小国町白子沢集落、南陽市金沢集落、上山市中山集落の4か所に絞り、現地調査を実施した。
まずは、各地区の概要を以下に示したい。

1. 米沢市綱木集落

米沢盆地の最南端、兜山の西麓に位置する。地名は、要所間を繋ぐ所、あるいは飛脚・荷駄などの継場の意に由来するという。戦国期から見える地名で、置賜郡上長井のうち、天文22年の采地下賜録によれば、大塚将監が、遠藤又七分の所領を下賜されている。大塚は守護不入権を付与された有力地頭領主であり、会津との境として重視された土地であったと考えられる。江戸期は置賜郡のうちで、はじめ蒲生氏領、慶長3年上杉氏領、同6年からは米沢藩領、上長井に属す。村高は、文禄3年の蒲生高目録では82石余、「天保郷帳」257石余、「旧高旧領」無高。慶長年間の「邑鑑」では、村高82石余、免2ツ6分、家数55間（うち役家20）・人数181。「上杉領村目録」では、無高、戸数59・人口269、馬9・牛4、漆988本・紅花644匁余・綿620匁・蚕利32両余。明治8年地内の円照寺内に南原学校綱木分校設置。置賜郡を経て明治9年山形県に所属。同11年の一覧全図では、反別522町6反余、戸数56・人口265。明治11年南置賜郡に属し、同22年南原村の大字となる（『角川日本地名大辞典山形県』1981年より）。

2. 米沢市綱木の民俗調査

米沢市南原大字綱木は米沢旧市内から南に約12キロ、海抜580～620米の綱木川左岸第二段丘上に位置し、大体南北の方向に500米ほどの街村をなしている。

旧藩時代は米沢と会津若松をつなぐ会津街道の宿駅として一村をなしており、杉原謙の『苫戸太華翁』によれば、寛政3年(1791)頃は4軒の旅籠があり、玄米2俵下附されていたという。綱木から会

津へは1094米の檜原峠を越えて檜原へ、また米沢へは727米の綱木峠を越して坂下へ荷物の輸送が行われたが、交通量の多かったのは、明治以降米沢まで鉄道が開通した明治32年(1899)までで、以後は交通集落としての機能を完全に失い、転住するものも出たが、残ったものは山仕事や畑作に専念するようになった。現在も水田はなく、山仕事・畑作が主な生業である(もっとも山仕事の内容は異なっているが)。

戸数は現在39戸だが、文禄4年(1595)の『邑鑑』には55戸とある。綱木の鎮守は山神社で周囲には文殊様、弁天様、薬師様、白鬚様、それに蚕国大明神と刻んだ石碑などが散在する。

元禄10年(1697)に綱木村の山が、宿場の各戸に割り当てられ、実質的な面で山の私有制が形成された。しかも入会地はほとんど見られない。木流しは慶長10年(1605)に直江兼続が田沢衆の願出によって、木場を開き「木流し」を許可したことに始まり、明治29年に木流し量は800尋を数えたというが、明治33年(1900)に薪が木炭に代わるようになり木流しを中止し、綱木村でも製炭と養蚕に転ずるまでの約300年の歴史を持つ。

綱木の製炭は木流しと宿場町との消滅から来る自立の意味を持ち職業として導入されたものであった。明治41年(1908)に加藤氏によって黒炭製法が移入されると同時に普及した。主に冬山の仕事としてあった。

山の利用については、本山、中山、柴山を各戸に平均に分割して与えたため、山の利用も個々の所有の山を利用するが、手柴以下のものは自由に刈り取ってよいという慣習である。従って山菜などは自由に自家の食料として採取しており、種類も極めて多い。

火野(焼畑)の開発は宿場町形成当時からの課題であったが、上杉藩の奨励で桑畑にすることが考えられたという。土用前に藪を切って火をかけ、その草木灰でソバを蒔き、秋に収穫する。第2年目にはそこを粟畑とし、第3年目に桑を植え、その後は桑の木の廻りの草を刈りとるだけで、場合によっては大豆程度の作物を植えるという。

植林は昭和39年から60年計画で、百町歩の公団経営の植林が実施されはじめた。これによって第2次大戦後の経済変動によって増加して来た出稼ぎが急激に減少した。

養蚕は製炭同様、木流しと交代に明治33年以降に導入されたもので、江戸時代の養蚕とは断絶が見られる。明治43年に野中氏が養蚕講習を実施したことで、大正2年頃に最盛期に入ったという。最盛期には福島県の会津・伊達・大塩・熊倉あたりから春蚕の手伝いに季節労働者が入り、引続いて秋蚕にも手伝いに来た。当時は一戸当り1町歩以上の畑を桑園にしたといわれ、村あげての蚕神祭りがあったという(「特集 山形県米沢市綱木の民俗」置賜民俗学会年報『置賜の民俗』第2号、1967年、より抜粋)。

3. 小国町白子沢集落

置賜地方、桜川流域に位置する。江戸期は置賜郡のうち、はじめ蒲生氏領、慶長3年上杉氏領、同6年からは米沢藩領。外中津川に属す。村高は、文禄3年の蒲生高目録では151石余、「天保郷帳」301石余、「旧高旧領」439石余。慶長年間の「邑鑑」では、村高151石余、免2ツ4分、家数32間(うち役家3)・人数132。「上杉領村目録」では、村高425石余、本免1ツ3分、文政10年改反別32町7反余(うち田26町余・畑5町余)、戸数29・人口229、馬22・牛3、漆157本・綿120匁余・蚕利41両。当村は越後街道の宿場町として繁栄し、御札場が設置された。寺院は、天正18年創建の曹洞宗清安寺、元和2年創建の当山派修験善性院がある。鎮守は万治2年創建と伝えられる山神社で、春秋に例祭が催される。明治6年清安寺内に白子沢学校設置。置賜県を経て明治9年山形県に所属。同11年の一覧全図では、反別599町7反余、戸数39・人口212。明治12年、当村の37戸中半数近い16戸が商業(生糸商・質屋・

荒物・塩・豆腐・太物・下駄・菓子)あるいは交通業(通運・旅籠屋・牛馬宿)に従事。明治11年西置賜郡に属し、同14年小白子沢村・森残村を合併。明治22年津川村の大字となる(『角川日本地名大辞典』より)。

4. 南陽市金沢集落

　置賜地方、米沢盆地の北東部、吉野川の下流左岸東部に位置する。地内には入金・酒町前・七両坂・天秤屋などの金山にちなむ地名があり、背後の丘陵には坑口跡が残る。江戸期は置賜郡のうち、米沢藩領。北条郷に属す。当村は寛永15年検地により成立。村高は、「旧高旧領」では270石余。「上杉領村目録」では、村高192石余、本免1ツ5分、寛政3年改反別17町4反余(うち田12町8反余・畑4町6反余)、戸数14・人口103、馬11、漆617本・蚕利114両余。近世初期には当村の金山で金銀の採掘が行われていたと伝えられる。明治5年の戸数15(置賜県取調帳)。置賜県を経て明治9年山形県に所属。同10年赤湯村に合併。当地は赤湯町におけるブドウ栽培発祥の地とされ、甲州鉱夫により持ち込まれたという。明治42年、井桐技師の指導で棚造りによる甲州種の栽培を始め、置賜地方では最初の法人組織である金沢生産販売購買組合を組織した。大正初期からデラウエアを栽培。近年大谷地地帯の乾田化が進められ、収量増加とともに農作業の様子が一変している(『角川日本地名大辞典』より)。

5. 上山市中山集落

　村山地方、前川の上流域に位置する。地内に中山城址がある。戦国期から見える地名。置賜郡北条荘のうち。天文7年の御段銭古帳に「九貫百文　中山」とあるのが初見。ただし、この内500文は引分である。天文22年の采地下賜録によれば、小梁川尾張守・粟野右衛門・大津しほち・同源三娘が当地に所領を有していたことがわかる。この内小梁川尾張守は五軒在家とその守護不入権を、粟野右衛門は代在家・日影在家・浮免3000苅をそれぞれ下賜されている。当地は伊達氏と最上氏の両勢力の境目に位置し、永正11年2月10日最上義定と伊達稙宗との間に戦闘が行われたのを初めとし、以来攻防を繰り返した。当地の天守山に築かれた中山城は三方が渓谷で囲まれた天然の要害で、永禄〜元亀年間の頃は中山弥太郎が城主であった。「伊達稙宗日記」によれば、天正2年の最上義守・義光父子の抗争に際し、伊達輝宗は岳父義守を援助するため5月11日当地へ出馬し、七ヶ宿街道口の要地楢下を奪い、最上氏領上山辺の高松に放火している。天正16年伊達政宗が大崎義隆を攻撃、これに対し最上義光が大崎氏救援のため派兵し、伊達・最上両氏は再び戦闘状態に入る。天正16年と推定される7月18日付の最上義光書状写に「伊達后室中途へ被出興、及八十日滞在候而、種々懇望候、殊至項目、□中山境之地へ三十里被寄興、佗言候条、侍道之筋目無拠候間、令納得候」とあり、両者の戦いは義光の妹で政宗の母であるお東(保春院)の挺身的な行動によって回避された。同年11月22日の伊達政宗諸役免許状に「任中山地訴訟ニ、一諸役諸公事之事、一棟役銭之事、一成敗人之事、其身所へ理候上、可有其沙汰之事、一牢人衆格護之事、重罪人者可及其閉目之事、一中間共入立之事、何も令免許候」とあり、小国蔵人盛俊に対して当地の居住願いを認め、諸役免除その他の特権を付与している。小国蔵人はすでに天正15年頃から中山城に居住していたものと思われ、同年5月12日には最上・庄内和睦のため中山で合議していた片倉小十郎・嶺式部らが米沢に帰城している。江戸期は置賜郡のうち、はじめ蒲生氏領、慶長3年上杉氏領、同6年からは米沢藩領。北条郷に属す。村高は、文禄3年の蒲生高目録では1058石余、「天保郷帳」1670石余、「旧高旧領」では掛入口中山村として2293石余(ただし明治2年に分村した元中山村が中山村として1101石余)。慶長年間の「邑鑑」によれば、村高1700石余、免2ツ2分、家数72間(うち役家28)、人数434。「上杉領村目録」では掛入口中山として、村高2926石余(御届高1099石余)、本免2ツ、天明8年改反別248町2反余(うち田117町2反余・畑131町余)、戸

数199・人口1219、馬82・牛12、漆8370本・紅花11貫405匁余・綿952匁余・青苧1貫820匁余・蚕利1503両がある。明治2年一部が元中山村となる。寺院には曹洞宗竜雲寺、浄土宗西福寺、浄土真宗本願寺派光勝寺がある。置賜県を経て明治9年山形県に所属。同11年の一覧全図では、反別1078町余、戸数221・人口1242、中山学校がある。中山学校は明治6年竜雲寺に創設。明治11年東置賜郡に属し、同22年元中山村・小岩沢村・川樋村と合併して、中川村となる。昭和32年からは上山市に属する(『角川日本地名大辞典』より)。

Ⅳ　研究対象の各集落における聞き取り調査および現地観察から

1. 米沢市綱木集落　2013年10月3日

　豊島(旧姓梅津)さん、女性、昭和44年中学卒業　屋号はカネトで、この家が実家。かつては40数軒の家があったが、今は4軒のみ。中学を出た少し後まで蚕を飼っていた。桑はヤマグワが主だった。畑は植林されて杉林になった。水田をつくっている人もいた。シシ踊りが8月15日に行われる。昭和45年ころに一度上りジシをしたら、次の年に大火で下の家々が焼けてしまった。ウルシ掻きも記憶はある。炭焼きは関まで1時間半かついで歩いて売った。

　佐藤さん、男性、週の半分は米沢の町で暮らす。この家は昭和12年に建て替えた。昭和14年生まれ。畑に杉を植林したのは、昭和30年代半ばのこと。杉を切った後に、カノ畑を数年して、ソバを植えた後にまた植林した。畑に桑は植えなかった。マメや穀類(アワ・ヒエ)を栽培した。炭焼きは昭和42年ころまで行っていた。女性が仲買商人のいる関集落までかつぎ、帰りに売り上げで米や醤油を買った。歩いて1時間半くらいの場所に窯があり、すべて民有林で山を分けた。上杉入部前はバラバラに住んでいたようだ。この家のすぐ上が番所で、かつては宿屋を営んでいた。蚕は昭和30年代半ばまで盛んだった。年2回だけ育てた。青苧はないが、アカソを採りに来る人がある。木流し、バイタが盛んだった。杉の木を川に流した。水をためてから抜いた。米沢の木場町へ運んだ。昭和21年に村の上半分が火事で焼けた。板小屋の水田は昭和40年代に開田したが、収穫があがらずに数年で止めた。会津からウルシ掻きに昭和25年ころまで来た。楮はなかった。戦後に少し植えたが、すぐに止めた。9月1日より山に入ってよい。山菜はきまりがない。狩猟もした。今は一人だけだ。村に6人しか住んでいない。多い時は60軒もあったのに。冬場は2〜3回の雪下ろしが必要だ。昭和10年ころに電気が通じた。鉄道開通以前は輸送に牛を使っていた。隣の家では牛を飼っていた。旅籠が6軒あり、この家は上野屋で、他に上州屋、清水屋、若松屋などがあった。福島県の桧原と親戚もいた。養蚕の手伝いに桧原から数十人も来た。明治の磐梯山噴火では空が暗くなり、火山灰が飛んできたという。出羽三山参りの定宿でもあった。神社の鳥居は越後の人が建てた。入口の庚申塔は流されたが、下の養殖池から出てきた。

　また、山神社の境内には近世の草木塔が存在する。この草木塔は置賜地方に分布が偏在する特殊な石造物であり、山形大学では「やまがた草木塔ネットワーク」を組織して、その解明にあたってきた。研究代表者の岩鼻は、その理事および運営委員会の委員を務めている。草木塔は、木流しとのかかわりが指摘されてきたが、この集落においても木流しとの関係が想定されよう。

　なお、伊能大図には、米沢から会津へ到る街道に沿って、この綱木集落が描かれているが、その表現はステレオタイプであり、集落の景観を具体的に描いたとはいえない。

2. 小国町白子沢集落　2013年10月4日

　小池さん、嫁いで50年の女性。水田は10年前からソバに転作している。下のほうは1町歩ほど水田が残る。畑はつくらなくなって20年余り。アズキを牛のエサにする。アワやヒエはなかった。我が家で山の上にイナリとジゾウを祀る。絵図にある「地蔵」か。その上にコンピラの小さなお堂があり、

おくまんさま、と呼んでいる。ウルシや楮はなし。青苧もなし。桑はかつて植えていたが、ほとんど切ってしまった。昭和40年ころまでは蚕を飼う人が少しはいた。ヤマグワが主だった。炭焼きは数軒が営んでいたが、山の奥に炭窯があった。今は集落全体で17～18軒ほどだ。かつては肉牛を育て、子牛をとる人も少しいた。酒屋で木の売り買いをした。森林組合の山仕事に行ったのは、昭和15年生まれの人が最後だった。山菜やキノコは自家用に採る。10年ほど前までは山で採って売る人もいた。鉄砲を持つ人は2～3人だ。越後街道の宿場だったので、各家の屋号を調べて残すことにした。かつて、カノ畑があったことは聞いた。そこが観光ワラビ園になっている。東日本大震災で、ワラビ園のお客がだいぶ減ってしまった。この家のルーツは越後三面とされ、本家に古文書が残る。

　また、現地での観察で、集落の北側の入口および寺の参道入口に近世絵図に描かれた地蔵菩薩の石仏が現存することが確認された。ただし、加藤の観察によれば、この石仏は絵図の作成年とされる享和年間よりも新しいとみられることから、絵図が後世の写本であるか、石仏が再建されたものか、いずれかの可能性が考えられる。

　なお、国文学資料館での史料調査で、本集落の明治中期における各家の建物を具体的に描いた文書を発見することができた。この当時の集落構成および個々の民家の構造を知ることのできる史料として貴重なものであり、今後の活用を模索したい。

3. 上山市中山集落　2013年11月14日

　男性・70歳代　蚕は昭和40年代まで盛んに飼っており、最後は2・3軒が昭和60年ころまで飼っていた。ブドウ農家は70軒くらいあって、果樹組合があったが、今は高齢化などで7～8軒しかない。ラフランスとサクランボが2～3軒あるが、盆地の真ん中の平地は霜の被害がある。今も宿屋の屋号が4～5軒残る。青苧は知らない。かつてはウルシの木がたくさんあったが、国道のバイパス工事でだいぶ切られてしまった。公民館の裏山にあるウルシの木に、東北芸術工科大学の美術の先生が毎年、ウルシ掻きに来る。

　なお、伊能大図には、羽州街道に沿って、この中山の宿場町が描かれてはいるが、綱木集落と同じく集落景観を忠実に描いているとはいいがたい。

4. 南陽市金沢集落　2013年12月6日

　松本さん、60歳代の女性。このあたりは、かつてデラウエアの大産地で、2000年ころまではデラウエアを栽培していた。大粒のブドウに切り替えて、その木が実をつけるまで。5年間は夫がトラック運転手をして働いた。嫁に来たころは、白竜湖のそばは谷地田で、ヤチゲタをはいて耕作したものだった。山の斜面のブドウ畑は高齢化と後継ぎの不在で、どんどん止めていっている。我が家のブドウ畑は平地なので、娘婿が勤めを辞めて、後を継いでくれた。

　なお、付近には中世の板碑が存在し、それらしき描写が絵図にみられる。それ以外にも、信仰と関わる石造物や小祠などが絵図には表現されていることから、このような石造物との関連もまた、共同研究者である加藤の今後の研究課題となろう。

Ⅴ　文献にみる土地利用の変遷の歴史的背景

　置賜地方における土地利用の変遷の背景として、米沢藩の藩政改革をあげることができる。米沢藩では、著名な藩主である上杉鷹山の改革によって、農業的土地利用が大きく変化した。明和～安永期の改革では、漆木・桑木・楮の各百万本の植立計画が実施され、漆蝋・養蚕・紙漉によって経済収益を増やし、農村の活性化をはかろうとするものであった。

なかでも、漆木栽培と漆蝋生産に力点が置かれたが、結果的には西日本で生産されていた櫨蝋に質的にも価格的にも及ばず、予期したほどの成果をあげることができずに、漆生産は衰退に向かった。その後、寛政期の改革においては、蚕糸・絹織物生産に重点が移され、養蚕が奨励された（渡部史夫「米沢藩における寛政改革の基調」『出羽南部の地域史研究』所収、郁文堂書店、1986年）。

　また、これらの苗木の育成も藩内の上層農民があたっていたことが知られるが、少ないながらも、ぶどうの苗木が育成されていたことは、近代以降の果樹生産との関わりから注目されよう（渡部史夫「近世後期における上層農民の養蚕経営」『出羽南部の地域史研究』所収）。

　一方、漆・桑・楮と並んで経済的収益の高い特産物として青苧が栽培されていた。最上苧と称された村山郡の青苧は西村山郡大江町から朝日町にかけて、盛んに栽培されていたが、米沢苧と称された置賜郡の青苧は、白鷹山西南の丘陵部の村々で広く栽培されていた（渡部史夫「最上苧の生産と流通」『出羽南部の地域史研究』所収）。

　安永9年（1780）の「樹芸記」によると、青苧の年産は、村山地方が1000駄、置賜地方が600駄、会津・越後が70〜80駄といい、山形県内陸部の特産物であった。青苧は置賜盆地西北部、漆は置賜盆地東部、養蚕は置賜盆地東北部に分布し、地域分化がみられた（吉田義信「米沢藩の蝋・青苧・蚕糸業の成立」『農業地理学研究』所収、文化書房博文社、1969年）。

　ただし、青苧の栽培は明治中期の綿花の輸入増大にともない急速に衰退したために、栽培と農業的土地利用との関係はほとんど明らかにされていない。焼畑で栽培されたとも伝えられるが、その実態解明は課題といえよう。

　以上のような政策の転換にともない、置賜地方、とりわけ平野よりも台地・丘陵部や山間部の農村の土地利用に大きな変化が生じたものと想定される。このような歴史的背景を踏まえて、以下では、地形図と植生図にみる土地利用の変化について検討を試みたい。

Ⅵ　地形図と植生図にみる農業的土地利用の変化

1．米沢市綱木集落

　明治末年に測量された最初の5万分の1地形図（図1）では、集落に沿う道路の東側に桑畑が細長くみられる。また、集落の北側には道路沿いの西側に荒地が細長くみられ、綱木峠への分かれ道の三叉路付近にも桑畑がみられる。それ以外には水田および畑の記号はみられない。この桑畑は明治33年以降に養蚕が導入されたことに由来するものと思われる。

　昭和30年頃の戦後に新たに測量された5万分の1地形図（図2）でも、上記の土地利用に大きな変化はなく、集落の南側に荒地が新たに追加されて描かれている程度であり、この時点でも水田および畑の記号はまったく存在しない。

　それが、昭和40年代に新たに測量された2万5千分の1地形図から編集された5万分の1地形図（図3）では、かなりの変化がみられる。集落の北側に若干の桑畑は残るものの、荒地や畑に転換していることが読み取れる。それ以前の地形図では描かれることのなかった畑が集落の背後や南側にも散在する様子が表現されている。とりわけ、集落の南側の畑は近世絵図に描かれた畑に対応するものと想定される。ただし、現在は既に植林が行われたために、これらの畑は消滅している。

　そして、それ以降のデジタル・メッシュマップによれば、昭和51年時点（図4）では、桑畑に該当する「その他の樹木畑」が比較的広範にみられ、集落の背後には畑もみられ、集落の南側には荒地も存在する。これらの表現は、昭和40年代の地形図と比べて、大きな変化はないものとみてよかろう。

　それが、平成3年時点のメッシュマップ（図5）になると一変し、桑畑は姿を消し、荒地と化している。ただ、畑の分布に大きな変化はない。さらに、平成21年のメッシュマップ（図6）では、畑の分布

にさほど大きな差異はみられないものの、荒地は姿を消し、森林に変化している。この間に植林が進んだというよりは、荒地の植生が遷移して雑木林になったものかと思われる。

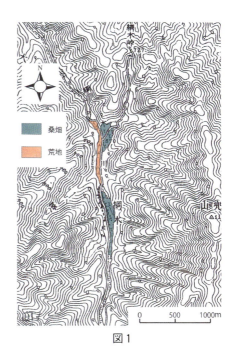

図1

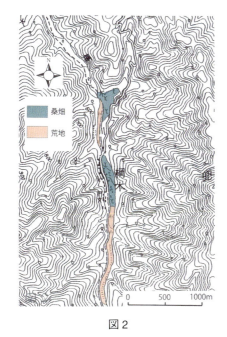

図2

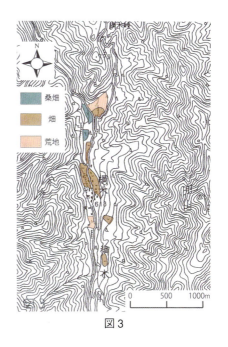

図3

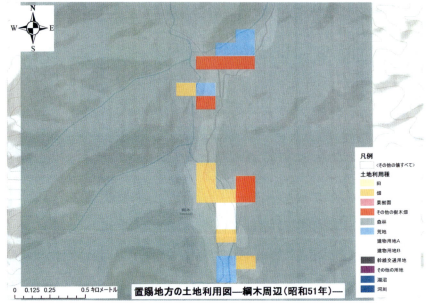

図4

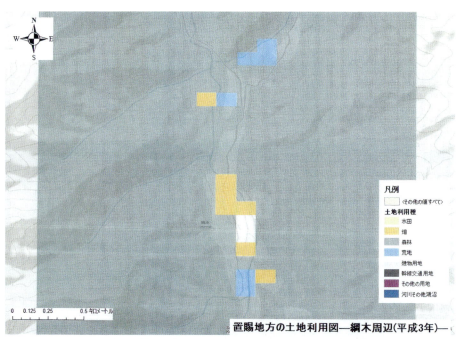

図5

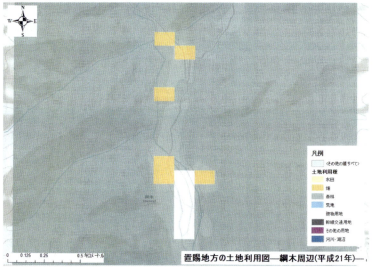

図6

2. 小国町白子沢集落

大正初期の最初の5万分の1地形図(図7)では、川沿いに水田が広がる景観が描かれており、その一部は沢の谷頭にも及んでいる。また、白子沢集落の北西側と中沢集落の西側に荒地が点在するが、森林の伐採跡地あるいは焼畑かと推測される。

それに対し、昭和40年頃の5万分の1地形図(図8)では、桜川に沿って、水田が広がるものの、沢の谷頭部の水田は消滅しており、若干の縮小がみられる。昭和52年の地形図では、さらに水田は少し縮小傾向にある一方で、中沢集落の西側には荒地もみられる(図9)。この荒地は水田が耕作放棄されたものと想定され、現在では白子沢より上流の集落は廃村と化し、水田も多くは耕作放棄地となっている。

そして、それ以降のメッシュマップによれば、昭和51年時点(図10)では、地形図と同じく桜川に沿って水田が細長く拡がり、荒地はみられない。それが、平成3年のメッシュマップ(図11)では、大きく変化しており、白子沢集落の東側に畑が急増している。この土地利用の変化の原因は不明であるが、水田の転作が進められた結果かもしれない。

ところが、平成21年のメッシュマップ(図12)になると、それらの畑はほとんど姿を消し、それに代わって荒地が増加している。水田の転作をはかったものの、維持できずに耕作が放棄されたものとも考えられようか。

図7

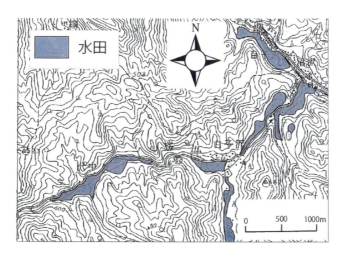

図8

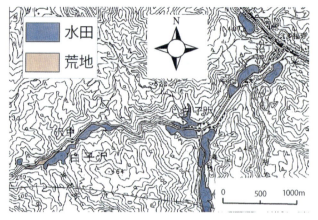

図9

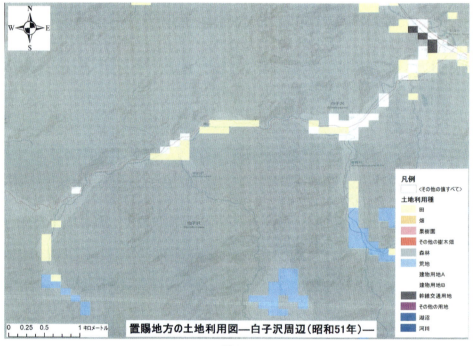

図10

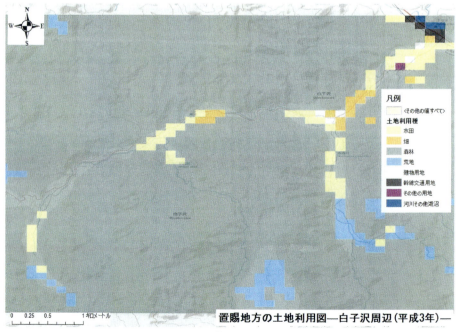

図11

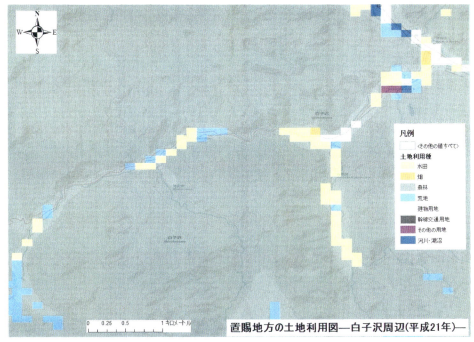

図12

3. 上山市中山集落

　明治末年の最初の5万分の1地形図(図13)では、集落沿いの低地と沢沿いに細長く水田が延びる景観が描かれており、台地・丘陵上は桑畑が広がっている。集落の西部と東部には僅かながら既に果樹園が存在しており、荒地も若干みられる。昭和20年代の地形図(図14)でも、さほど大きな変化はみられないものの、桑畑が徐々に果樹園へと転換しつつある姿を読み取ることができる。

　それが、昭和30年代後半の地形図(図15)になると大きく変化し、水田に変わりはないものの、桑畑が大きく減少し、多くは畑に転換している。この畑で栽培された作物は不明であるが、ホップやタバコなどの栽培が試みられたのかもしれない。

　ところが、昭和40年代末の測量2万5千分の1地形図から編集された5万分の1地形図(図16)では、畑の記号が少なくなり、桑畑の記号が復活している様子が見受けられる。いったん、桑を伐採した畑が桑園に復活するとは思えず、昭和30年代の測量5万分の1地形図が正確性を欠くものと疑わざるをえない。その他の図幅でもおおまかな土地利用の表現が散見し、空中写真測量を中心に進め、現地調査が十分でなかったのかもしれない。その点、編集された5万分の1地形図は、詳細な土地利用表現になっていると評価できる。

　一方、昭和51年時点のメッシュマップ(図17)でも、桑畑が依然として相当の広がりを有していることが確認できる。それが、平成3年のメッシュマップ(図18)になると、桑畑はまったく姿を消してしまい、その多くは畑に転換している。ただし、この平成3年のメッシュマップでは、畑の土地利用には果樹園が含まれており(昭和51年時点では別々に表現)、果樹園が広い面積を占める山形県においては、この表現の簡素化は、たいへん惜しまれるものとなってしまった。この時点では、畑のかなりの部分が果樹園であると推測される。

　そして、平成21年のメッシュマップ(図19)でも、さらに畑が拡大する様子が見て取れるのであるが、現在では水田および果樹園ともに休閑地や耕作放棄地がめだつようになりつつある。

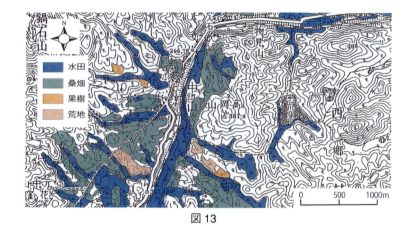

図13

図14

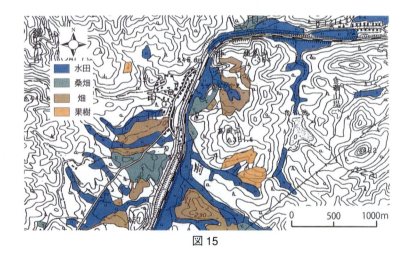

図15

図16

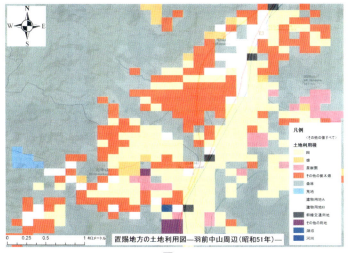

図17

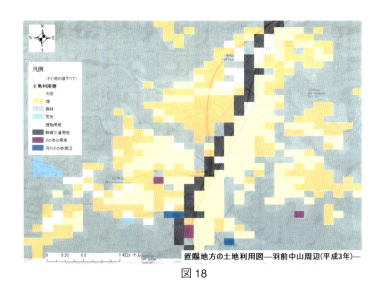

図18

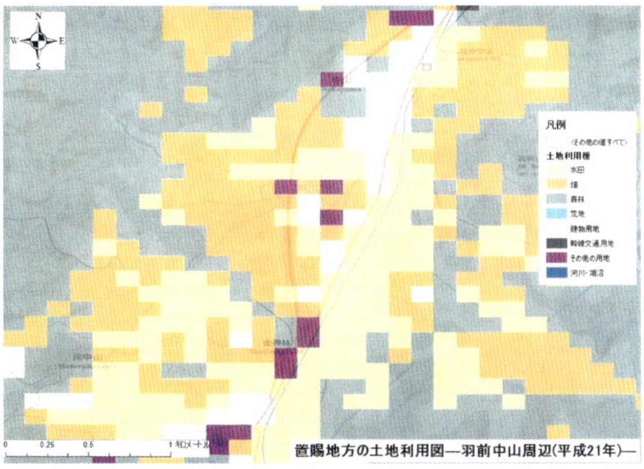

図19

4. 南陽市金沢集落

　明治末年の最初の5万分の1地形図(図20)では、白竜湖をとりまく水田が広範にみられ、桑畑が周辺に散在する。山地斜面や白竜湖周辺の低湿地には荒地が相当の面積を占めていることが読み取れる。
　それに対し、戦後まもない5万分の1地形図(図21)では、白竜湖の北側の烏上坂の山腹の斜面に果樹園が広がる姿をみることができる。金沢集落付近では、白竜湖側の水田に隣接する部分にも果樹園

図20

図21

図22

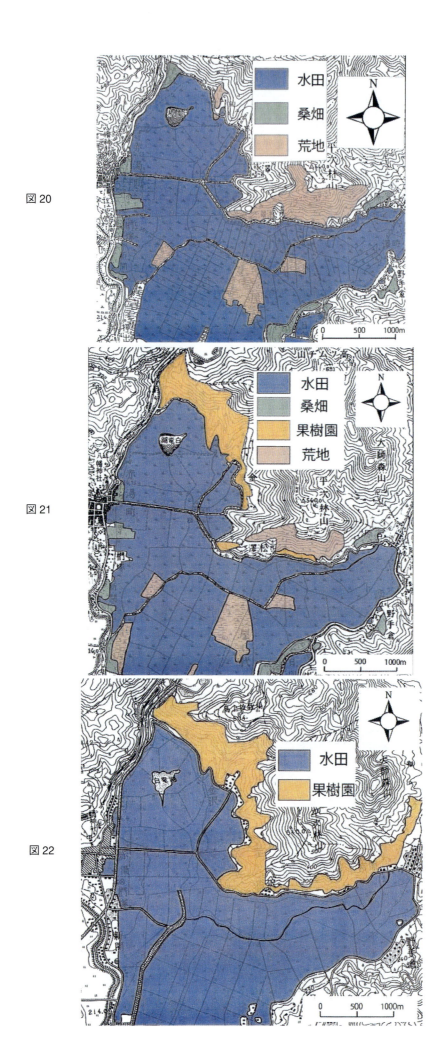

が開かれている様子がみられる。これらの果樹園は明治末年からの士族開拓によるものであるとされ、昭和初期の地形図の修正版にも既に同様の土地利用が表現されている。

　昭和30年代末の測量5万分の1地形図(図22)では、白竜湖周辺の低湿地に拡がる水田と山地斜面の果樹園が対照的に描かれている。昭和40年代後半の測量2万5千分の1地形図から編集された5万分の1地形図(図23)でも、これらの土地利用に大きな変化はないが、白竜湖の南東部の水田地帯の中に荒地が散在しており、より詳細で正確な土地利用が表現されているといえよう。

　一方、昭和51年時点でのメッシュマップ(図24)においても、このような土地利用にほとんど差異はみられない。ただし、平成3年のメッシュマップ(図25)においては前述のように果樹園は畑に包含された表現となっているが、分布について大きな変化はみられない。

　ところが、平成21年のメッシュマップ(図26)になると、白竜湖周辺の低湿地で荒地が拡大してい

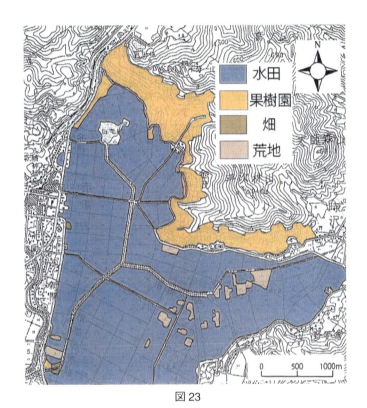

図23

図24

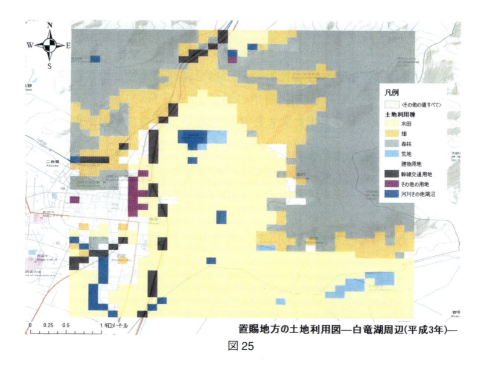

図25　置賜地方の土地利用図—白竜湖周辺（平成3年）—

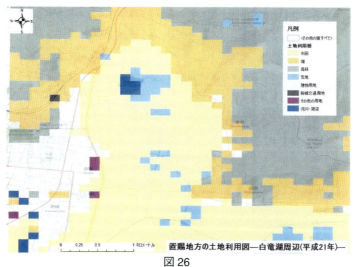

図26　置賜地方の土地利用図—白竜湖周辺（平成21年）—

る姿を読み取ることができる。減反政策によって、収量の低い低湿地での稲作が敬遠されたのかもしれない。この時点では果樹園の分布に大きな変化はみられないが、現状では山地の急斜面や標高の高い部分で果樹の耕作放棄地が散見するようになってきている。

Ⅶ　総括および今後の課題と展望

　以上の資料調査および現地調査と図化作業によって、近世から近現代にかけての置賜地方の農山村における農業的土地利用の変化を明らかにすることができた。

　山形県内陸部では、前近代から商品作物栽培が盛んに行われており、とりわけ米沢藩では上杉鷹山公の改革以来、熱心に商品作物栽培が導入されてきた。

　それらの農業的土地利用が現状では、ほとんど残存してはいないものの、過去の地形図には、その一端が示されていたことが判明した。

　ただし、残された課題も多く、近世絵図に描かれた土地利用は未だ十分に解明されていない。これらについては、さらに近世史料の収集と分析を継続する過程で解明できるところもあろうと考えられる。

　当初、近世絵図に描かれた畝をともなう畑の表現は焼畑を示すものと想定したが、調査の過程で、

焼畑というよりも、いわゆる段々畑を表現したものではないかと考えを変えるに至った。もちろん、焼畑栽培が行われた可能性を否定するものではないが、比較的に集落に近い場所に描かれることが多いことから、粗放的な焼畑農業ではなく、もう少し集約的な畑作であったのかもしれない。このような場所で青苧が栽培された可能性も高いのではなかろうか。

青苧栽培が置賜地方と同じく盛んであった村山地方でも、その栽培の実態は、ほとんど明らかでない。明治末年には栽培がほとんど衰退してしまったことから、やむを得ないとも思われるが、古文書を通して手がかりを追い求めたい。

さて、山形県内陸部の中山間地では、近世から近代産業革命前夜までが、この青苧栽培の時期で、産業革命後には養蚕に急速に置き換わる。明治期最大の輸出産業であった生糸・絹織物の原料供給地として、山形県は北関東とともに重要な役割を果たした。

それは、第2次大戦後の高度経済成長期前夜まで続いたのであるが、高度経済成長期に入り、桑畑は急速に果樹園に転換されていき、今日の果樹王国山形県が成立するに至る。

ただし、山形県西村山郡大江町における国重要文化的景観の指定へ向けての事前調査で明らかになったように、中山間地の豪雪地域では、果樹は枝折れの被害を受けるために栽培には適していない(『大江町と最上川の流通・往来の景観保存調査　報告書』大江町教育委員会、2012年)。

このことが、高度経済成長期以降、急速な過疎化に見舞われた一因となっており、この地域に適した栽培作物を見出すことが大きな課題であろう。たとえば、果樹ではブルーベリー、山菜ではフキや根曲り竹(月山筍)などの栽培を試みるべきではなかろうか。

ところで、今回の研究助成では、近世絵図をGIS分析するまでには及ばなかったが、対象地域の絵図表現のGIS化を試み、近現代の地形図と比較可能なデータ化は今後の大きな課題として残されている。幸い年度末に、このテーマを取り上げた書物が出版されたので、その手法を参考にしたい。

また、置賜地方の村々を描いた村絵図が、まだまだ各地に多く所在することも、調査の過程で知ることができた。今回の研究助成では、それらを調査対象に含めることはできなかったが、今後も継続的に絵図調査と現地調査を進め、研究の集大成に向けて鋭意努力したい。

さらに、国文学資料館および明治大学博物館で、山形県内の村絵図のいくつかを実見することができたのであるが、上杉博物館および結城豊太郎記念館に所蔵されている村絵図は、極めて精緻なものであり、他の村絵図とは比較にならないほど、すぐれた出来の絵図である。

おそらくは、米沢藩の御用絵師であった岩瀬家が絵図作成に関与しているものと想定され、今後は米沢藩に残された絵図全体の中での位置づけを探っていくことも、大きな課題であろう。これらの村絵図の作成年代は享保の日本全図が作成された時期に近く、国絵図の作成時期ではなかったものの、藩政改革との関連で、国絵図よりも、より詳細な大縮尺の絵図が藩域全体で作成された可能性もあろうか。

もうひとつの課題は、近代に入って当地を訪れたイザベラ・バードの記した『日本奥地紀行』の描写の真実性である。彼女が置賜盆地を「アルカディア」と称賛したことは、地元でも有名であるが、果たして近代前期に、そのような実態が存在したのかどうかを史実として追及する必要があろう。

「南には繁栄する米沢の町、北には来訪者の多い温泉場である赤湯を擁する米沢平野(盆地)は、まさしくエデンの園である。「鋤の代わりに鉛で耕したかのよう」であり、米、綿、玉蜀黍、煙草、麻、藍、大豆、茄子、胡桃、西瓜、胡瓜、柿、杏、石榴が豊かに育っている。晴れやかにして豊饒なる大地であり、アジアのアルカディアである」との文章はよく知られている。

ただし、訳者の金坂氏は、その前まで雨中の山岳地域を歩いてきた後に、明るい太陽を背にして米沢盆地を眼下に見下ろしたという状況があることを理解しなければならない、と指摘している。

また、彼女よりも以前に当地を訪問したダラスが記した「穀物や果物が豊富で、地上の楽園のごとく、

人々は自由な生活を楽しみ東洋の平和郷というべきだ」という彼の『置賜県雑録』に収められた文章がモデルとも指摘されている(宮本常一『イザベラ・バードの『日本奥地紀行』を読む』平凡社、2002 年)。

　以上の研究成果は、山形大学の公開講座などを通して県民に広く還元し、また学会発表および論文化によって、世に問うことをめざしたい。

　なお、本報告書の文責は研究代表者の岩鼻通明にあることを明記して、稿を終えたい。

謝辞

　現地調査に際して、絵図の閲覧および写真撮影、写真提供でお世話になった米沢市上杉博物館と南陽市結城豊太郎記念館の方々に厚くお礼を申し上げます。また、上山市中山集落、南陽市金沢集落、米沢市綱木集落、小国町白子沢集落の住民の方々には、聞き取り調査にご協力をいただき、感謝いたします。

参考文献

『角川日本地名大辞典　山形県』角川書店、1981 年
「特集　山形県米沢市綱木の民俗」置賜民俗学会年報『置賜の民俗』第 2 号、1967 年
渡部史夫『出羽南部の地域史研究』郁文堂書店、1986 年
吉田義信『農業地理学研究』文化書房博文社、1969 年
『大江町と最上川の流通・往来の景観保存調査報告書』大江町教育委員会、2012 年
『伊能図大全』全 7 巻、河出書房、2013 年
国絵図研究会『国絵図の世界』柏書房、2005 年
川村博忠『江戸幕府撰日本総図の研究』古今書院、2013 年
平井松午他編『近世測量絵図のGIS分析』古今書院、2014 年
木村東一郎『村図の歴史地理学』日本学術通信社、1978 年
イザベラ・バード、金坂清則訳注『完訳日本奥地紀行 2』平凡社、2012 年
長井政太郎『赤湯町史』1968 年
宮本常一『イザベラ・バードの『日本奥地紀行』を読む』平凡社、2002 年

公益財団法人国土地理協会　第13回学術研究助成

東アフリカ・山岳地帯農村における森林環境管理の動態

研究代表者

黒崎　龍悟 福岡教育大学教育学部

1　研究の目的

　東アフリカ・タンザニアの農村では市場経済が急速に浸透し，現金収入の必要性が高まっている。多くの人々は，農地・放牧地の拡大や薪炭の生産に現金収入を依存しがちであるため，特に土壌の流亡が危惧される山岳地帯においては環境保全と地域経済の活性化の両立が急務となっている。これまで，政府や援助ドナーは，植林を推進するプロジェクトを数多く実施し，住民の意識変革や植生被覆の改善に努めてきた。しかしながら，これまで長期的視点に立ち，地域住民が植林技術をどのように受容し，実践しているかというミクロレベルの森林環境管理（森林資源の利用と管理）の動態について十分な注意が払われてきたとは言い難い。

　植林プロジェクトを推進する各国政府や援助ドナーは，植林の有用性を住民が理解することで植林技術が地域に根付き，植生被覆が回復するのを期待する。しかし，植林はその有益性を実感するまでに長い年月が必要とされ，地域に根付いたかどうかを判断するには，人々が継続的な植林の担い手になるかどうか，どのようなネットワークを通して技術が次世代へと継承されていくかを明らかにする視点が不可欠である。また，木は住民によって様々に利用されるので，たとえ彼らが植林を実践していても，植生被覆が単純に増加するとは限らず，援助プロジェクトにありがちな短いタイムスケールでの評価は間違った結論を導きやすい。

　東アフリカも含む熱帯地域を対象としたArnoldら(1995)は，小農による植林の動機には多面的な要因が影響していることを明らかにした。以来，環境保全や植林プロジェクトの問題をめぐっては「木を植える側の論理」（安 1999）を明らかにすることの重要性が指摘されてきた。こうした視点は地域社会に植林が受容されるプロセスを考える糸口を提供しているものの，植林技術がどのように地域社会内で継承されていくのかという点については未だ議論されてない。長期的視点に立って個人レベルの植林の動向に着目する必要がある。

　このような問題意識の下，報告者は2006年以来，タンザニア南部の山岳地帯に位置するムビンガ県での予備調査を進めてきた。本調査が対象とするタンザニア南部ムビンガ県の農村では，イギリス委任統治時代に植林技術が導入され，これまでに林の育成や保全に関連する政策や開発プログラム等を受け入れてきた経験がある。村人は徐々に植林を受容していき，1950年代頃から積極的に植林を始める村人が現れ，2000年以降には植林に取り組む人数が目に見えて増加してきた。このムビンガ県の一農村において，植林という多年にわたる取り組みを必要とする外来技術が，どのように根付いてきたのかを動態的に把握することを本研究の目的とした。そのために，とくに植林をめぐる個人の長期的動向，個々の取り組みが地域社会内で相互に影響している様相，植林技術がどのような経路を経て他の人々に伝わり，現在，地域社会のなかでどのよう受け継がれているのかという点について着目した。

2　調査地の概要と調査方法

　本研究ではタンザニア南部，ルヴマ州ムビンガ県を対象とした（図1）。同県の人口の多くは，マテンゴ(Matengo)と呼ばれる定着型の農耕民である。ムビンガ県のなかでもマテンゴの居住域は，標高900m〜2000mの急峻な山地に広がり，マテンゴ高地と呼ばれる。年平均気温は約18℃，年平均降水量は約1,000mmであり，明瞭な雨季(11月〜5月)と乾季(6月〜10月)にわかれる。原植生はAfromontane forest/moist montane rain forestで，*Chrysophyllum gorungosanum, Macaranga capensis, Aningiria adolfifredericii, Entandrophragma excelsum, Parinari excels, Ocotea usambarensis* などが優先していたが(JICA 1998)，現在ではごく一部の地域に残るのみである。

　マテンゴの生活を最も特徴づけるのは，雨季に営まれるンゴロ(*ngolo*)[1]と呼ばれる斜面地での耕作

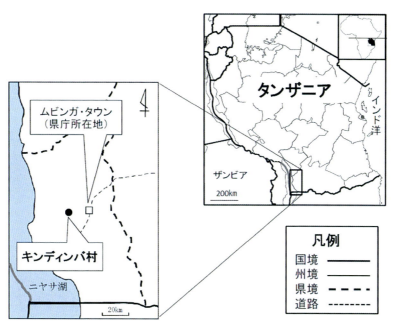

図1 調査地の位置
出所：筆者作成

とコーヒー栽培である。ンゴロ農業は，狭い急峻な土地を最大限に活用する集約的な在来農業で，主食であるトウモロコシの生産を担ってきた。コーヒー(*Coffea arabica*)は，イギリス委任統治領期に導入されて以来，マテンゴのほぼ全世帯に広がり，今では換金作物として重要な位置を占めている。そしてマテンゴはそれらをンタンボ(*ntambo*)と呼ばれる土地利用・保有単位のなかで営んできた。ンタンボは，二つの谷に挟まれた尾根と山腹を含む山域であり，そこをひとつの親族集団が占有し，各世帯は土地を分割して保有・利用する(JICA 1998)。マテンゴはンタンボ内の平坦な場所に家を建て，その傍らにンンドゥイ(*nndwi*)と呼ばれる小規模な菜園をつくって葉菜やカボチャなどを栽培する。その周辺はコーヒー園になっていて，バナナなどの庇陰樹が混植される。斜面地はウヘレウ(*uheleu*)と呼ばれ，ここにンゴロ畑をつくる。谷底のキジュング(*kijungu*)は乾季の耕作地となり，その縁にある湧水地は水汲み場として利用される。休閑地キゴナ(*kigona*)や山頂付近の林キテンゴ(*kitengo*)は薪の採取場所であり，家畜の繋牧地でもあった(図2)(加藤 2002)。

父系制のマテンゴ社会では，男子がンタンボ内の畑を分割相続し，拡大家族を単位としながら，林

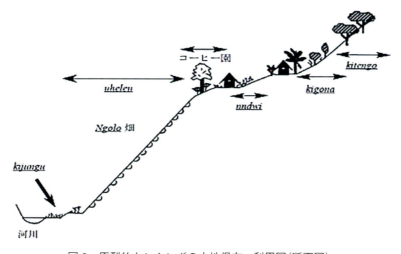

図2 原型的なンタンボの土地保有・利用図(断面図)
出所：JICA(1998)を基に作成

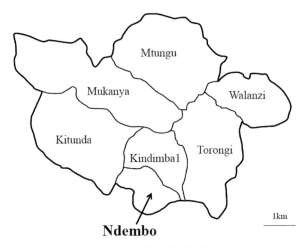

図3　K村の村区構成
出所：JICA（1998）を基に作成

や草地を含むンタンボの環境を利用・保全してきた。しかし，政治や経済の歴史的な中心地であった高地西部の山岳地帯の人口密集地域では，すべての子供が土地を相続できるだけの余裕がなくなってきた。そのため，とくに1960年代の後半から東部の丘陵地帯への季節的な耕作や移住がさかんになり，移住者たちは多くの新たな村を形成してきた。移住をせずに山岳地帯に留まり，土地を相続する村人のなかには，断片化・狭小化した土地では，化学肥料なしに主食であるトウモロコシの必要量を確保できないと察知し，ンタンボ内の畑の大部分をコーヒー園に転換する一方，東部の丘陵地帯の土地をトウモロコシ栽培のために開墾し，季節的な耕作をおこなう人もいる。また，山頂から谷地までのひととおりの土地を各世帯がンタンボ内にセットで利用・保有するかつての状況は，人口増加と土地の細分化によって保持できなくなってきた。もともとマテンゴの主たる家畜は山羊であったが，牛が導入されて以来，それが威信財として重要な役割を担ってきた。しかし，放牧地の減少も影響して牛を飼育する世帯は少なくなり，現在では山羊か豚を飼養する世帯が大半を占める。

　重点的な調査は，マテンゴの発祥地に近い県西部K村において実施した（図1）。K村は標高1,300～1,800mにあり，1996年の時点で548世帯2,525人が居住する。人口密度が115人／km²でかなりの人口稠密の地域であるといえる。村は7つの村区（村の下位行政単位）によって構成される（図3）。調査は2006年1月から6ヵ月間と2013年9月に主に参与観察とインタビューによって実施した。植林の概況に関しては村全体を視野にいれ，詳細なデータの収集はンデンボ（Ndembo）村区（74世帯・約288名）周辺において実施した。なお，対象村のほぼ全員がキリスト教徒（ローマン・カソリックが主流）である。

　この地域では，もともと在来樹種を植林する習慣はほとんどみられない[2]。ここでいう植林技術とは，植民地時代に導入されたものであり，それは外来樹種の育成が主体である。コーヒーの木や，コーヒーの庇陰樹であるグラベリア（*Grevillea robusta*）も外来樹種であるが，「木を植える」ことに関したインタビューでは，コーヒーやグラベリア，果樹類に言及した村人はほぼ皆無であった。それゆえ，それらの植樹は，本研究で対象とする植林活動には含めていない。

3　マテンゴ高地における植林の受容

　ここからはマテンゴ高地における植林について検討していくが，まず，現在の植林の概要について，先行研究の成果を取り入れつつ述べておく。

　植林の技術は，1920年代～1930年代のコーヒーの導入と同時期に，外来樹種とともにマテンゴ高地に持ち込まれたと伝えられている。当時のマテンゴ高地の村々は首長制下にあった。首長は，自分の息子と林業普及員を兼任していた小学校の教員を現キリマンジャロ（Kilimanjaro）州モシ（Moshi）の農

図4　調査村の代表的な景観
出所：筆者撮影

業学校へ派遣した(Ndunguru 1972; Schmied 1988)。彼らはコーヒーをはじめ，キャッサバなどの作物の栽培方法も学び，苗木や種子を村へ持ち帰り，それらの栽培方法を伝えた。この時に外来樹種であるユーカリ(***Eucalyptus* spp.**)やブラック・ワトル(***Acacia mollisima***)が持ち込まれたと伝えられている。

　現在，K村では，ところどころにユーカリやブラック・ワトル，そして数は少ないがサイプレス(***Cupressus* sp.**（イトスギ属））やマツ(***Pinus* sp.**)も確認できる。山頂部や家屋の近く，道路脇などに植えられていることが多い(図4参照)。県の自然資源局による指導の成果かも知れないが，村人の間ではユーカリの水分吸収量が多いことは広く認識されており，水路の近くや谷筋に植えることは良くないとされている。しかし，そのような場所に植えられているケースも少なくない。また，県評議会は1992年に県条例を制定し，山地のうち，山頂から1/3の土地や河川の源頭部を耕作禁止とし，そこへの植林を促しているが，後に述べるようにK村においてこれを実質化しようとする動きが生じたのはごく最近である。山頂部への植林は，水源涵養や土壌流出防止の狙いがある。

　植林に取り組む村人は，まず苗木を調達するか，種子を自家採取して苗木を育てる。苗木は，関連する政策によって配布されたり，村が運営する苗畑（後述）から有償・無償で入手できるほか，自然に生育した苗(*makolobela*)を利用することもできる。種子を自家採取する場合，ユーカリやブラック・ワトルを発芽させるには種子をいったん熱処理する必要がある。村人は9月頃に苗床を自分で造成し，拾い集めた種を枯草で覆い，火を入れて催芽させたり，袋に入れてお湯に浸すなどする。また，野火が入った土地で自然に生育した苗木を掘り起こして利用することもある。一般的には自然発生した苗より，育てた苗の方が生育は良いといわれる。そのようにして苗木を手に入れた後，雨季を待ち，12月〜1月頃に所定の土地へ移植する。移植の際に堆肥(おもに豚糞)や化学肥料(おもに硫酸アンモニウム)を利用する村人もいる。木を移植する際には，適当な大きさの穴を掘り，そこに苗を植えるのだが，植えた後に穴を充填するための土は，穴を掘る時に出てくる下層の赤い土(*luhumbi lukeli*)ではなく，上層の土(*lufumbi lujilo*)[3]を使うのが良いとされている。これは赤い土には養分が少ないと考えられているためである。

　移植先は自分の保有する土地でなければならない。マテンゴ高地では，木に関して広く用益権が認められているからである。自然に育った木は，土地の保有者以外でも利用することができる場合がある。しかし，植えられた木は土地の保有者に関係なく，木を植えた人に帰属し，植えていない人間が許可なく伐採・利用することはできない[4]。用益権を背景に土地争いが生じることもあるので慎重に植林する。例えば，ある土地に土地保有者以外の人がユーカリなどの促成樹種を植えた場合，ユーカリと作物の生育は競合するために土地の保有者はそこを耕地として利用することができなくなる。ま

た木は多年生であるため，植えられた木が多ければ，植えた人がその土地を長年にわたり実質的に占拠してしまうことにもなる。土地保有をめぐって競合している状況で用益権を逆手にとり，意図的に境界上に植林して，自らの土地を多く確保しようとするケースも少なくない。K村は人口稠密地域であるため，植林適地を確保することが容易ではない。また，成長した木を伐採する際にコーヒー園や家屋を傷つける可能性もあり，通常は家屋の密集する場所に植林することは好まれない。

植林を進めるには，幼樹段階での下草刈りなどが必要であるが，一番重要なのは防火帯をつくることである。雨季に植えた苗木が生育し乾季までもちこたえたとしても，まだその時点では樹高が低いので，野火によって焼失してしまうことがよくある。したがって，野火に耐えられる樹高に成長するまで数年にわたり周囲の草本を刈り取り，火の延焼を防ぐ作業が必要になる。

村人はまた，切り株に生える萌芽を残し，それを成長させた後に利用することもある。そのため，萌芽を管理すれば植林を毎年おこなわずとも，林を更新しながら利用し続けることもできる。植林を担うのは男性であり，女性がそれを手伝うことはあっても，単独で植林を進めることはほとんどない。

植林樹種は日常的に薪材として利用され，売買の対象ともなる。また，建築材にもよく利用されている。長い歴史を持つK村では，とくに人口増加を背景に自然植生が後退し，薪材の確保が非常に重要な関心事になっており，比較的生育の速い外来樹種は，今やこの地域の人々にとって生活必需品であるといえる。大多数の世帯は薪を自家調達している。薪を購入して利用する世帯もあるが数は多くない。また，炭は村で日常的には利用されないが，県庁所在地であるムビンガ・タウンで需要があるために炭焼きをする村人もいる。なお，製鉄を副業とする村人もいて，ふいごを利用する彼らは日常的に炭を使用する。炭にはブラック・ワトルが良いとされる。

表1は，それぞれ村内の異なる村区に居住する5世帯を対象に，1ヵ月の食事の用意に利用する薪材に占める植林樹種の割合を示している。比較的広い自然植生を保有する世帯番号1をのぞいて，どの世帯も植林樹種に強く依存していることがわかる。

表1　食事の用意に利用される薪材に占める植林樹種の割合(%)

世帯番号	1	2	3	4	5
植林樹種の占める割合(%)	25	100	69	100	76
総食事回数	96	134	146	135	106

注1）当該世帯による記録（2006年1月～2月）をもとに算出。
注2）世帯番号5は村の中心部で雑貨店を経営しており，薪はすべて購入したものを利用していた。

ンデンボ村区に居住する男性のうち，インタビューできた80名(うち6名が親と同居)によると，個人的に植林を実施している村人は80名中57名で，全体の67.5%であった。また，図5に村人が植林した樹種の内訳を示した。ユーカリとブラック・ワトルが主たる植林樹種であることがわかる。

また，植林に取り組んだ村人の数とその累積数を10年ごとの年代に区切って示したのが図6である。植林に取り組んだ村人の数の変化に着目してみると，60年代に一度落ち込み，それから徐々に数が増え，2000年以降に急増してきていることが読み取れる。

これまでに記述した内容を概括すれば，ほとんどが小規模な植林ではあるが，多くの村人が植林に取り組み，植林の普及が進んでいるといってよいであろう。

次に，タンザニアの植林に関する政策史に触れながら，マテンゴ高地における植林の略史をたどり，植林が受容されていった経緯を概観する。

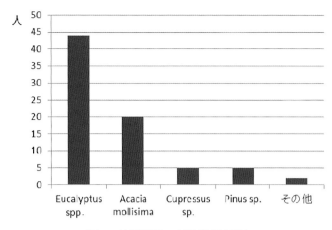

図5 植林樹種の内訳(複数回答)
出所:筆者作成

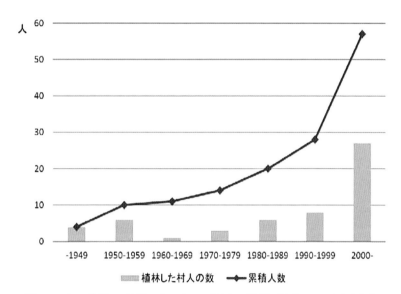

図6 ンデンボ村区で植林に取り組んだ村人の数(年代別)とその累積人数
注1) 該当の年代にはじめて植林に取り組んだ村人に限る。
注2) 2000年以降は2012年までのデータを含む。
出所:筆者作成

3.1 植林技術の導入

タンザニアでは,ドイツ植民地時代の1904年に森林保全条例(Forest Conservation Ordinance)が制定されて以来,植民地期を通して現地の慣習的な林の利用は基本的には無視されてきた。植民地政府は,現地の首長(*jumbe*)などを森林官に任命し,その伝統的権威も利用して,ほぼ間接統治の形をとりながら森林地域の保全・利用を強権的に進めていった(Schabel 1990)。イギリス委任統治領時代になり,ドイツ植民地の手法を基本的に踏襲した森林条例(Forest Ordinance)が1921年に制定された。1933年に同条例はおもに水源の保護と放牧・野火を防ぐことを目的として改正され,現地住民にとってはドイツ植民地時代よりもさらに厳しい内容となった(Lovett 2003)。その一方,1930年代以降には,原住民統治機構(Native Authority)による森林保護区(forest reserve)の設置が推奨されるようになっていった(Neumann 1997)。

1940年代に植民地政府は,前述の通り植民地政策の一環として県内にいくつかの森林保護区を設け,農業普及員や林業普及員を動員して植林を推進した。その森林保護区は,K村に隣接するマヘンゲ(Mahenge)村に設定された。マヘンゲ村は,首長制時代のマテンゴの拠点のひとつであった。

K村内で初めて植林プロット設立の動きが始動したのは1946年である。タバコとコーヒーの買い付

けを担っていたンゴニ・マテンゴ協同組合(Ngoni Matengo Cooperative Union：NGOMATI)がその実施母体となった。協同組合は，組合の資本を拡大するために植林事業に着手したのであろうが，目に見える成果をあげなかったといわれている。この時点では，こうした取り組みは，村人たちに植林を喚起するような強い影響を与えてはいなかったと推測できるが，村人にとって村内で植林技術に触れる最初の機会であった。

その後，1949年，ローマン・カトリック教会が外来樹種と瓦・レンガによる新しい技術を用いて村内に教会を建設したことが，かなりの村人に植林のインセンティブをもたらした。当時は，在来樹種を組み，泥土を塗り固めて壁をつくり，イネ科草本で屋根を葺く家屋が主流であった。在来樹種はまっすぐに伸びることがほとんどなく，個々の家屋は曲がった木々を使って建造されていた。一方，教会は，まっすぐに成長する外来樹種を用いていた。おそらく村人はこうした教会の新しい建築様式に憧れ，それに必要とされる建材を求めて外来樹種の植林を始め，1950年代頃にはK村全体で「植林ブーム」が起こった。その頃，新様式の家屋を建てるために，高い料金を支払って車をチャーターし，隣村の森林保護区に材木を買いにいった村人もいたという。当時，インド洋沿岸都市のサイザル・プランテーションへの出稼ぎ(マナンバ：*manamba*)や南アフリカ共和国(当時は南アフリカ連邦)などでの出稼ぎから帰ってきた村人，ルヴマ州都の近くにあるカトリック教会の町ペラミホ(Peramiho)で職業訓練を受けた村人のなかには，見聞を広めてきた人々や，進取の気性に富んだ人々がおり，積極的に植林に関わっていったのではないかと，ある古老は述懐していた。

NGOMATが解体し，コーヒーだけを取り扱う協同組合(Matengo Ngoni Cooperative Union：MANCU)が新しくできてからは，当時の村長と林業普及員が協力して村人から賃労働者を募り，1956年に改めて村内に協同組合の林をつくりあげた。なお，この頃にはすでに在来樹種はかなり少なくなっていたことがいわれている。

3.2 独立以降の開発政策・プログラム等の影響

タンザニアは1961年に独立し，ニエレレ初代大統領の強力な指導の下，ウジャマー(*ujamaa*：家族的紐帯)の思想にもとづくアフリカ型社会主義を掲げながら国家建設を推進していった。しかし，森林の育成や保全に関連する政策は，独立後も中央政府による一元的管理という植民地時代の手法を踏襲した。土地や水は，鉱物そのほかの資源とともに国家に属するものと規定された(吉田 1997)。ウジャマー政策では，ある地域の世帯を一箇所に集住させ，「村」という末端の行政区を組織し(集村化：villagization)，共同労働や機械化した農業生産を基盤とする農村経済の向上を目指した。政府は1975年に「村及びウジャマー村法」を発布し，それまで慣習法の下にあった地域の土地処分の権限を村評議会に付与し，土地の接収や再配分を管理する責任を与えた(吉田 1997)。

しかし，当時，マテンゴ高地はすでにコーヒー産地として知られており，政府は集村化がコーヒー生産の障害となると考えて，同地での集村化を実行しなかった。また全国的に見ても，村内にある各世帯の保有地の測量もされていないのが通常で，村評議会が土地配分の主体となったとしても旧来の慣習法上の土地配分が踏襲されてきたのが実情であった(吉田 1997)。この状況はマテンゴ高地でも同様であった。K村では，集村をまぬがれたこともあり，実質的には慣習的なンタンボの保有・利用が続いていた。

植林に関していえば，集村化にともない，政府はVillage Afforestation Program(VAP)を全国的に進めていた。その内容は，村で必要な木材や燃材を調達する村有林を設置することと，苗木を配布して世帯や公共施設単位で植林を進めることであった(安 1999)。全国的には，このプログラムはトップダウン型であったこともあり，この時点では捗々しい成果を残さなかったといわれている(Mgeni

1992)。K村ではVAPの痕跡をうかがうことはできないが，80年代以降，以下に述べる動向を背景に政府や援助ドナーによる植林プロジェクト／プログラムを経験してきた。

タンザニアでは独立以降も，中央政府が森林の育成・保全に関する活動を一元的に管理してきたが，1980～90年代に経済の自由化を進めるのと時を同じくして，その内容は大きく改定された。政府はそれまでの政策が成果をあげていないことを踏まえ，現地住民を巻き込んでいく必要性を認識するようになった。1989年にはTanzania Forest Action Planを策定し，住民参加型の森林政策の立案にとりかかった。そして，それは1998年のNational Forest Policyおよび2002年のForest Actの制定へと結実していく。このような政策・法改正は，関連する分野の援助動向や開発政策の変化と連動している。具体的には，①貧困削減戦略の導入，②地方分権化の推進，③土地法の改正である。

①貧困削減戦略の導入

この政策では，とくに住民参加を強調している点に注目すべきであろう。2000年に制定されたミレニアム開発目標[5]の下，植林は社会開発の主要な活動として位置づけられた。タンザニアが作成した貧困削減戦略に関する政策文書では，地域で管理する森林が収入源やエネルギー供給源となることを強調し，住民参加による森林管理のスケール・アップを目指している（Tanzania 2005）。それは，コミュニティ全体のエンパワーメントも視野に入れている。

②地方分権化の推進

タンザニアでは1990年代後半から地方分権化の動きが本格化し，貧困削減戦略を受け入れるなかでその動きは加速している。行政・財政の権限は県評議会に委譲され，自然資源・観光省の直轄下にあった県自然資源局は，現在では県評議会の管轄下にある。こうした動きのなかで県以下の行政単位が，より主体的に自然資源の管理に関与することを求めるようになった。また，この政策でも草の根レベルの住民参加を強調している。

③土地法の改正

1999年制定の「土地法・村土地法」では，村落地域における「みなしの権利」とされてきた慣習法による住民の土地保有を公式に認め，土地登記を進めて土地への権利を明確化する指針が示された（雨宮 2011）。その一方で，行政機関に一部，土地処分・利用の権限を付与している。例えば，政府が村人向けに発行した村土地法の解説文書には以下のように記されており，村評議会による土地の接収・再分配に法的な根拠を付与している（Wizara ya ardhi na maendeleo ya makazi 2000）。「村評議会は，村内の森林地域を持続させるために，村の森林保全地域を設置・運営できる」。「（村評議会は）新しい土地を区画し，苗畑で育てられた木を植えることができる」。

また，これらの政策に関連して，植林活動の実施主体として村評議会のみならず，住民グループ，NGO，宗教グループ，そのほか村評議会の認める団体の活用が推奨（Tanzania 1998）されていることも注目すべき点である。

K村では1980～1985年にルヴマ州開発プログラム（Ruvuma Region Development Programme），1988～1990年にはILOによるVillage Afforestation Program（前述のVAPとは異なる），1991～1996年に当時のECによるAgroforestry Projectが実施されてきた（Nindi 2004）。上記の流れでは，90年代には参加型が注目されているはずなのだが，これらすべての取り組みは典型的なトップダウン型で，地域の事情を考慮せず，住民の積極的な参加が得られなかったため，捗々しい成果を残さなかった（Nindi 2004）。開発プログラムによっては，地域住民による林の利用をめぐって問題を残したものさえある。例えばAgroforestry Projectは，K村に隣接するミヤンガヤンガ（Myangayanga）村が拠点

となり，自然植生の後退が著しい山頂部に立派な林が政府主導で実際に復活したのだが，植林の実施主体が政府であったために，村人は今日まで用益権を得ることができていない。落ちている枝を拾うことは許されるが，それ以外の使用については手数料とともに行政上の手続きが必要となる。そのため，同村の人々は立派な林を眺めるだけで，乾季に収穫するトウモロコシの芯を集めておき，雨季までそれを薪材の代わりに利用しているのである。

現在，K村の村人たちは住民参加型の森林管理について，政府の新たな方針を知ることができる。例えば，ある村人の家には The National Forest Policy of 1998・Forest Act 2002 を周知するポスターが貼られている。そのポスターには以下のような内容が記されている。「国民は森林を保全するうえで，民間セクター，NGOあるいは個人・住民グループを通して協力することができる」。「村評議会は森林地域の境界を定め，村人の利益のために保全することができる」。

3.3 制限要因としての土地

K村では1998年に村区ごとに植林活動を活性化しようとする取り組みがあった。その取り組みのなかには，1992年の県条例や国家レベルの関連政策の動向を反映し，山頂部の土地を接収して植林地に転換することも意図されていた。しかし，この取り組みが植林を試みる村人を飛躍的に増加させたという結果にはなっていない。これまでの取り組みがトップダウン型であったり，村人の植林への動機づけがうまくいかなかったなどの理由が考えられはする。しかし，薪材・建築材が不足し，それらが売買の対象になるなどして，植林の重要性・有用性は広く村人たちに意識されていたのは間違いなく，植林したいと考えていた村人も多くいたと考えられる。それがかなわなかったのは，次に述べるように，山頂部の土地の接収が実行されないままの状況下で，多くの村人がまとまった植林適地を確保できないことが大きく影響していたと考えられる。K村内では1mもない幅の土地をめぐり，境界争いが生じている事例もある。用益権の行使によって土地が侵犯されることを警戒し，他人による植林に神経をとがらせている村人もいる。

マテンゴ社会では，植林された木の用益権は子孫が受け継ぐ。先祖が植林をした場合には，子孫はその恩恵に与ることができる。例えば「植林ブーム」の時に植林をした世帯の子孫は林産物にアクセスしやすい。しかし，たとえ先祖が植林を実施したとしても，それを利用できる成員数や林産物の需要が増加し，木の不足が深刻化している。

ある拡大家族では，その親族の長がかつて植林した木が早々に伐採され，伐採後の土地は息子たちが相続し，薪や建材はコーヒー畑の庇陰樹であるグラベリアに頼るようになった。グラベリアへの依存は，コーヒー園の保全を重視するマテンゴにとっては最終手段ともいえる。ただし，婚入した女性の実家が林をもっていた場合，その実家の林を利用できる場合がある。例えばある村人は，自らは木を所有していないが，第二夫人の父親が植林ブームの時代に植林していたので，この第二夫人を通して林産物を調達できている。この事例にみられるように，自らのンタンボ内では薪材が確保できなくても，姻戚関係を通して他のンタンボで薪炭・建材などを入手できる場合もある。しかし，誰もがそのような関係や土地を有しているとは限らない。

ところが，村では2000年を境に土地の保有・利用に大きな変化があり，土地不足に悩む村人も植林用の土地が入手できるようになっていった。村評議会が山頂部の土地の活用に本格的に着手したのである。村評議会は山頂部の土地における植林を許可する権限を強力に行使するようになった。それは先の村土地法が制定されたことの影響もあるとみてよい。

ただし，ここでいう山頂部とは，村評議会の独自の解釈が加えられていた。前述のように県自然資源局は1992年に県条例を制定し，県内のすべての山の頂上から1/3を耕作・居住禁止としたが，実質

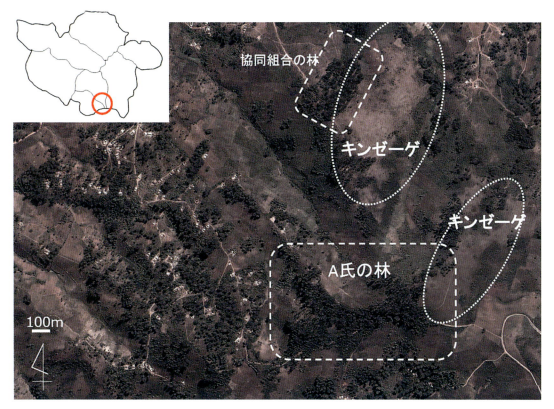

図7 キンゼーゲの位置
出所：Google map をもとに筆者作成

的には，どの地域が禁止区域に該当するかの測量さえしておらず，実際に耕作している村人や居住している村人を立ち退かせることもなかった。人口稠密な山岳地帯では，およそ現実とはかけ離れた条例であると指摘できる。ましてや，村人の事情をよく知る村評議会にとって，こうした条例を実行に移すことははなはだ困難であった。そこで，村評議会は村人に山頂部付近の遊休地をあてがうことで，植林適地の土地不足の問題と環境保全（県評議会の要請）へ対応することを狙いとした。この遊休地はンデンボ，キンディンバ（Kindimba）1，トロンギ（Torongi）村区にまたがる場所にあり，キンゼーゲ（<u>kinzeege</u>）と呼ばれる（図7）。もともと自然林が生えていたが，それらを伐採した後に草地が広がるようになった土地である。岩や石が露出して耕作不適地とされているが，植林をする上では問題はない。こうした土地は，ンデンボ村区周辺のみならず，近隣の村々にもところどころに存在している。ンデンボ村区や隣接村区では，キンゼーゲは長らく誰もが使える共有の放牧地とされてきた。村評議会は，そこを「山頂部」とし，誰でも希望する村人は木を植えて良いとしたのである。前述のように，K村内では牛の頭数が減少していて，放牧地として利用する村人自体が少なくなっていたこともこのことを後押したと考えられる。

そして，このような村評議会の動きにいち早く反応したのが，次に述べる住民グループによる活動であった。

3.4　SCSRDプロジェクトと住民グループ優遇政策のインパクト

1999年から2004年にかけてソコイネ農業大学地域開発センター（Sokoine University of Agriculture, Center for Sustainable Rural Development: SCSRD）は，日本の国際協力機構（JICA）の支援を得て，住民参加型の農村開発プロジェクト[6]をK村において実施した。SCSRDは地域経済の活性化と環境保全の両立を目指し，入念な実態把握と住民との対話を経て，住民のニーズとして浮かび上がったハイドロミル（水力製粉機）の建設事業を進めていった（SCSRD 2004）。地形的な落差を利用したハイドロ

ミルはムビンガ県ではすでに7か所に設置されており，主食のトウモロコシの製粉を担う女性にとっては大きな手助けとなる。このプロジェクトでは，SCSRD・県評議会・ミッション系NGOと村人たちが協力して水力製粉機を建設することを地域の活性化と環境保全の一環として位置づけていた。また，完成されたモノのみを成果とするのではなく，住民の主体的な取り組みを通じたキャパシティ・ビルディングを重視していた。諸アクター間の交渉を経て，住民側は住民集会で運営委員会のメンバーを選出し，ハイドロミルの建設を進めていった（荒木 2011）。この運営委員会の注目すべき動きのひとつが村営の苗畑の設置である。ハイドロミルの持続的な運営を支えることにもなる水源環境の保護や水源涵養のために，運営委員会は木の育苗畑をハイドロミルの隣接地に設置し，育てた苗をその後，水源地への植林に活用した。K村では一年に一回，水源地やその周辺への植林を公式行事にするようになった。こうした一連の活動は，現在まで安定して運営されている。

一方，政府は1990年代初頭より住民グループ（kikundi：キクンディ）の組織化を促す政策を推進し始めていた。とくに小規模金融サービスや農業技術普及の受け皿としてキクンディの重要性を強調し，ラジオやポスターなどさまざまな媒体をとおして農村地域への周知を図った（黒崎 2010）。時を同じくして，ムビンガ県ではそれまでコーヒーを買い付け，農業投入材を安定的に供給していたコーヒーの協同組合が倒産し，コーヒー生産の維持・管理が困難になり，また，政府による小規模融資の提供とキクンディの結成を結びつける政策の影響で，県内に多くのキクンディが組織された。K村においては，SCSRDプロジェクトがキクンディ活動を後押ししたこともあり，村人は次々とキクンディを組織していった。2006年の時点で11のキクンディが結成されており，養魚など生計の多様化を目指す活動を始めていたが，8グループは活動のひとつとして植林を取り入れた。そしてそのうち3グループは，村評議会の許可を得て山頂部の土地に植林したのである。当時のK村の村長が，植林を主要な活動のひとつとするキクンディに所属していたのだが，この村長の存在も，キクンディによる植林の活動を促したと考えられる。これらのキクンディによる植林は，薪材や建材の供給やそれらの販売を通した資金の蓄積を目的としていたが，急峻な地形の持続可能な利用を見据えた環境保全も視野に入れていた。

3.5 建材需要の高まり

また，とくに2010年以降，個人的に山頂部への植林をする村人が目に見えて増加した。植林樹種の建材としての需要が高まったことが背景にある。2001年以降，タンザニアの実質GDP成長率は6～7％台の高い伸びを見せており（ジェトロ 2012），都市部では建築ラッシュが続いている。こうしたところで建材需要が急増しているのだと考えられる。隣接するンジョンベ州では，マツの植林が大々的に進められており，農民でも一度に数百万シリングという莫大な収入を得ていることを村人は知っている。こうした状況に触発されて人々は植林を始めたのだと考えられる。

材は植林樹種であれば，種類に関係なく12フィート（約3.6m）の長さで4,000シリング[7]ほどで売買される。また，製材を人に依頼した場合，その費用は板一枚につき1,200シリングが相場となっている。このため，積極的に製材を請け負って収入を得ている若者もいる。もともと製材は，斧で切り出した木を巨大なのこぎりで2人がかりで挽くのが主流であったが，2010年頃からチェーンソーが村内にも出回るようになり伐採・製材に利用され始めた。このことも，村での製材に拍車をかけている。

山頂部へ植林をし始めた人が第一に考えているのは，収入源としての木である。コーヒー市場の自由化以降，村人はコーヒーの価格が世界市場の影響を受けて安定しないことを認識するようになっており，マテンゴ高地では生計手段の多様化が図られてきた（Mhando and Itani 2007）。植林樹種は自給用の薪材や建材の他，販売用の建材も射程に入れられて植林の対象となったのである。また，近

年教育熱が高まるなか，高等教育機関に合格できるよう，学費は高額なものの，より充実した教育体制を整えている私立の中学校へ進学させる世帯も少なくない。将来的に学費を捻出するために植林を進める村人もいるのである。そして，植林樹種の林は，銀行から融資を得る時の担保となることが村人の間で意識されるようになっている。後述するように，かつて村内にも木を担保に小規模融資を得ていた村人が存在し，近年でも隣村の老人が彼の植えた木を担保に銀行から融資を得たということであった。

キンゼーゲに植林を希望する村人は，村長あるいは村区長に報告すれば良いとされている。キンゼーゲ内で木が植えられていない土地（同一人物によって植えられた木で囲われた土地の外）であれば，どこに植えても良いとされている。植林をする以前に報告するか，事後報告とするかはとくに定められていない。つまり「早い者勝ち」の状況である。そして，木を植えた人は用益権とともにそこを自分の土地とすることができるのである。

ある村人は「（植林の）スピード次第で土地を得られる」といっていたが，山頂部の土地活用政策は，木材需要の高まりを背景に耕作不適地とされていたキンゼーゲの土地の価値を高め，薪材・建材や新たな収入源を求める村人にとって貴重な機会となったのである。2012年の時点で，15人の村人がキンゼーゲに植林をしていた。

4　個人史にみる植林

以上が，K村における植林の受容のおおまかな流れであるが，ここからはこうした流れのなかで，植林の技術は村内でどのように伝わり，村人個人はどのように植林に取り組んできたのかについて調査した結果を述べる。

4.1　村人の記憶に残る人物（AとB）

村の植林について尋ねていく過程で，多くの村人が2人の人物に言及することに気がついた。村内における植林が現状に至るまでには，この2人の人物が大きな影響を与えていたのである。以下で，この2人の人物像を素描しておきたい。

ひとりは雑貨商を営んでいた人物A（？〜1986）である。彼の造りあげた広大な林はいまも現存しており，植林の意義を周囲の村人に示し続けている（図7参照）。Aは勤勉な農民であると同時に，雑貨商や養蜂も営み，100kmほど離れた州都ソンゲア（Songea）まで出かけて蜂蜜を売るなどしていた。村内でも経済的に恵まれた境遇にいたのだが，1950年代に入り突然，老齢にもかかわらず山頂部で植林を始めた。当時を知る老婆によると，隣村のマヘンゲ村に森林保護区が設置されたことがきっかけであったという。彼は日頃から在来樹種の減少による将来的な薪材の不足を懸念していたのだが，その解決方法として森林保護区で見た植林が彼にとって画期的な方法として映ったのだという。また，境界争いも彼の植林を後押ししていた。Aが植林し始めた土地の近くで隣村の村人も植林を始め，Aの土地へと迫っていたので，境界争いとして植林が過熱した。このような過程を経て彼は次第に植林にのめり込んでいき，ついに植林は彼のライフ・ワークになっていった。通常，苗木を移植する作業は，天水が利用できる雨季におこなわれるが，Aは乾季に谷から水を汲んできて灌水しながら移植作業を進めた。また，山頂付近に小屋を建て，家に帰らずそこに住みつき，植林を続けていた。そのような行状をみた周囲の人々は，彼は気が狂ってしまったと思ったという。ほどなくしてAはその作業のために賃労働者を募集し始めるようになった。多くの村人が半信半疑の思いをいだきながらも，貴重な現金収入の機会であり，積極的に賃労働者として働いた。彼は農業や雑貨商の仕事を放り出して植林作業に没頭し，また，賃労働の代金として店にあった服や生活用品などを現物支給したため，雑貨店の経

営はみるみる傾いていった。しかし、このようにして造りあげられた林は、在来の林が激減していくと、村人にとって重要な薪炭・建材の供給地になった。ある老婆は手近に薪がないときに、トウモロコシの粉をもって朝早くに彼の許をおとずれ、薪を分けてもらうよう頼みにいったものだという。また後述するように、この大々的に募集された臨時雇いが、後に多くの人々に植林という技術を伝えるきっかけになった。

もうひとりの人物は小学校の元教員B(1921-2000年)である。現在の南アフリカ共和国への出稼ぎの経験もあり、帰国後、ルヴマ州都近くのペラミホの教員養成学校で学んだ。村内で数少ない、二階建てのレンガ造りの家を建設した人物でもある。キリスト教系の団体は、政府とは別に独自の活動として環境保全に力を入れており、その一環としてさまざまな樹種を持ち込んで植林の普及に努めている。ペラミホはルヴマ州でのローマ・カソリック教の重要な布教拠点である。教会が運営する各種学校の活動やカリキュラムに植林活動が組み込まれていたことは間違いなく、Bはここで植林技術に接し、関連する知識を深めたことが考えられる。Bは個人的に植林に取り組むと同時に、小学校の生徒を動員して小学校周辺やムカニャ村区の山頂部への植林を積極的に推進した。現在40代の人々に植林にかかわる経験を語ってもらうと、必ずといってよいほどこの教員の名前があげられ、現在まで残っている山頂部の林を指し示してくれる。この人物をよく知り、彼の近所に住む村人は、Bのことをいつも何か仕事をしている非常に勤勉な人物で、学校での仕事が終わるとコーヒー畑か、あるいは「木の畑 (*shamba la miti*)」にいたものだ、と語った。Bはあまった苗木を生徒に配り、家の近くに植えるように「指導」していた。その「指導」によって、幼年時代に植林を試みた村人が多く存在する。

4.2　個人史にみる受容と継承

次に9人キョウダイの末子として生まれた1969年生まれの人物Cを取り上げ、村人がどのように植林とかかわってきたのかについての一事例をライフ・ヒストリーを追うことで検討した。

Cは、小学生の頃に兄に教えられて「遊び」のように植林を経験したが、その後は継続的に植林をしていたわけではなかった。結婚した際、家の建設に自分が植えた木を使うことで植林の効用を実感したり、その後、結婚を契機に村内の熱心な植林の実践者である古老と関係を強めて植林に関する知識も増やしていくが、その時点では植林を再開するまでに至らなかった。

Cが植林を再開したのは第二夫人を迎え、5人の子どもの父親になってからであった。将来的な薪の不足や建材の需要を見越して、また、将来的に子どもが製材で収入が得られるようにと植えたのである。また、この頃、SCSRDプロジェクトの影響で村内に多数のキクンディが組織され、Cもそこに参加するようになった。キクンディは、メンバーである近隣の古老たちから学びつつ、植林活動を積極的に取り入れるようになった。Cは、キクンディ活動での植林の重要性は認めつつも、それとは別に自分の裁量で利用できる(用益権を行使できる)木が必要であると考え、個人での植林も続けている。

Cのライフ・ヒストリーからわかることとして、とくに以下の2点を強調しておきたい。まずひとつは、植林を受容する村人は、必ずしも毎年や数年ごとというようにコンスタントに植林を進めるのではなく、はじめて植林を試みてから年月を経て植林を再開する場合があることである。成長するにつれて植林に対する意味づけは変化する。こうした内的な要因が一方であり、他方で政策や援助プログラムなどによる影響という外的な要因が重なり、結果として継続的な植林の担い手となることがある。

2つめは、地域社会内で植林技術にアクセスするための経路が複数存在することである。Cは最初に身内である兄から植林を教えられた。その後、年月を経て、仲人を引き受けてくれた植林の熱心な実践者である古老から植林に関するさらなる知識を得た。また、キクンディ活動という新たな動きが、古老とCを含む若者の間で植林の意義や植林技術を改めて確認する機会となっていたのである。

5 植林の継承―植林技術の伝わる複数の経路

これまでの事例と分析を踏まえ，地域社会内で世代をこえてどのように植林技術が伝えられ，継承されていくのかを調べていくと，およそ5つの技術伝達の経路（熱心な先駆者を起点とする経路，熱心な植林の実践を引き継ぐ村人の影響，親子関係・親族関係の経路，キクンディ活動の影響，繰り返し植林をする村人の影響）が浮かびあがってきた。以下にそれぞれの経路についての説明を述べる。

● 熱心な先駆者（AとB）を起点とする経路

前述したように，熱心に植林を続けてきたAやBのような先駆者が，K村における植林の普及に強い影響を与えていた。Aの募集していた臨時雇いやBの「指導」が，かなりの村人にとって植林の原体験となり，それが村内にさらなる植林を広める素地を形成したのである。

AやBの影響を受けて幼い頃に植林を経験し，何年か経った後に植林を再開した事例は少なくない。このような村人たちは，植林の話になると，必ずAやBの思い出に触れる。先駆者の印象が強烈で，それが植林の原体験となっていることがうかがえる。そして興味深いのは，こうした村人のなかから，AやBを見習ったかのように熱心な植林の実践者が出てきたことである。

● 熱心な植林の実践を引き継ぐ村人の影響

AやBの影響を受けた熱心な植林の実践者は少数ではあるが村内に複数人存在している。例えばンデンボ村区に隣接するキンディンバ1村区に居住する古老は，山頂部付近の自分の土地に植林をした経験を持つ。現在も毎年，樹木の苗畑を精力的に作り，苗を村人に販売したり譲渡している。その際，植林の方法について村人に教えることもある。実際，キンゼーゲに植林を始めた若者の一人は，この古老から植林のノウハウを得ていた。こうした人々が，第二のAやBとなって，他の村人に植林技術を伝えていくことは大いに考えられる。

● 親子関係・親族関係の経路

一方で，親子関係・親族関係を通して技術が伝えられた事例も多い。木の用益権は基本的に父系をたどり，親子関係・親族関係を通して委譲されるので，子孫のために植林する村人も少なくない。木を個体識別し，所有者を明確にして子どもに伝えていることを実践している村人は多く，それはこの用益権の原則を示していると考えてよい。親子関係・親族関係は植林の技術の重要な伝承経路といえる。ンデンボ村区では，植林したことがある57人の村人のうち，34人の父親が植林していたことを確認した。親世代の植林は，子孫の植林を促す側面も持っていることに注目しておきたい。

● キクンディ活動の影響

Cの事例でも触れたように，2000年頃から目立つようになったキクンディ活動も，とくに若者への技術伝達という点で大きな影響をもっていた。ある1974年生まれの若者は，キクンディでの活動ではじめて植林を経験し，その後，家の近くの土砂崩れが気になっていた場所に個人的に植林を始めた。2006年にも植林を継続し，2012年には保有する耕作地の一部をサイプレスの植林に充てるほどになっている。キクンディ活動ではじめて植林を経験した村人が，その後個人的な植林を進めるケースもあった。それはこの若者を含む6人で，20代～30代の若者である。

● 繰り返し植林をする村人の影響

AやB，また彼らを見習うようにして熱心に継続的に植林する村人たちほどではないが，繰り返し植林をしている村人たちの影響力も評価しておく必要がある。インタビューの結果，繰り返し植林をする村人が多くいることがわかった。それは植林を経験している57人の内35人が該当し，2回繰り返して植林している村人が15人，3回以上の村人が20人であった。こうした村人は植林の効用を理解

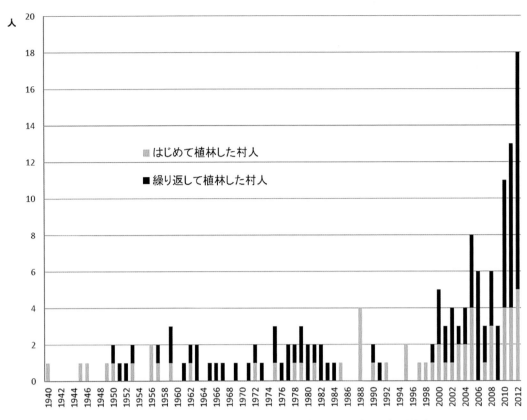

図8　はじめて植林した村人と繰り返して植林した村人の年別分布
出所：筆者作成

した，継続的な植林の担い手として位置づけられる。

　図8に，ンデンボ村区内で1940年以降現在に至るまでの植林者数を1年ごとに示した。各年にはじめて植林に取り組んだ村人と繰り返して植林をした村人の人数を分けて示してある。この図からわかるように，繰り返して植林している村人を考慮すると，村区内だけでもほぼ1～2年おきには誰かが植林していることになる。ここ10数年に至っては，毎年必ず誰かが植林しており，しかもその数は急速に増え続けている。

　前述したように，K村はかなりの人口稠密地域である。首位都市ダルエスサラームで働いた経験のある村人が，村では行動が逐一観察されてしまうことを悩みのように語っていたが，技術の普及という観点からは，このような環境は植林を試みようとする村人にとってプラスに働くであろう。植林の現場を観察したり，植林に関する情報にアクセスすることは決して困難ではない。

6　近年の動向の背景

　ンデンボ村区内で植林に取り組む村人は60年代に一度落ち込んだが，その後は現在に至るまで増加傾向にあり，特に2000年以降の増加は顕著である（前述の図6）。その担い手を年齢別に詳しく示したのが図9である。1990年以降，現在まで30歳代，2000年以降には40歳代の村人の数が増えているのが目につく。また，いったん減少した20歳代の植林が盛り返しつつある傾向も見られる。この傾向には，これまでに触れたように，とくに2000年以降の山頂部の土地活用政策のもと，キクンディ活動をとおした植林が進められたこと，そして製材された植林樹種が現金収入源として重要視されてきたことが関係していたと考えられる。先述したようにキクンディ活動ではじめて植林を経験した若者が，その後個人的な植林を進めるケースもあった。彼らは2000年以降に植林に取り組んだ村人数の増加の一翼を担っていたのである。

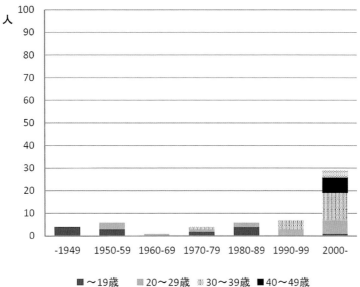

図 9　植林に取り組んだ村人の年齢別内訳（年代別）
注）該当の年代にはじめて植林に取り組んだ村人を対象としている。
出所：筆者作成

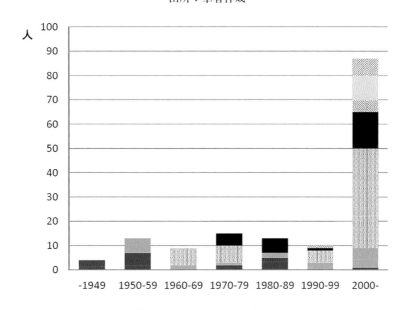

図10　はじめて植林した村人と繰り返して植林した村人の年齢別内訳（年代別）
出所：筆者作成

　図9のデータに，繰り返して植林した村人の数を加えたものを図10に示した。ここでも，年齢別内訳では，2000年以降に繰り返して植林した村人の半数が30歳代，40歳代の村人で占められていることが確認できる。
　前述のように，世界市場の動向次第で変動するコーヒー価格への対応に苦慮していたり，また，子どもが増えていき，こうした子どもたちが高等教育に進む可能性も高く，そのための学費を捻出したいと考えている村人が多い。すなわち生活の基盤を整えたいと考える青年・壮年層が植林に力を入れているのである。それを裏付けるように，キンゼーゲに植林した15人の村人の年齢別内訳を見てみると，20歳代が1人，30歳代が6人，40歳代が8人であった。
　以上のことが，近年，繰り返して植林する村人の増加に大きく影響していると考えられる。そして，

これまでと同様に，このような植林する村人の増加が次の世代へ植林技術を伝える経路を形づくるであろう。

7 まとめ

本研究では，植林という外来技術が根づき，在来化するプロセスを動態的に把握してきた。個々人の植林行動を長期的に追うことで，村人がどのような動機で，またどのような条件の下で植林を試み／繰り返すのかを明らかにしてきた。冒頭で紹介した先行研究が指摘するように，村人が植林をする動機はさまざまであることには間違いないが，ここで新たに明らかにしたことは，そうした動機が時間（成長）とともに変化することである。こうした内的な要因と政策や開発支援などの外的な要因が組み合わさることで個人は植林を繰り返し，継続的な植林の担い手になることがある。繰り返し植林をする村人は，植林の技術を個人レベルで温存しているのだといえる。

そして，植林技術の温存と継承は，植林技術の伝わる複数の経路が形成されていたことに支えられていた。それは，まず植民地政策の影響下で現れた先駆者の存在から始まる。これらの先駆者は確固たる意図をもち，臨時雇いや学校教育をとおして広く植林技術を伝える役割を果たした。そして，その次にこうした先駆者の影響を強く受けて，植林に熱心に取り組む村人が現れ，村区内／村内の植林普及の拠点としての機能を担うようになっていた。植林に取り組む村人は独立以後，徐々に増えてきていたが，その変化はゆるやかであった。この背景には，薪材や建材の不足が顕在化してきたものの，土地が制限要因となっていたことが考えられる。そのようななかでも，植林ブームなどで植林を経験した世代が壮年・老年になり，子どもや孫に技術を伝達する経路が形成されていった。そして，2000年を境に植林する村人は急増する。国家レベルの土地法改正の動きや県レベルの関連政策の影響の下で村評議会が山頂部の土地（キンゼーゲ）の活用を強く推奨したことが大きな後押しとなっていた。また，キクンディ優遇政策と農村開発プロジェクトの実施で，キクンディというこれまで村内になかった組織が植林技術の伝えるひとつの経路を形成するようになった。それに加え，建材需要の高まりのなかで，植林をする青年・壮年層が急増し，この流れのなかで，繰り返し植林する村人の存在も顕在化してきた。結果として，技術伝達の経路が地域社会内に網の目のように形成され，ほとんどの村人が植林技術にアクセスできる環境が整ったのである。

現在でも植林の実施を含む造林事業・森林保全事業は難しいというのが一般的な見方である。サハラ以南アフリカ各地で数多くの援助ドナーによって数多くのプログラムやプロジェクトが進められていることがそれを裏付けている。しかし，その難しさは，植林の成果が捉えにくいものであるということと関係があるように考えられる。プログラムやプロジェクトにともなうセミナーなどの後では，人々はある程度まとまりをもって植林を試してみようということになるだろう。しかし，人々が継続的な植林の担い手になるとしても，植林は個人ごとのさまざまな動機でおこなわれるために，植林を実施するタイミングはばらばらであるし，植林された木を数年で薪炭や家の梁，家畜小屋にしたり，成木にして製材の対象にするなど，利用のタイミングも世帯の状況によって異なる。結果として，植林の取り組みは植生の被覆率が経年で明確に変化するとか，多くの村人が一斉に植林している姿が目につくといった，まとまりをもった現象となるとは限らない。そのことが，植林の成果を捉えることを難しくしていると考えられる。植林を含む環境保全を支援するには，まず植林の波及の詳細なプロセスをモニタリングし，小規模であっても地域社会の実態に基づいた継続的な支援にフィードバックしていく必要があると考えられる。

注）本報告書は，「国立民族学博物館研究報告」に投稿した論文を基に作成した。

1) ンゴロ農法は，短期休閑をはさむ2年1サイクルの輪作システムである。耕地となる場所の草本は焼かずに刈り取り，格子状に並べた後，土をかぶせていく。埋め込まれた草は緑肥となり，また結果として各格子の真ん中に掘られた穴は雨期の豪雨に対し，抗土壌侵食の機能をもつ。ンゴロ農法の詳細についてはJICA（1998）。また，本論文に登場するスワヒリ語（タンザニアの公用語の一）は斜体，マテンゴ語は斜体に下線，樹木などの学名は斜体に太字とする。
2) 後述するように近年では，開発プロジェクト等によって在来樹種の育苗・植林も取り入れられている。
3) 土壌の呼称についてはJICA（1998: 139）を参考にした。
4) 同様の慣習は広く東アフリカで認められる（Warner 1995）。
5) 2000年の国連ミレニアム・サミットにおいて，開発途上国の貧困の削減，保健，教育の改善等の8つの目標を2015年までに達成すると定めたもの。
6) SCSRDプロジェクトは，タンザニアの2つのプロジェクト地（ムビンガ県マテンゴ高地，モロゴロ地方県ウルグル山塊）での活動を通して「地域開発手法（SUAメソッド）」を練り上げることを目的とした。SUAメソッドの特徴としては，①フィールドワークによる実態把握，②学びのプロセス，③在来性のポテンシャル，④参加，⑤地域の焦点特性，⑥プロセス・アプローチの6つが挙げられる。実態把握に基づき，地域の焦点となる特性を見出し，地域が育んできた「在来性のポテンシャル」，すなわち，在来の資源・技術・知識・知恵・制度などのポテンシャルに着目し，諸アクターの参加を原動力としながら地域発展の道を探ることを目指したプロジェクトであった。キンディンバ村におけるSCSRDプロジェクトについての詳細はSCSRD（2004），荒木（2011）を参照のこと。なお，ここで植林の対象とされていたのは，以下の樹種である。***Pinus patula**, **Khaya anthotheca**, **Bridelia micrantha**, **Albizia shimperiana**, **Rauvolfia caffra**, **Macadamia tetraphylla**, **Syzygium guineense**, **Pterocarpus angolensis**, **Brachistegia spiciformis*** （SCSRD 2004: 47）。ハイドロミルの運営委員会は，その後，植林を希望する村人に対して無償・安価で販売するようになった。
7) 現地通貨のタンザニア・シリングを指す。2013年9月の時点で1円は約15シリングであった。ムビンガ・タウンでは，砂糖1kgが1500シリングほどで販売されている。

引用文献

雨宮洋美 2011「タンザニアにおける土地法整備支援―世界銀行政策変遷を中心として―」『国際開発研究』20(2): 49-63.
荒木美奈子 2011「「ゆるやかな共」の創出と内発的発展」掛谷誠・伊谷樹一編著『アフリカ地域研究と農村開発』pp. 300-324, 京都: 京都大学学術出版会.
Arnold, J.E.M. 1995 Framing the issues. In J.E.M. Arnold and P.A. Dewees (eds.) *Tree Management in Farmer Strategies: Responses to Agricultural Intensification*, pp.3-17, Oxford: Oxford University Press.
グッゲンハイム, スコット & スピアズ, ジョン 1996「社会林業プロジェクトの社会学的・環境的側面」『開発は誰のために―援助の社会学・人類学』pp. 215-239, 日本林業技術協会.
JICA (Japan International Cooperation Agency) 1998 *Integrated Agro-ecological Research of the Miombo Woodlands in Tanzania*. Tokyo: JICA.
加藤正彦 2002「タンザニア・マテンゴの掘り穴耕作とコーヒー栽培―土造りと木造りによる集約的農業」掛谷誠編『アフリカ農耕民の世界―その在来性と変容』pp.91-124, 京都: 京都大学学術出版会.
黒崎龍悟 2010「タンザニア南部における農村開発の展開と住民の対応―住民参加型開発の「副次効果」分析から―」『アフリカ研究』77: 31-44.
Lovett, J.C. 2003 Statute Note the Forest Act, 2002 (Tanzania). *Journal of African Law* 47: 133-135.
Mgeni, A.S.M. 1992 Farm and Community Forestry (Village Afforestation) Program in Tanzania: Can it Go beyond Lipservice? *Ambio* 21(6): 426-430.
Mhando D. and J. Itani 2007 Farmers' Coping Strategies to a Changed Coffee Market after Economic Liberalization: The Case of Mbinga District in Tanzania. *African Study Monographs, Supplementary issue* 36: 39-58.
Ndunguru, E. 1972 *Historia, Mila na Disturi za Wamatengo*, Nairobi: East African Institute Bureau.
Neumann, R.P. 1997 Forest Rights, Privileges and Prohibitions: Contextualising State Forest Policy in Colonial Tanganyika. *Environment and History* 3: 45-68.
Nindi, S.J. 2004 *Dynamics Land Use Systems and Environmental Management in Matengo Highlands, Tanzania*. (Ph. D. dissertation). Kyoto: ASAFAS, Kyoto University.
Schabel, H.G. 1990 Tanganyika Forestry under German Colonial Administration, 1891-1919. *Forest & Conservation History* 34: 130-141.
Schmied, D. 1988 *Subsistence Cultivation, Market Production and Agricultural Development in Ruvuma Region, Southern Tanznia*. (Ph.D. dissertation), Nurnberg: Erlangen University.
SCSRD. 2004 *SUA Method Concept and Case Studies*. Morogoro: SCSRD.
Sherr, S. J. 1995 Economic Factors in Farmer Adoption of Agroforestry: Patterns Observed in Western Kenya. *World*

Development 23(5): 787-804.

Warner, K. 1995 Patterns of tree growing by farmers in eastern Africa. In J.E.M. Arnold and P.A. Dewees (eds.) *Tree Management in Farmer Strategies: Responses to Agricultural Intensification*, pp. 90-137, Oxford: Oxford University Press.

安洋巳 1999「土地囲い込みとしての植林行動―タンザニア中央部集村の事例―」『アフリカ研究』54: 35-53.

吉田昌夫 1997『東アフリカ社会経済論』東京：古今書院.

インターネット検索資料

ジェトロ 2012『タンザニアの政治・経済概況』(http://www.nbs.go.tz/sensa/new.html)（2014年1月18日閲覧）

Tanzania, United Republic of 2005 *National Strategy for Growth and Reduction of Poverty* (*NSGRP*) (http://www.povertymonitoring.go.tz/Mkukuta/MKUKUTA_MAIN_ENGLISH.pdf)（2014年1月18日閲覧）

公益財団法人国土地理協会　第13回学術研究助成

戦後那覇の都市化と地名の生成に関する地理学的研究

研究代表者
加藤　政洋 立命館大学文学部
共同研究者
河角　龍典 立命館大学文学部
櫻澤　　誠 立命館大学衣笠総合研究機構

I　はじめに

　周知のように地上戦を経た戦後の沖縄では、米軍がニミッツ布告を適用して住民を日本の行政から切り離し、独自の支配体制を築いていった。結果として1950年を前後する時期から、米軍統治下という特異な状況のもとで土地の接収ならびに軍事基地の建設が進められると同時に、部分的かつ段階的に開放された土地を利用して、都市の再建ないし建設が行なわれゆくところとなる。その過程で自然発生的に市街地が形成された一方、地権者が組合をつくって区画整理を行ない、新しいまちづくりを推進する例も見られたほか、米軍の指導下で民政府（あるいは各自治体）が都市計画を行ない、計画的に市街地を開発することもあった。

　日本本土における戦後の都市復興とは異なり、米軍の土地占有の影響が全面的に及んだ那覇では、戦前の旧市街地から離れた農村部に新しい市街地が形成され、しかも商業に特化するかたちで急激な都市化が進行していく（後述）。その結果、戦後の日本にあっては類を見ない都市空間が出現し、その空間構造は現在にいたるまで都市の骨格を枠づけている。

　注目されるのは、この急激な都市化の過程で形成された街路・街区に対し、次から次へと新しい名称が付与されて人口に膾炙し、その多くが現在まで残る地名（通称を含む）として定着したことである。例を挙げるならば、那覇市の目抜き通りとして知られる「国際通り」は、市街地化の最初期に立地した映画館「アーニーパイル国際劇場」の名にちなむものであるし（現在は正式な名称）、あるいは開業医の病院が集積する街路は（正式な名称でないものの）ひろく市民の間で「病院通り」と呼ばれるなど、戦後に発生した地名は枚挙にいとまがない。

　実のところ、大正8（1919）年測図以降、約50年間のブランクをおいて本土復帰後の昭和49（1974）年に発行された那覇市の市域を含む地形図（2万5千分の1）には、そのような当時はまだ通称であった地名（神里原）も採録されるなど、新しい地名の分布には大変興味ぶかい布置構成が観取される。逆に言えば、戦後に登場した数々の地名は、都市形成の歴史地理を象る記号の星座であるとも言えるかもしれない。

　以上の点を踏まえつつ、本研究では、戦後那覇の市街地形成とともに発生した地名を概観し、それらを都市化の歴史地理に定位することで、地名の生成原理の一端を解き明かしてみたいと思う。

　本論に入る前に、研究の前提について簡単に触れておく。1974年の本土復帰後初となる地形図（2万5千分の1）をベースにして、まず戦後の都市化の過程で形成された市街地の範囲を把握した上で、旧来の町名や字名に由来する住居表示上の町名を除いた地名／街路名をゼンリンの『住宅地図』（那覇市東部1983年＋那覇市西部1982年）から抜き出した。旧首里市・旧小禄村を除いた範囲の主たる街路名は、以下の通りである。

> 又吉通り（県道40号線）、儀保大通り、なかよし通り、沖映通り、国際（大）通り、市場本通り、肉市場通り、平和通り、桜坂中通り、グランドオリオン通り、竜宮通り、やなぎ通り、ひめゆり通り（国道330号線）、安里橋大通り、栄町通り、大道大通り、赤マルソウ通り、崎山通り、浮島通り、開南中央通り、新天地通り、大平通り、開南本通り、新栄通り、神原大通り、大丸横丁、日野通り、喜多通り、真和志大通り、那覇病院通り、与儀市場通り、与儀大通り、古波蔵大通り、国場大通り、若狭大通り、上之蔵大通り、久米大通り、一銀通り、ニューパラダイス通り、松尾消防署通り、市役所裏通り、上泉通り、壺川大通り、刑務所どおり

　国際（大）通り、平和通り、沖映通り、市場本通り、グランドオリオン通り、浮島通り、一銀通り、ニュー

パラダイス通りなど、中心市街地の街路は当然のことながら含まれているが、一見して明らかなのは、字名や町名など、旧来の地名に由来する名称―「古波蔵大通り、国場大通り、若狭大通り、上之蔵大通り、久米大通り」など―にまじって、施設名に由来する街路名が存在することである。直截的な表記としては、「那覇病院通り、松尾消防署通り、市役所裏通り、刑務所どおり」などがあるし、「新天地通り」や「肉市場通り」は、それぞれ市場にちなんだ街路名である。なかには、「日野通り、喜多通り、竜宮通り」など、地図と名称からだけでは由来の不明な街路も含まれるが、地図上の表記から判断するかぎり、戦後那覇における地名（街路名）の生成は、二つに大別できそうである。すなわち、1953年9月に市長在任中に急逝した又吉康和を顕彰した「又吉道路」を例外として、その他はほぼ旧来の地名か、あるいは戦後新たに登場した施設に由来する街路名であるということだ。

　この点を踏まえ、本研究では、以下Ⅱで市街地の形成を概略した上で商業地を中心に立地した施設に着目し、Ⅲでは商業集積の様態と街路名の生成について検討をくわえ、そしてⅣでは生成の契機を整理し、現状を概観する。

Ⅱ　戦後那覇の市街地形成

(1) 市街地の対照性

　沖縄島の南部に位置する那覇市は、太平洋戦争末期の激烈な地上戦を経て、戦後、米軍占領下琉球の首都として、総体的な領有状態から部分的かつ段階的に土地の開放が進むのにあわせて急激な市街地化を経験した都市である。米軍の統治という特異な条件のもと、戦前を上回る人口の移入とともに形成された市街地には、なかば自然発生的に市場ができ、部分的な計画をともなう開発によって劇場（映画館）を核とした飲食関連サーヴィス業の集積する歓楽街が随所に誕生した。こうして戦後の那覇は、住宅地と商業地とが空間的モザイクをなす一大消費都市となったのである。

　まず第1図を参照してみたい。下図は1920年、上図は1974年発行の25,000分の1地形図で、戦前・戦後の市街地の拡がりを比較することができる。両図ともに旧行政界を破線で示し、1920年発行の地形図には、戦後に那覇の目抜き通りとなる国際通りの位置を太線で示しておいた。

　この二枚の地形図から明らかなとおり、戦後の那覇は戦前をはるかに上回る市街地の拡がりを有している。しかも、中心的な商業地区は、臨海部に位置した旧の市街地を遠く離れ、旧真和志村（市）の低地部を含む、かつての近郊農村へと空間的に移動していた。国際通りの位置性は、このことを如実に物語っている。

　第1図に続いて第2図を参照してみたい。この図は、米軍による土地開放を年次別に図示したもので、段階的かつ野放図な開放のあり方を視覚的に把握することができる。開放のタイミングによって空間化される差異が、戦後那覇の市街地形成に多大な影響を及ぼしたことは想像に難くない。

　総じて言えるのは、近郊がいちはやく開放されたのに対し、旧市街地側が遅れたということであるのだが、この対照性が空間形態に反映されるのである。すなわち、おおよそ久茂地川を挟んだ西側（旧市街地側）は、開放のタイミングが遅れたために、区画整理事業の実施が可能となり、整然とした街区が誕生した。逆に東側は、国際通りを越えて首里のふもとへ達するほどに、スプロールした街区が分厚く展開する。

　次の新聞記事は、戦後における初期市街地形成の一般的傾向を示していると言えよう。

「畑消えて『街』に変る」
　人足まれな田んぼや畑にドツと家を建て、ひしめき合った戦後の那覇市街が神里原にふくれて真和志村と軒を連ね、更に真和志野の大原、三原、大道、松川に続いて、目と鼻の間にある首里市寒川区

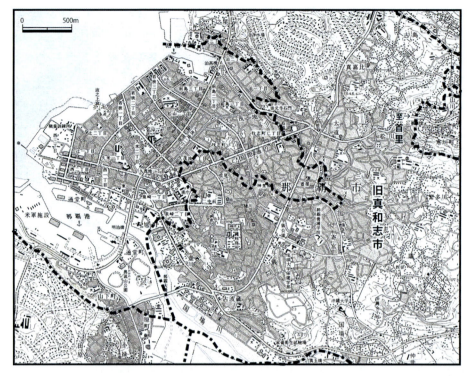

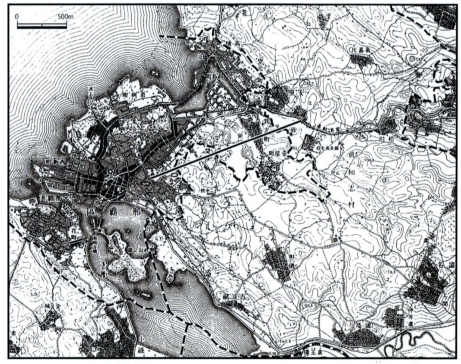

第1図

の下に新しい屋根が一つ、二つ、三つ、あと数百米首里市金城町の住宅地につながつてしまう。
　〔三原周辺は〕こうして畑変じて住宅地となり雑貨店が約十軒〔、〕飲食店もできた。
　　　　　　　　　　　　　　　　　　　　　　　　　　　　　　　（『沖縄タイムス』1952年5月21日）

　このようなスプロール地区の空間形態が、後に作家の島尾敏雄をして那覇を「迷宮都市」と言わしめることになるのだった。
　他方、土地の開放が遅れた久茂地川右岸においては、「土地区画整理事業は都市計画の母」という語りを地でゆくがごとく、区画整理事業が全面的に施行され、あわせて用途規制も敷かれたことから、

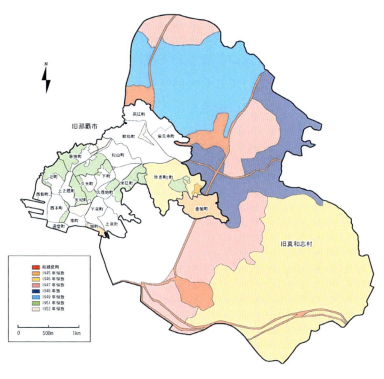

第2図

現在につらなる実に対照的な市街地景観が誕生したのである。これもまた、米軍の占領・統治下における都市空間形成の帰結のひとつと言えるだろう。

(2)「一銀通り」の開通

新旧市街地の対照性について、ここでは街路名の生成とも関わる事例をひとつ挙げておきたい。

1958年3月5日、那覇市の中心部を貫通する一本の幹線道路が開通した。国際通りから久茂地小学校の横を抜け、久茂地橋、そして旧軍道1号線(現国道58号線)を経て、卸問屋街の若松通りへと至るルートである。1953年の都市計画法を那覇市に適用した際に設定された全長2,167㍍の街路で、幅員は当時としては高規格の13㍍であった。この街路の開通を報じる記事を、少し長くなるが引用しておきたい。

「新旧市街を結ぶ那覇の"一銀通り"」

那覇市国際中央通りと旧市街の若松通りを結ぶ都市計画幹線道路"一銀通り"(国際中央通り第一相互銀行横から久茂地橋、一号線を経て若松へ)は、去る五日開通した。

戦後那覇市への異動〔移動〕は、楚辺、壺川、松尾一帯のいわゆる旧港村から、牧志、壺屋一帯に限られたために、商店街は牧志を中心に発展して、旧市街地は置き去りになり〔,〕開放になっても、これを結ぶ道路が安里から泊を経ていくのと、政府前から久茂地を経ていく(大回り)の二本しかないために、旧市街地の復興は立ちおくれていた。

それで新旧両市街を結ぶ道路の新設はかなり前から市民の要望となっていたが、この道路の完成で両市街の距離は、ぐっとちぢまっただけでなく、あふれる国際通りの交通量も緩和される。

今では、若松通りの問屋から市中の各商店への商品を運ぶトラックや、タクシーがひっきりなしに通っており、市都計課ではさらに区画整理がすんでいながら、移動のおくれている旧市街への移動が促進され、牧志一帯のごみごみした密集地の緩和にも役立つだろうと語っている。

(『沖縄タイムス』1958年3月10日)

この記事によると、戦後の那覇市への人口移動は、当初、壺屋や牧志の一帯に限られていた。そのため、那覇四町(東・西・若狭・泉崎)と称された旧市街地を「置き去り」にするかたちで、牧志を中心に商業地が発展する。ところが、旧市街地が開放された後も、安里から泊を経由するか、あるいは政府前から久茂地を経て行くほかはなく、いずれも大回りをしなければならないため、旧市街地の復興はなかなか進まずにいた。そこで、新旧の市街地を結ぶ必要性から、貫通する道路が開発されたというわけだ。

　新道路の開通に合わせて名称を公募したところ、久茂地と若松からそれぞれ一字ずつをとった「久松通り」や「久茂地橋通り」などと地名にちなむもの、あるいは「ときわ通り」や「あけぼの通り」のように慶賀する名も候補にのぼっていた。それらの中から選ばれたのは、起点となる国際通りに立地していた第一相互銀行にちなむ、その名も「一銀通り」にほかならない。

　記事中にある「若松通り」は、約60軒の卸売店(当時は商社と呼ばれた)が建ち並ぶ、計画的に開発された卸商店街であった(1956年11月4日開業)。新市街地における「商店街」の発展、すなわち旧市街地を「置き去り」にするかたちで市場・商店街を核とした商業地区が形成されていたものの、遅れて開放され、なおかつ区画整理された街区に卸商という都市機能が充填された結果、新／旧の市街地を結ぶ街路の開通が待望されたのだ。

　実際、「一銀通り」の開通に寄って「……両市街の距離は、ぐっとちぢまった……」とされるように、効率的な流通／交通を担保する建造環境を生産することで、新旧市街地の時間距離は確実に短縮されたのである。結果、若松通りの卸商から各商店への配送が効率的になること、国際通りの交通量が緩和されること、さらには旧市街地への人口移動が促されて、新市街地の「ごみごみした密集地」が解消されることまで予想されたのである。そして、その主役たる一銀通りは、そう遠くない未来に商店街になるだろうと、期待をもって語られていた。

　空間的想像力にもとづく未来予想図が言葉どおりに実現することはなかったけれども、リヴァース性を刻印された戦後那覇の都市空間を物語るひとつのエピソードと言えよう。

　以上のような都市化の地理歴史的コンテクストを踏まえ、Ⅲでは新市街地たるスプロール地区に焦点をしぼり、街路名の生成について考えてみたい。

Ⅲ　商業集積と街路名の生成

(1)「上町小」から「公設市場」へ

　上記Ⅱで概説したように、戦後那覇における中心市街地の形成は、旧真和志村域を含む、開南・神里原・壺屋・牧志にはじまる。なかでも特筆すべきは、1947年に一部の土地が開放されたため、後に「上町小(うえまちぐゎー)」と称されるところとなる闇市場が、開南の高台に「自然発生」したことであろう。近郊農村の野菜、糸満の魚介類、そして米軍基地の「戦果」、さらには与那国や奄美諸島を経由して沖縄島内に持ち込まれた闇物資など、戦後のごく限られた流通の結節点として、統治空間の隙間を縫うように「上町小」が登場してきたのである。

　しかしながら、衛生上の問題、そして何よりも「闇」の物資が取り引きされていたことから、軍政府の指導(横やり)が入り、那覇市や警察の方針とも絡んで、市場は戦前には見向きもされなかったガーブ川の低地へと移動を強いられた。ガーブ川左岸の土地区画に縄を張って区割りし、テント小屋(バラック)が設営されたという。これは、地主が疎開している不在時に、行政が土地を割り当てることで実現した。こうして1948年4月、事実上の公設市場として、現在にまでつらなる市場の歴史が幕を開けたのである。

　その後、1950年に食料品市場、翌1951年にはガーブ川を挟んだ東側に雑貨・衣料の市場が「セメント

瓦」葺で建設される。大宜味朝徳編『沖縄商工名鑑1956年版』(沖縄興信所、1956年、125頁)の「市場マーケット」によると、「那覇市公設市場」では、雑貨(204)、衣料(241)、食糧(40)、米穀(64)、鮮魚(25)、精肉(107)、鰹節(18)、蔬菜(20)の計719名が27棟の建物(計670坪)で営業していた。「業況」として、「創立六年を迎え〔、〕市民及全住民の生活必需品を提供し、其存在は市民生活に浸透し、常時一万人の業者と其利用者に依つて活況を呈し、一面琉球の名物ともなっている」と説明されていることから、移転後の市場は、地元はもとより、島全体の住民を消費者とするほどに発展していたことがわかる。

　注目されるのは、この「上町小」から牧志への市場の移転・新築をきっかけに、ガーブ川周辺の低地部で急速に商業集積が進んだことである。旧来の道路には次々と商店が建ち並び、瞬く間に商店街を形成したのだった。

(2) 1950年代前半の商業集積と商店街の成立

　第1表は、『沖縄商工名鑑』における1951年版「商店街案内」ならびに1953年版「那覇商店街案内」から、すべての商店街を一覧化したものである。両年を比較すると、1953年には数も増えて、商業地が拡散している様子を見て取ることができる。ただし、なかには名称の変更や空間的な分化も含まれるので、地理的な文脈に配慮しつつ個別に検討しておくことにしたい。

「神里原商店街」

　昭和8(1933)年に牧志街道として開発された国際通りをはじめ、樋川大通り(二中前〜開南)・開南大通り[1]・崇元寺大通り・壺屋通り・姫百合橋通り(現・ひめゆり通り)など、旧市街地の外郭に位置する道路に沿って、各種商店の集積していることがわかる。そのなかにあって、ひとり「商店街」を冠されているのが「神里原商店街」であった[2]。神里原については、別のところで詳細に論じたように(加藤政洋『那覇　戦後の都市復興と歓楽街』)、戦後の那覇で計画的に開発された最初の商店街であり、国際通りが目抜き通りに成長する間の中心地であったことから、あえて「商店街」と表記されたのだろう。

「市役所前通り」と桜坂

　ここで、ひとつ注意を要するのが「市役所前通り」であろうか。当時の市役所は、牧志3丁目の希望ヶ丘公園東側に位置していた。市役所の跡地に映画館のグランドオリオンが立地したことから、現在で

第1表　1950年代初頭の商店街と店舗数

1951年		1953年	
国際通り	93	国際通り会	93
市役所前通り	30	桜坂通り会	51
市場通り	23	平和通り	81
市場本通り	29	西市場中央通り	20
市場中通り	14	市場中央通り	13
新栄橋通り	59	銀座通り団	18
世界館通り	18	新生通り会	36
千歳大通り	56	世界館通り	18
栄橋通り	18	栄橋通り会	36
樋川大通り	26	エビス通り会	23
開南大通り	10	沖映通り	44
崇元寺大通り	29	中央市場通り会	20
神里原商店街	94	千歳橋通り会	60
		壺屋通り	21
		樋川通り会	66
		神里原通り	36
		姫百合橋通り	35

1　開南通りに関しては、次のような指摘がある。「開南交番を境に与儀試験場に出る道路が今では幅員五間の開南通りである。戦後、沖縄刑務所裏の傾斜地と開南校裏、神里原の一部に受入れられた那覇の住民たちは、惨めな天幕小屋から出発してたくましい建設魂をみせ、次々と街つくりをして現在の繁華街となつた」(『琉球新報』1955年12月12日夕刊)。

2　1953年の「銀座通り団」は未詳であるものの、1950年6月に、神里原の琉球映画劇場(同年9月に「大洋劇場」に改称)近傍に「銀座マート」が開設されていることから、これにちなむ商店街であったとも考えられる。たとえば、「バー千扇」の新聞広告には「神里原銀座通り」とある(『琉球新報』1952年8月7日)。

はグランドオリオン通りと呼ばれる当の街路が、1950年代前半の市役所前通りということになる。

その後、1951年に平和通り側から道路が開削され、1952年には丘の上に劇場「珊瑚座」（現・桜坂シネコン）が開館した。周囲には飲食店が集積し、那覇を代表する社交街《桜坂》へと発展する。桜坂の街路は、平和通りから丘の上を部分的に切り通して「平良歯科医院」の角で市役所前通り（現・グランドオリオン通り）に接続されたことから、事業所の集積が進んでいた市役所前通り一帯と連担し、一体的な商業地として、桜坂通り会が組織されたのである。

「世界館通り」

国際通りや沖映通りと同様、映画館に由来する「世界館通り」も、現在では聞き慣れない名称かもしれない。浮島通りが国際通りに交差する東側、現ローソン国際通松尾店の位置にはかつて松尾交番があり、その少し安里側に立地していたのが世界館であった。この映画館一帯の牧志街道を指して、おそらくはガーブ橋（むつみ橋）〜浮島通り間を「世界館通り」と称したのである。

「市場通り」から「平和通り」へ

すでに述べた通り、1950年代前半を通じて、市場の周辺やその近傍の道路に商店の立地が進み、複数の商店街が形成されるにいたった（第3図）。1951年の「市場通り・市場本通り・市場中通り・新栄橋通り・千歳大通り・栄橋通り」、そして1953年の「平和通り・西市場中央通り・市場中央通り・新生通り会・栄橋通り会・エビス通り会・千歳橋通り会」がそれに当たると考えられるのだが、現在とは名称が異なっていたり、あるいは当時の名称が消滅していたりするなど、これらすべての位置関係を比定することは難しい。

たとえば、現在「平和通り」として知られる商店街は、もとは「市場通り」と呼ばれていた。また、1951年の「市場本通り」に記載された店舗が、1953年の「平和通り」に含まれていることから、おそらく栄橋を境にして、国際通り側が「市場通り」、壺屋側が「市場本通り」だったものと思われる。「戦前すててかえりみられなかつたガーブー川流域の低湿地一帯に自然発生的に出来た那覇市最大の繁華街市場通り」（『うるま新報』1951年8月4日）というように、「那覇市最大の繁華街」、それが1950年代初頭の「市場通り」だったのである。この描写では「自然発生的」に形成されたとあるが、実際には住民たちの積極的な取り組みがあったようだ（『琉球新報』1955年12月1日）。

第3図

すなわち、1947年末から1948年にかけて、佐久川長吉(1954年立法院議員総選挙で当選)らが音頭を取り、集客(「人寄せ」)を目的とする魚市場を開設した。さらに、具志幸得、国吉良健、友寄隆賀、国吉大昌、森田孟真、比嘉良雄らが協議の上、波の上から砂や石を運んで、「付近にあつた一トン爆弾痕の穴」や「沼沢地」を埋め立てて整地した。そこに、「上町小」の市場商人たちが大挙して移動してきたため、「この通りの発展を目指して、誰いうともなくつけられた名称が『市場通り』」だったのである。

　1948年、通り会の初代会長に発起人のひとりであった友寄隆賀が就任し、那覇市が本腰を入れて道路の改良工事に着手する。翌1949年には国吉良雄が会長となり、通り会をブロック別に組織化する那覇商業組合を結成した。1950年には森田孟真(1955年10月第4回那覇市議会議員再選挙で当選)が会長となり、「防犯と商業発展」を目的に街灯を設置、1951年には佐久田猛雄が会長となって、那覇市からアスファルト資材の供給を受け、通り会が受益負担金60万円を拠出して道路の舗装工事が実施された。1952年には森田孟真が再登板し、第一回商工祭を前に「平和通り」への改称を決定したのである。爾来、この名は那覇を代表する商店街名＝街路名として人口に膾炙し、旧称は忘却された。

「千歳橋通り」から「浮島通り」へ

　次いで、「千歳大通り／千歳橋通り会」についてみよう。第3図からも明らかなとおり、この商店街名＝街路名の由来は、現・浮島通りとガーブ川の交点にあった「千歳橋」である。また1950年代を通じて、現在の名称として定着している「浮島通り」も併用されていた。後者の名は、この通りに立地していたホテルから来たものである。その浮島ホテルの開業は、「清楚な座敷で気安くやすめる ホテル浮島　那覇市市場南通り」という新聞広告にもあるとおり(『うるま新報』1948年12月10日)、いまだ千歳橋通りという名称すら存在しない、1948年10月のことであった(『うるま新報』1948年10月28日)。

　千歳橋通りといえばひところ浮島通りまたはトマチ(鶏市)で名の売れたところ。街にはまだ天幕小屋がゴテゴテと並んでいたころ泥沼地帯をひらいて戦後、那覇で最初のホテル浮島が建ち、鶏やアヒル、犬、猫の家畜市場が生れた。従つて通りの発展も西は浮島から、東はトイマチから次第にのび今日のゆるがぬ繁栄を築いている。

(『琉球新報』1955年12月10日夕刊)

　旧道であった千歳橋通りには、企業活動の自由化した1949年を境にして、浮島ホテルの立地した国際通り側、そして千歳橋周辺で商店や事業所の集積が進んだ。結果的に、橋の名にちなむ街路名が定着したようだ。

　「千歳の名は浮島通りの異名とともにその名は古い……」とされているとおり、少なくとも1950年代は「千歳橋通り」が主たる通称となっていたが、その後、浮島通りの名に押されて、またガーブ川の暗渠化にともなう橋の消滅によって、最終的には浮島通りが定着したものと考えられる。1959年版の『沖縄商工案内』における「那覇地区商工案内」では「千歳橋通り」と表記されるものの、1972年3月17日発行の「那覇市全図」(1,2000分の1、人文社)になると、浮島ホテルの立地とともに、街路名としても「浮島通り」が示されていることから、復帰当時、すでに「千歳橋通り」は消滅していたことになる。

公設市場周辺の商店街名

　1951年ならびに1953年の商店街案内には、既出の分を除けば、市場中通り・西市場中央通り・市場中央通り・中央市場通りと、似て非なる商店街名がならんでいる。これらの位置関係を比定することは難しいのだが、「その名は市場中通り」と題された次の記事を参照してみよう。

牧志通りと呼ばれる那覇市のメイン・ストリートにかかるガーブ川の"むつみ"橋の、橋ぎわを折れて平和通りとへい行して並ぶその通りが"市場なか通り"である。"通り"は栄橋で中央市場通りにつながる。平和通りを表とすればここは裏であり、その通りには裏町の庶民の哀歓がそこはかとなく流れる。
(『琉球新報』1955年12月14日夕刊)

　この描写から明らかとなるのは、現在の「市場本通り」が市場中通り、同じく「市場中央通り」が中央市場通りだったことである[3]。1953年の商店街案内からは市場中通りが落ちているが、店舗名から推察するに、(当時の)市場中央通りが市場中通りに相当するものと思われる[4]。
　ガーブ川に沿って連続する商店街は、市場通り(=平和通り)とほぼ同時期に形成されたようだ。すなわち、「終戦後二年目にか、ガーブー川の川底をさらった土が川沿いの場所を埋立てると、人が通り、車が往き、それではとバラックが建ち店通りになり、通り会が生れた」という(『琉球新報』1955年12月14日夕刊)。しかしながら、「ガーブー川の川沿いに、川底から危なげな、柱というよりクイで支えられたバラック屋台がズラッと並んでいる。道路をはさんでその向い側も、店、結構一つの"通"である」とも描写されるように、この商店街は後に「水上店舗」として問題化する建造環境であった。当時すでに、那覇市の都市計画で、ガーブ川を暗渠にして現・ひめゆり通りへと抜ける幅12間の道路が開設されることになっており、通り会の会長であった宜保為楷(1953年3月の那覇市議会議員補充選挙で当選)は、「簡単にはいくまい、私の通りだけでも百名、栄橋、那覇劇場の通りで四、五百人の商売人、その家族を合わせて四千五百人ほどの立ち退き者の生活をどう補償するかだ」とのコメントを寄せていた[5]。

栄橋通りと新生通り

　市場通り(平和通り)から栄橋へ通ずる道は早くから開かれていたようで、市場中通りを横切り、肉市場の北側を抜けて千歳橋通りへと緩やかな弧を描く道路、それが栄橋通りである(『琉球新報』1955年12月9日夕刊)。この通りは、米軍作成4,800分の1地形図にもはっきりと描かれていることから、千歳橋通りなどと同様、旧道であると言ってよい。千歳橋通りから肉市場への物資搬入路となっていたため、当初は商業の集積も進んでいなかったが、松尾地区の買い物先として発展したようだ。1953年の商店街案内には、現在も営業をつづける、かまぼこ屋「ジランバヤ」の名前も見られた。
　他方、1951年にはなかった商店街のひとつに、新生通りがある。

　通り前交番(平和通り)横から栄橋をわたり栄橋通りへ出るとすぐ公設の肉市場前に来る、その肉市場のすぐわきを千歳橋通り(浮島通り)へ抜ける通りが、幅員三間、長さ六十間の「新生通り」である。「新生通り」という名前の示す如く、この通りは商店街としては正に新しく生れた通りである。つまり他の通りに比して最も新しい通りといえるのである。そして新生通りの特徴は、那覇市の台所である公設市場と不離一体の状態にあることで、従つて通り商店の取扱い商品は食糧品一点張りとなつている。公設市場がまだ不完全な建物のころ、この通りは通りなどといわれるようなものでなく、横丁、

3　ただし、神里原の大洋劇場付近は「中央通り」とか「中央市場通り」などと呼ばれていたので、神里原内の中心商店街を指していた可能性もある(『うるま新報』1951年3月5日「よろず」の広告)。
4　1953年の商店街案内「西市場中央通り」には、「道頓堀旅館」が含まれている。1951年4月に「簡易宿 道頓堀」の開業広告が打たれており(『琉球新報』1951年4月5日など)、「那覇市新市場通り(トーフ市場小雨)」とある。略地図から判断すると、公設市場の南側、中央市場通りの近傍に位置していたものと考えられる。
5　「水上店舗」の問題については、加藤政洋「都市水害と建造環境の改変―戦後那覇におけるガーブ川「水上店舗」をめぐって―」(吉越昭久編『災害の地理学』文理閣、2014年、118-136頁)を参照。

いや路地といつた方がピッタリする抜け道程度のもので雨でも降ると、それこそドロドロのどろんこ道に早変わりする状態にあった。
　この路地が市場を横に控え、開南、神里原、与儀方面から市場へ抜ける近道となつている地の利に目をつけた商人達がぞくぞくここに入り込み、五三年三月には通り会が結成……。

（『琉球新報』1955 年 12 月 13 日夕刊）

　1953 年 3 月に通り会が結成され、同年中に幅員二間の道路を舗装、1955 年 11 月には一間分を拡幅して、街路・商店街としての体裁を整えていった。旧道を基盤とする周辺の商店街とは異なり、ここは戦後開発型の ―まさに「新生」と呼ぶにふさわしい― 商店街ということになる。

開南と新栄通り
　開南における「上町小」の発生を踏まえて語られるのが、新栄（橋）通りの歴史である。

　那覇市開南交番から壺屋に出る下り坂の通りが、新栄橋通りである。那覇市の新市街がまだ街らしい形をつくらない一九四七年ごろ、国場、与儀、古波倉、仲井間辺りの農家から野菜ものを持出して売りに出たの〔が〕現在の開南交番付近であつた。通り会では〔、〕これらの物売りや物々交換をする人たちが通行の邪魔にならないように一カ所に集めて商売をさせていたが〔、〕次第に食料品や食油、豆腐、島産品の下駄、GI 服を改造した服などが出るようになり、また日本帰りの人たちの目新しい日本商品や、ビール罐でつくつたブリキ製品も出回るようになつたので、場所がせまく、これを中央通りに移したが、現在の那覇市場の発祥の地としてのこの十年の歴史は余り知られていない。

（『琉球新報』1955 年 12 月 11 日夕刊）

　この記述だけを読むと、「上町小」に先行して、新栄（橋）通りの商店街が形成されていたことになる。事実、通り会の結成は市内で最も古く、1947 年 1 月の時点で、すでに「天幕小屋やトタンぶきなど含めた八十戸の店があつた」のだという。「通りが商店街らしい形態を整えた」とされる 1947 年中に、「通り会の発展」を目的として「自転車をはじめ車馬の通行禁止を申請し〔、〕現在〔1955 年 12 月〕も自転車のほかは通行禁止」であった。さらに、1948 年 10 月前後に、戦後那覇で最初の「自警団を組織して〔、〕通り周辺の治安維持につとめ」たという。1947 年の通り会結成以来、9 年間にわたり会長を務め、街づくりの先頭に立っていたのが、仲井真元楷（1948 年 2 月第 1 回那覇市議会議員選挙で当選）である。
　1950 年代前半は、開南の交番から新栄橋までの店舗は安定的に営業していたものの、新栄橋から丸国マーケット[6]の位置する千歳橋通り／神里原の十字路に出る方面は、店舗の入れ替わりが激しく、一時的にパチンコ屋が集積したこともあった。また、開南がバス交通網の結節点となったことで、新栄通りの集客力は格段に高まったようだ。

(3) 商業集積と街路名の生成
　1950 年代前半の旧那覇市とその周辺における商業集積は、開南の「上町小」がガーブ川沿いの低湿地帯へと移設されたことに端を発している。この公設市場を核として、周辺の旧来の道路には瞬く間に商店が建ち並んでいった。商業集積の過程で、個々の店舗は限られた地理情報を取り合わせること

6　新栄（橋）通りと浮島通りの交差点に立地する丸国マーケットは、1950 年 4 月 15 日に開業している。当初、新聞広告には「那覇市市場前」ないし「那覇市市場東並木通り」とあった（『うるま新報』1950 年 4 月 8 日・23 日）。現在も、旧丸国マーケットから神里原方面に抜ける街路には「並木」がある。

で、既存の施設や街路との位置関係を示し、自らの立地を広告しなければならなかった。店舗の位置を説明する広告には、おのずと無名の街路にわかりやすく名称を付与する実践がともなわれてゆくのである。

さらに列状の商業建造環境の形成は、特定の範域を「商店街」として組織化する気運を確実に盛り上げていった。商店街（商店会―通り会や通り団などとも呼ばれた―）の結成には、地理的かつ社会的な象徴となる名称が必須である。結果として、急激な商業集積は、「にわか仕立て」の名称を冠した商店街名＝街路名を次々と生み出すこととなった。そうであるがゆえに、商店街名＝街路名は単純な地理的素材に由来することが多いのである。

市場周辺の街路名

まず、公設市場周辺の商店街名＝街路名の特徴は、すでに見たとおり、「市場」を冠する名称の多いことであった。平和通りの旧称は「市場通り」―それにくわえて、おそらく「市場本通り」―であるし、むつみ橋から公設市場に延びる商店街名＝街路名は、「市場中通り」や「中央市場通り」であった。ちなみに、現在は「市場中通り」が「市場本通り」、「中央市場通り」が「市場中央通り」となっている。

この点について、「市場中央通り」を構成するガーブ川中央商店街組合でお話をうかがったところ、看板を設置する際、製作した業者が「中央市場通り」とすべきところを、誤って「市場中央通り」としてしまい、仕方なく組合としてそのままにしたのだという。戦後の困難を乗り越えたからこその、鷹揚な判断であったと言えるだろうか。

いずれにせよ、市場を中心とした消費空間のありようが、街路名にも色濃く反映されているわけだ。

橋に由来する街路名

旧道を軸線として形成された商店街には、ガーブ川の橋に由来する名称が定着したことも、その大きな特徴であった。最初に成立したのは、開南の高台からガーブ川の低地へと延びる旧道が商店街化した、「新栄橋通り」である。現在、商店街名は「サンライズなは通り」となっているが、それ以前は「新栄通り」と呼ばれていた。橋に由来する街路名でありながら、「橋」が脱落してしまったわけだ。水上店舗の建設にともない水路が暗渠化して、川のない橋となったことも原因しているのだろう。ちなみに、「サンライズなは通り」と旧新栄橋で交差している「大（太）平通り」―水上店舗の第四街区Ａから構成される商店街―も、橋にちなんだ名称である。

「千歳橋通り」ならびに「栄橋通り」もまた、読んで字のごとく、橋名に由来した街路／商店街である。だが現在、「千歳橋通り」は「浮島通り」に取って代わられ、「栄橋通り」も街路名として用いられることはない。

ここで少しばかり周辺に目を配ると、ほかにも橋に由来する地名を拾うことができる。たとえば、「ひめゆり通り」は安里川にかかる「姫百合橋」にちなんで、1950年代には「姫百合橋通り」と呼ばれていた。また、現在では「国際通り」に一括されているものの、安里川の蔡温橋以東は、かつて「蔡温橋通り」と称される商店街であった。

新しいところでは、水上店舗の東側に組織された「むつみ橋通り商店街」を挙げることができるだろう。牧志街道に架かる「ガーブ橋」は、1954年の新築工事に合わせて「首都にふさわしい名前」に改称すべく公募され、那覇市歌の一節「むつみしたしむわが那覇市……」にちなんだ応募作「むつみ橋」が選定された（『市民の友』1954年6月15日）。景観上は、「川」も「橋」もない「むつみ橋」交差点であるが、その名は確かに場所の記憶を刻んでいる。

ランドマークとしての商業施設

市場も橋も人工的な建造物（施設）であることを考えるならば、わたしたちは戦後那覇における地名の起こりに関して、直截的な祖型をすぐに思い浮かべることができるかもしれない。というのも、那

覇の目抜き通りである「国際通り」が、アーニーパイル国際劇場に由来していることは、あまりに有名だからである。ここでは、劇場(映画館)をはじめ、商業施設に由来する地名について、いくつかの例を挙げてみたい。

　国際通りに関しては、大濱聡『沖縄・国際通り物語り―「奇跡」と呼ばれた一マイル―』(ゆい出版、1998年)に詳しいが、街路名の生成という観点から少しばかり補足しておくことにしたい。昭和戦前期に県道として開発されていた牧志街道は、戦後1950年、「民営バスの発足と共に那覇市の都心部を貫く一大幹線」として、交通の大動脈となり、商業活動に拍車がかかる。

　国際劇場が四八年に掘立小屋のような小屋から出発して間もなく平和館、国際劇場が本建築の映画館となり、大宝館が出来、バスの発着所が各所に出来るころの牧志通りは人家、商店が軒を並べる商店街として発展していつた。こうした中で続々と高層建築が立ち並び、市の代表的な通りとして面目を一新するころ、牧志通りはいつの間にか国際通りと呼ばれ、文字どおり内外の客が入り乱れる国際的色彩の濃ゆい街路として発展したのは〔、〕基地沖縄の首都として当然といえよう。
(『琉球新報』1955年12月2日夕刊)

　この記事では、国際性が謳われているが、地名の起源それ自体は、やはり「国際劇場」に求められなければなるまい。ただし、当時の「国際通り」は、むつみ橋から蔡温橋までの区間を指していた。先述したとおり、蔡温橋から安里までは「蔡温橋通り」と称される、旧市街地で計画的に開発される若松に先行した卸問屋街であった(『琉球新報』1955年12月3日夕刊)。逆に、むつみ橋を境とする西側(現・県庁側)には、通りの名がついておらず、「俗称松尾通り」、あるいは「旧世界館のあるところは世界館通り、そして現在は国映通りともいつており、またむつみ橋通りという人もいる」など、確たる名称は存在しなかったのである。

　蔡温橋通りが卸商店街、国際通りが小売商店街、そしてむつみ橋以西が商店とオフィスの入り混じった街区というように、機能的には空間分化していたわけであるが、「特殊な性格を帯びた大通りとして発展する可能性をおびている」がゆえに、「早く通り会を結成して通り名を決め」ることが求められていた(『琉球新報』1955年12月4日夕刊)。ついでに言えば、世界館より西側も、当時はまだ「名なし」の通りだったのである(『琉球新報』1955年12月5日夕刊)。

　アーニーパイル国際劇場の街路名化という先駆的事例は、戦後那覇の都市形成期における街路名の生成に、おおきく影響を及ぼした。世界館の立地(1950年)にともない、現・国際通りの一部が「世界館通り」となり、世界館の跡地に国映館が建設されると、必ずしも人口に膾炙したわけではなかったにせよ、一部に「国映館通り」という名称が用いられたことなどは、その証左となるだろう。

　同じく、ガーブ川右岸に立地した沖映本館(1947年)もまた、1950年代の初頭には「沖映通り」の名を生み出した。このほかにも、旧真和志役所の近傍に立地した「あけぼの劇場」に由来する「あけぼの通り」などの例を挙げることもできる。

　商業施設の名称が街路名ないし商店街名として定着した例は、映画館に限られたわけではない。世界館前の国際通りを北へ入り、200mほど進んで右折し、沖映通りに抜ける街路は、1949年5月に開店した「レストラン・ニュー・パラダイス」(『うるま新報』1949年5月2日)に由来する「ニューパラダイス通り」である。同様に、「浮島ホテル」に由来する「浮島通り」も、千歳橋通りに代わって定着した。同ホテルは1948年10月の開業であるから、スムースに街路名として定着したわけではないにせよ、国際劇場／国際通りやレストラン・ニュー・パラダイス／ニューパラダイス通りと並ぶ、先駆的な事例である。

以上のように、特定の商業施設が街路名として定着していったのは、それらが戦後那覇の都市形成（復興）期におけるランドマークとしての役割を果たしていたからにほかならない。とりわけても映画館は、当時の市街地にあってはひときわ目をひく大規模な建築であったし、娯楽の中心として多くの人を集め、そして人びとの心に笑いや潤いをもたらす存在であったはずだ。

（補説）区画整理と町名変更

　那覇市の土地区画整理事業は、都市計画への機運の高まり、そして米軍の接収した土地が段階的に開放されるに及び、1953年から実施された。旧市街地の事業は、戦災復興土地区画整理事業として、美栄橋地区（11.8ヘクタール）と那覇第一地区（222.9ヘクタール）とに区分され、前者は1953年10月、後者は1954年5月に区域の決定をみた。

　どちらも1960年に工事を終えたものの、換地処分の正式な決定は1971年まで待たねばならない。そのため、工事の終了に合わせて計画されていた町名変更も棚上げにされたまま、数年の歳月が流れる。

　1969年9月、那覇市は、以下のような理由から、ようやくにして町界・町名の整理統合を決め、作業に着手した。

　那覇市は戦後、みなと村、首里市、小禄村、真和志村などを吸収合併し、全琉人口の三分の一に当たる三十万の大都市に発展したが、近代都市としての都計〔都市計画〕は遅々として進んでいない。そのうえ合併当時の各市村の町界や町名をそのまま引きついだため、現在なんと町名が八十二、小字三百四十一と町界町名地番が大混乱、末端行政面だけでなく、市民生活にも大きな不便をおよぼしている。こうした混乱を抜本的に解消するため、那覇市町界町名整理審議委員会（山里永吉会長）は、これまでの地番による住居表示方式を改め、本土で実施されている「住居表示にかんする法律」に準じて、住居番号方式を採用、コマ切れ町界を合併するなどで、新しい町界町名の設定をめざして作業を進めている。

（『琉球新報』1969年9月9日）

　1950年8月にみなと村を、1954年9月に首里市と小禄村を、そして1957年12月に真和志市をそれぞれ吸収合併してきた那覇市は、このときまで町界・町名の整理にいっさい手をつけてこなかった。そのため、82の町名と341の小字名、あわせて423の「コマ切れ町名字名が入り乱れ、同一町名やまぎらわしい町名をはじめ、旧真和志市や旧小禄村の場合は、字名がそのまま残るなど、大混乱」をきたしていたのである。

　前述のとおり、1960年6月に区画整理事業の完了をもって町界・町名の変更が市議会で議決されていたのだが、換地処分が政府の承認を得られず、そのまま放置されていたという。

　平良市政のもと、ようやくにして整理統合に向けた作業が再開されたわけであるが、今度はそれによって「ゆかりの辻町が消えて久米四丁目」となるなどの、歴史的な町名の存廃をめぐり、地域住民からの異議申し立てが起こった（第4図）。なかでも、「旧那覇四町として知られる若狭、西、東、泉崎のゆかりある地名は残すべきだ」という意見が強かったという（『琉球新報』1969年9月10日）。

　審議会では、こうした「ゆかりの町名が消える」ところの住民感情への配慮もあってか、「議論百出、市当局案が大幅に修正される」にいたる（『琉球新報』1969年9月11日）。

　たとえば、市当局の案では泊一丁目・泊二丁目・泊新町となっていたところを、それぞれ前島一丁目・前島二丁目・前島三丁目に、崇元寺町を泊一丁目、高橋町を泊二丁目、泊港北岸を泊三丁目に改変したほか、「元町」としてまとめられた旧市街地の東町・西本町・西新町の三町は、港湾道路を挟んで東

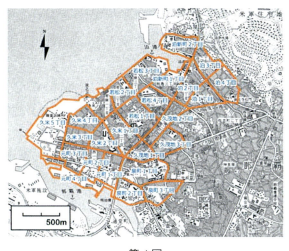
第4図

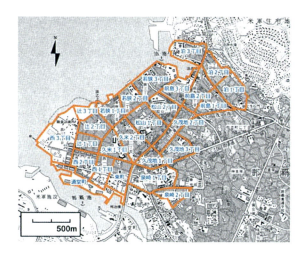
第5図

側を東町、西側を西町とすることで落ち着いた。

　しかしながら、久米四丁目と久米二丁目への変更がそれぞれ提示された辻町と天妃町・上之蔵町については、結論を見るにいたっていない。

　というのも、「辻町」という町名の存廃をめぐり、審議会が荒れに荒れたからである。

　市側 ──「辻町のイメージは暗く、決して誇れる歴史的な名称とはいえない。しかもいまではすっかり昔のイメージとは変わった米人相手のバーが立ち並び、全くよそ者の町になったので"辻"の名称は変えるべきだ」
　存続派の市民 ──「なにをいうか。昔の辻はよかった。それに最近は観光誘致のためにジュリウマ行列も盛んになりつつある。辻の名を廃止するのは絶対反対だ」

（『琉球新報』1969年9月11日）

　このように、「辻町」の改称をめぐる問題は、特殊な遊廓として栄えた古きよき《辻》を知る者たちと、変貌した景観を目の当たりにする者たちとの「辻町のイメージに対する世代の断層を浮き彫りにした格好」となった。

　「市から諮問を受けたとき、歴史というものは生活のうえで大切なものなので、ぜひ名称を残しておくべきだと答申しました」という、ある地元代表者の言葉に示されるごとく、地名論争それ自体が、場所にまつわるアイデンティティの重要性を物語っている。

　この一連の騒動の顛末は、1971年11月15日、旧市街地の全域をカバーする戦災復興土地区画整理事業（那覇第一地区）の換地処分が確定されたことを受けて、第5図のように決定した。崇元寺・天妃・美栄橋・西本町などの町名が消えた一方、「辻町」は残された。

Ⅳ　おわりに 〜「都市は街路名によって言葉の宇宙となる」〜

　2006年の夏、那覇市内の市場と商店街をひと通り素見した筆者は、ひめゆり通りの神原の交差点から、三原方面へと向かっていた。ふと電柱を見上げると、そこには真新しい看板が設置され、「壺宮通り」という聞き慣れない街路名が表記されている。調べてみると、2005年4月11日に市道壺屋南線の名称として「壺宮通り」が採用され、あわせて通り会の発会式も行なわれていた。

　壺宮通りは、ひめゆり通り以東で、ちょうど壺屋と寄宮の境界に位置していることから、それぞれ一字ずつ「壺」と「宮」とを取り合わせて名付けられたのだろう。この通りは、新たに開発された道路

というわけではなく、戦後すぐに米軍が作製した地形図にも登場することから、古くから存在している街路である。興味が持たれるのはまさにこの点で、終戦から60年の歳月を経て、「壺宮通り」と命名されたのだ。

ここで想起されるのが、ドイツ人思想家ヴァルター・ベンヤミンの述べた「街路に名前をつけることには独特の悦びがある」という言葉である。ふりかえってみると、戦後に都市化した那覇の市街地には、その街区の成り立ちをも喚起させる、じつに個性豊かな名称が街路に付けられていた。たとえば、「天ぷら坂」といった地元の人しか知らないような固有名の存在にふれてみると、都市形成の歴史地理と地名の関係性を問わずにはおれない。

戦後那覇の都市化過程は、大規模な地形改変と（主として農業から宅地への）土地利用の転換、そして独特の施設配置によって特徴づけられる。しかも上述のように、都市建設の舞台は旧市街地の郊外へと移り、まったく都市的な基盤がないところでスプロールしながら市街地化が進行したのだった。本研究では、この都市化の地理歴史的なコンテクストを踏まえつつ、その過程で発生した地名について、いくつかのタイプを抽出して生成の原理を明らかにしてきた。戦後都市形成の初期に登場した地名のなかには、定着することがないまま歴史の後景に退いたり、正式な命名によって消え去ったものも少なくない。

しかしながら、逆に由来となった映画館に代表される商業施設ないし川や橋といった地景が消えてなお、それらが街路名として生きつづけている、つまりその名に歴史を刻んでいる例も多々あるのである。ここであらためて、ベンヤミンが『パサージュ論』の「P パリの街路」の冒頭に置いた文章を引用しておこう。

パリは活動的な都市、つねに動いている都市として語られてきた。だが、この町において、都市構造が持つ生命力に劣らず重要なのは、街路や広場、あるいは劇場の名前にひそむ抑止しがたい力である。こうした名前はいくら場所が変化しても残り続ける。ルイ・フィリップの時代にはまだブールヴァール・デュ・タンプルに立ち並んでいたあの小劇場が次々と取り壊されてはあらためて他の街区に―市区という言葉を使うのは気が進まない―出現するということが何度あったろうか。数世紀前に街路ができたときの地主の名前が、今日でもまだ街路の名前として残っているケースがどれだけあることか。「水の城」というもうとっくの昔になくなってしまった噴水の名前が、今日でもパリのあちこちの区に名残を留めている。有名な居酒屋でさえもそれなりのやり方で、市内におけるささやかな不滅性を確保してきた。ロシェ・ド・カンカル、ヴェフール、トロワ・フレール・プロヴァンソーのような文学史上不滅の酒場は言うまでもない。というのもある名前が、たとえばヴェテルとかリシュといった名前が食通のあいだに浸透するやいなや、パリ中が郊外にいたるまで小ヴァテルや小リシュで溢れかえるのである。これが街路の動きであり、名前の動きである。そして、こうした名前はしばしばひどくひずんで互いにぶつかり合うのである。

（ヴァルター・ベンヤミン著、今村仁司・三島憲一ほか訳『パサージュ論第3巻』岩波現代文庫、2003年、[P1, 1]）

かつて、そこにあった噴水の名前が街路名として残っているということ、それはとりもなおさずシニフィアン（記号表現―街路名やその言葉の響き）とシニフィエ（記号内容―意味内容、通りの光景や人びと、その建造環境など）が乖離したことを意味している。近年、通称であった地名の制度化（認定）や旧称の再認定が進められていることからも明らかな通り、地名／街路名が場所アイデンティティの記憶装置として再評価されていることを考えるならば、市街地形成と地名の生成を考察することは、

今後の〈まちづくり〉にも資する素材を提供できるだろうし、都市形成の歴史地理を「場所の記憶」という視座から捉え返す、オルタナティヴな都市の空間誌も可能となるのではないだろうか。
　「都市は街路名によって言葉の宇宙となる」（ベンヤミン 2003 [P3, 5]）。

学術研究助成報告集　第2集

平成28年3月	定価700円＋税
編集・発行	公益財団法人　国土地理協会
	公益事業担当
〒102-0094	東京都千代田区紀尾井町3番1号
TEL	03-5210-2181
FAX	03-5210-2184
HP	http://www.kokudo.or.jp
E-mail	josei@kokudo.or.jp

©2016　　　　印刷　有限会社八雲企画